SD選書 267

個室の計画学

黒沢 隆著

鹿島出版会

「個室群住居」論は、『都市住宅』創刊号（一九六八年五月号）に登場している。私たちが「近代住宅」とよんで、その推進、普及に余念のなかったものとは何だったか。それは「容器」にすぎないが、その本性は何か。一方、容器の「中身」はどういう社会構造に根を張っているのか。つまり、私たちにとってはごく自然にみえるもの、その本当の「構造」はどうなっているのか――。

しばしば誤解されてきたように、「個室群住居」論はもとより、夫と妻とは別々の私室を持つべし、という主張だったのではない。「近代住居」をもたらした社会関係は失われようとしている。社会単位だった「家族」は解体の淵にあり、その単位は「個人」に移ろうとしている。この時、失われたコミュニティ（地域社会）は再結成の機会を得て、拡大する老人層を核にして次世代を育んでゆくだろう。

その時、新しい「併用住居」の姿があろう。しかし、それは「家族」単位の住まいであるというより、「個人」単位の住まいであろう。さて、その時の都市とは――。

「専用住宅から併用住宅へ――「個室群住居」論、半世紀後の検証」（未発表）より抜粋

本書は、黒沢隆の膨大な論稿からその思索のエッセンスを遺すために、
黒沢から建築の教えを受けた有志が編みました。
その選定の経緯などは巻末の編者あとがきをご覧ください。

個室の計画学　目次

第一章　個室の計画学

1　レキシコン　個室群住居の基礎知識
――概念と実体の厳密な架橋に、こだわり続けて

一般解と特殊解

目に見える建築は特殊解である。「一般解」は見えない建築、形のない建築、建築を容器としてとらえたとき、それは容器に対する中身の問題として現われてくる。

A house is not home――、house は home の容器であり、建築は生活の容器である。問題は建築ではなく生活、house ではなく home。おそらく住居 house といわずに「住居」dwellings という視点はこうして用意されよう。

多くの未開民族のフィールド・ワークが明らかにしたように、地球人の人類三五億人の大部分は、家族数にあまりかかわりなく、一室または二室の住居に居住している。寒冷の、あるいは遊牧の民族の住居には一室住居が多く、温暖の、あるいは定住の民族には二室住居が多い。一室住居は文字どおりオール・パーパスのワン・ルームであるが、しかし、二室住居は家族全員の寝室と、そして、家族全員のデイ・ルームから成立っている。一七世紀までの西ヨーロッパの住居も、一九世紀までの日本の住居も、もちろんこの二室住居の類型のなかにあったこと

はいうまでもない。これらはともに、近代以前の住居としての明らかな一般解であるように思われる。あるいは人類一〇〇万年の歴史を通じて西ヨーロッパ中心の最後の二〇〇年間を例外として、これは人類の普遍的な住居の一般解であるのかもしれない。

近代住居

近代建築のルールによってつくられた住宅 house を、もし指すことばがあれば、それは「近代住宅」と呼ばれよう。すなわち modern house である。

歴史的時代としての近代、そのなかの生活様式とそれに対応した間取り構造をもつ住居 dwellings をとくに「近代住居」modern dwellings と呼ぶ。その間取り構造は居間 living room と家族数に対応した寝室 bed room から成立ち、数学的にL＋ΣBあるいはL＋ｎBとも表わされる。

これは一般式のように書き表わされるから一般解なのではなく、また数式そのものが一般解の意味でないことは改めていうまでもない。それは、あの２ＤＫつまりｎ＋ＤＫという表示とあらゆる意味において対応し、一致するものである。

その意味するものはすなわち、その家族像の「核家族」であり、そこが「私生活の場」であり、夫は外で働き、妻は家事にいそしんで二人一組の「一体的夫婦」として社会的一単位を形成するのである。

普通の家　その2（一九七四）
写真＝大橋富夫

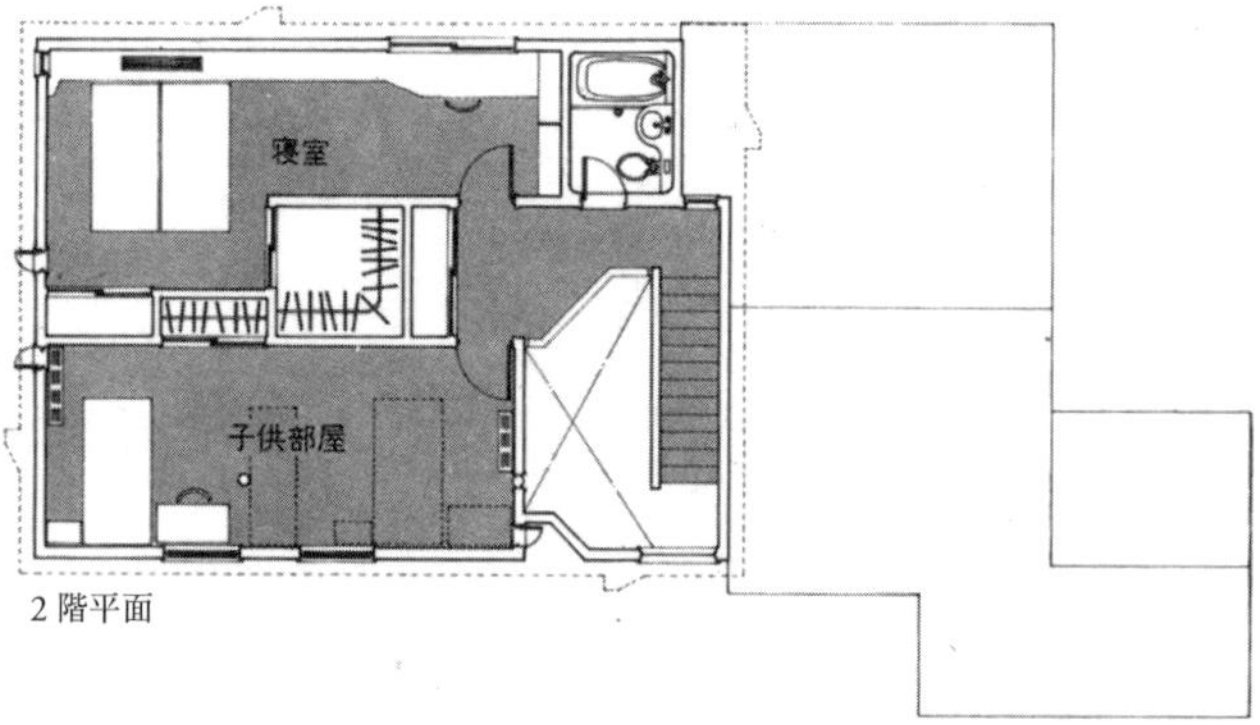

2階平面

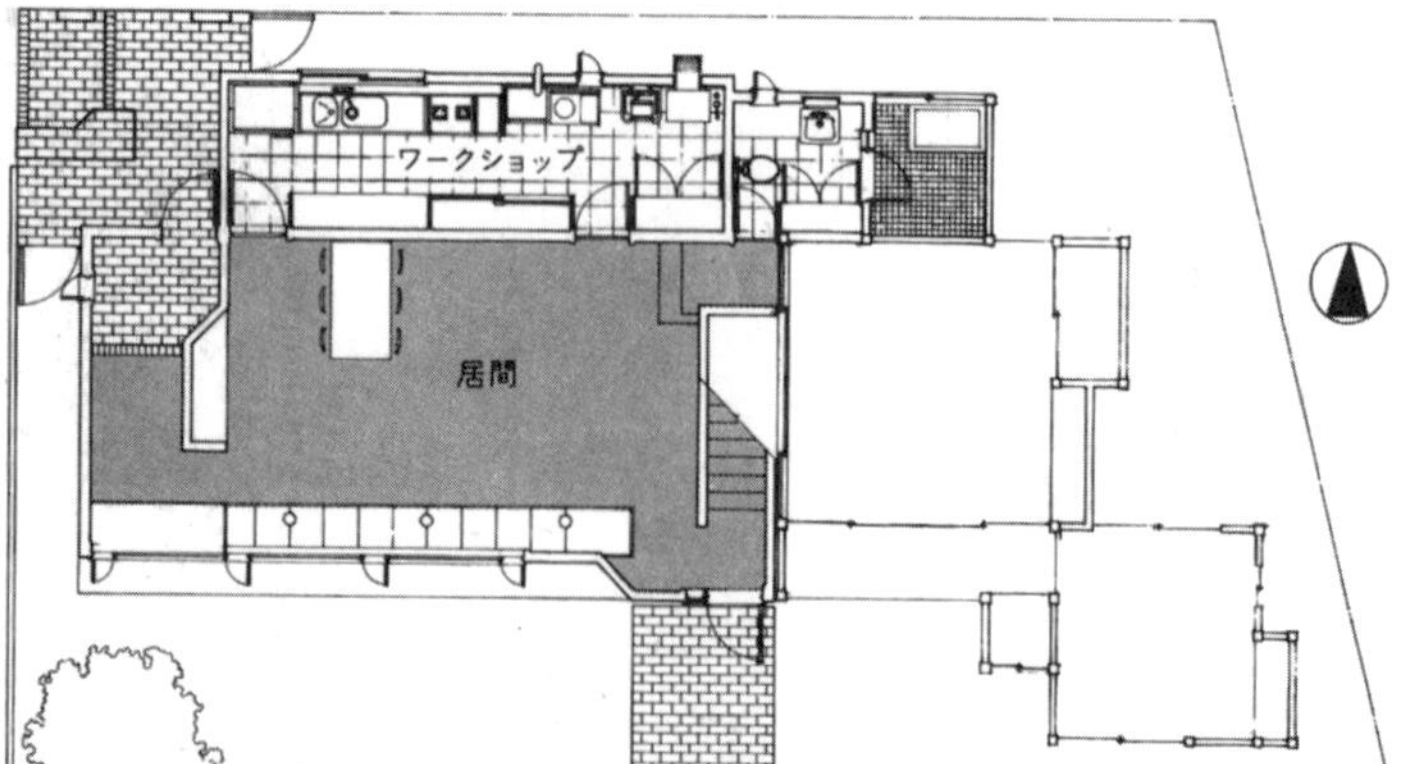

1階平面　縮尺：1/200

南側外観

居間夜景

特に「私生活の場」としての住宅の位置づけは、まさしく有史以来未曽有の性格であり、それは近代という時代そのもののもつ意義、すなわち自我の認知とそれに伴うプライバシィの発生に深く負うところのものであった。他面で、それは性生活の享楽の風俗をもたらし、性生活の場所として囲われた寝室が制度化し、同時に居間が非性的な生活の場として確立した。初めから寝室と居間は互いに補完する一組の部屋であった。これだけが近代住居における最も本質的な要素であり、あたかもそれに付加するように子供部屋が人数に対応して付け加えられているといえよう。

つまり、近代住居の一般解の式は、だからL＋nBではなく、（L＋B）＋nC（Cは子供部屋）と書かれるべきであった。この（L＋B）をワン・ルームで与え、子供部屋を人数分だけピロティの下にぶら下げた「スカイハウス」（一四九頁参照）は、だから最もラジカルな近代住居だった。なぜなら二人一組の一体的な夫婦は、その理念として一人の巨人でなければならなかったし、たとえ巨人でも一人の人間の居住空間は本質的に個室、すなわちワン・ルームでなければならないのである。

自我の認知を土台としながら、二人一組の巨人というありえない虚構は、家庭の崩壊を通じて近代そのものを突き崩していく。

用途地域制あるいは近代都市

近代建築家たちのウルバニズムは、まず「太陽・緑・空間」を、次いで「用途地域制」を基本的なテーゼとするものであった。

前者は要するに、隣棟間隔を広くして空地 open space を十分にとれば陽光が射して緑が茂るというたわいのないテーゼであるが、ジオ・ポンティの指摘するとおり[1]、自己完結的なキュービクルを旨とした近代建築にとって、たしかにそれは必要不可欠の美学的条件でもあった。この自己完結性は実は建物の用途を表現することを拒むのであって、その意味づけは、近代建築に先立つ様式折衷主義が意図したところ（様式の借用による建物単位の用途表示）を拒むのである[2]。つまり、近代建築は部屋単位での用途ではなく機能を、表示しようとしたのであって、他面では一つの建築が異なった複数の用途に供されることを本質的に拒むものであった。

したがって、複合用途とそして稠密を基本的な属性とする都市にとって、近代建築はいつまでも異物であった。だから、都市を都市にさせないために「太陽・緑・空間」といってその稠密を排し、「用途地域制」を強いることによって、都市そのものから用途の複合を排したうえで、単一用途の建築を保証しようとしたごとくなのである。

ドラッカーのいうように、たしかに、近代そのものが田園から生い立った歴史

1　ジオ・ポンティ『建築を愛しなさい』大石敏雄訳、美術出版社刊

2　様式折衷主義（エクレクチシズム）は、機能主義建築がそれを激しく拒否することによって生い立った、そもそもの根源である。その旨とするところは建物の用途によって建築様式を選択することにあった。たとえば、裁判所はギリシア風につくるかローマ風につくるかオリエント風につくるかという論争は、そのまま建築家が裁判の根源をなにに求めるか、という論争であった。ここにロマン派的な創造の主体としての個人の位置付けをみることができる。

的時代であり、近代建築は都市そのものを骨ヌキにしてしまったのである。「居住」「生産」「再生産」の三要素に都市を切り刻んで、電車や自動車などの近代的な交通手段によってそれらを結びつけようとする「用途地域制」にとって、問題は都市を築くことではなく、ただただ機能的満足を図ることであった。

「生産」の地域は夜ごとにゴースト・タウンになり、その反面、「居住」の地域はあまりにも歴然たる私生活の館、寝室の集合と化した。一日二四時間を三分して、生産・再生産・居住の場所を変えての八時間ずつは、あたかも受験生の一日の勉強時間割のように決して守りきれる代物ではない。とりわけ、都会からあたかも絶海の孤島のように隔てられた住居地域に閉じ込められた奥さんたちには、刻一刻はほとんど耐えがたい時間の連続となった。住居地域に建ち並ぶ住宅相互の連帯の必然はどこにもなく、ただあるのは、三地域に分断された現実にはない都市へのかすかな連帯、それは、あるいはブラウン管の中の、あるいは電話線を通しての抽象的なコミュニケーションによる抽象的な連帯のはかなさだけであった。もとよりそこにコミュニティの片鱗のあるはずもなく、いっさいは抽象的であった。

「近代住居」の虚構性は、「近代都市」の虚構性と、こうしてその構造の奥深く交歓相通ずるものであった。

個室

それをフィジカルに定義することはほとんど不可能である。なぜなら、フィジカルな個室は「密室」と同義であり、あるいは「鍵をかけることのできる部屋」と同義であって、もっぱらメタ・フィジカルに定義するほかはない。それは個人の完結した生活の場であり、またlabor（賃金労働）に対比されたworkの場である。あるいは、それは個人の影のような性格をもつ。

したがって、そこは機能単位の部屋ではなく、個人単位の部屋である。つまり、ある種のユニバーサル・スペースとしての性格をもつ。ただし、機能の多様という意味だけでのユニバーサリティであって、想定される収容人員は、せいぜい数人の友だちと飲み明かすことができればいい。個人の完結した生活の場である以上、キッチンやサニタリーが付属するのは必須の条件となる。おおよその広さは一五平米から五〇平米が標準となろう。

子供部屋がある種の「個室」であって、あくまでも「近代住居」の異物であったように、「個室」らしさは、最も「近代住居」風でないことをもって性格づけられる。とりわけ反リビングルーム的であることは重要である。最もリビングルーム的な家具はソファであるが、ソファを道具とするような弛緩した行為は「個室」の中ではありえない。おそらくここで食事をし、そこで仕事をし、そこを囲んで酒を飲み、そこで学ぶことのできる巨大な机は、最も「個室」らしい家具であろ

正面外観

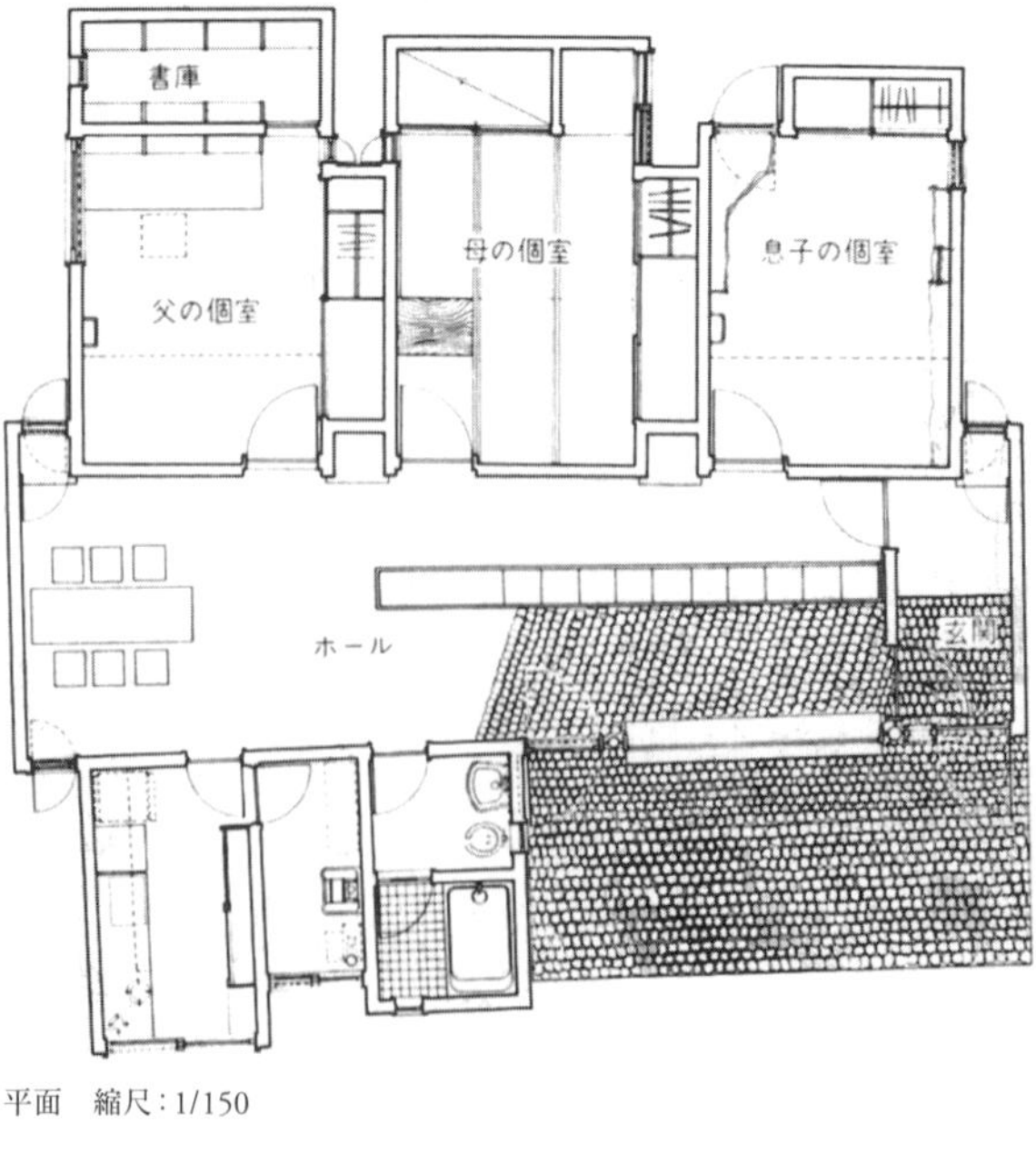

平面　縮尺：1/150

武田先生の個室群住居（一九七〇）
写真＝大橋富夫

ホール内部

う。その巨大な机はあたかも「個室」の中の「個室」である。ベッドはセミ・ダブルがいい。そのほかにゆったりと休めるアーム・チェアがほしい。

「個室」は個人の影なのだから、一つ一つの「個室」は、まるで異なって、住人の体臭のしみこんだものとなるべきであって、量産個室を考える場合、大きさや外観が画一化されるのはやむをえないとしても、せめて内部は一つ一つをガラッと違わせる方法を確立しなければならない。

「個室」の住人はいうまでもなく社会的人格の持主であり、そこは個人の発展の場であり、だれにも侵されることのない生活の場であって、同時に友情がかわされ、愛が語られる場である。

そして「近代住居」における寝室がリビングルームとの対比のうえで存在したように、「個室」はコミュニティとの対比のうえで存在するのである。

個室群住居

「個室」をフィジカルな単位とし、個人をメタ・フィジカルな単位とするコミュニティは「個室群住居」と呼ばれる。

夫婦あるいは親子などの親族関係は、あくまでも個人を単位としながら個室の配置計画のうえでの距離的な近さとして位置づけられる。このコミュニティの大きさは、実質的なコミュニティとして住人相互に知覚される限度の大きさ、二〇

左中：工場で製作されたキュービクル・ユニットは、トラックで現場まで運ばれます。したがってキュービクル・ユニットの大きさは道路交通法により制限されます。

左下：Gコラム・ジャングルに積みこまれたキュービクル・ユニットは、3層ごとにひとつのグループを形成します。エレベーターの止まる階は単身者用のユニットが並んでいます。家族居住者は、この階の上下に3つのユニットとヴェランダ・ユニットに囲まれたファミリー・スペースを持っています。ファミリー・スペースへは、エレベーター階から、それぞれ専用階段を用いてアプローチすることになります。

右中：液体の移動により重心を保てるカウンター・ウエイトを用いてキュービクル・ユニットはGコラムにセッティングされます。そのクレーンは、セッティング時の風力などを瞬間的に測定しうるコンピューターを接続されています。

右下：Gコラムの空洞に水を循環させることによってGコラム・ジャングルは耐火性を得ています。

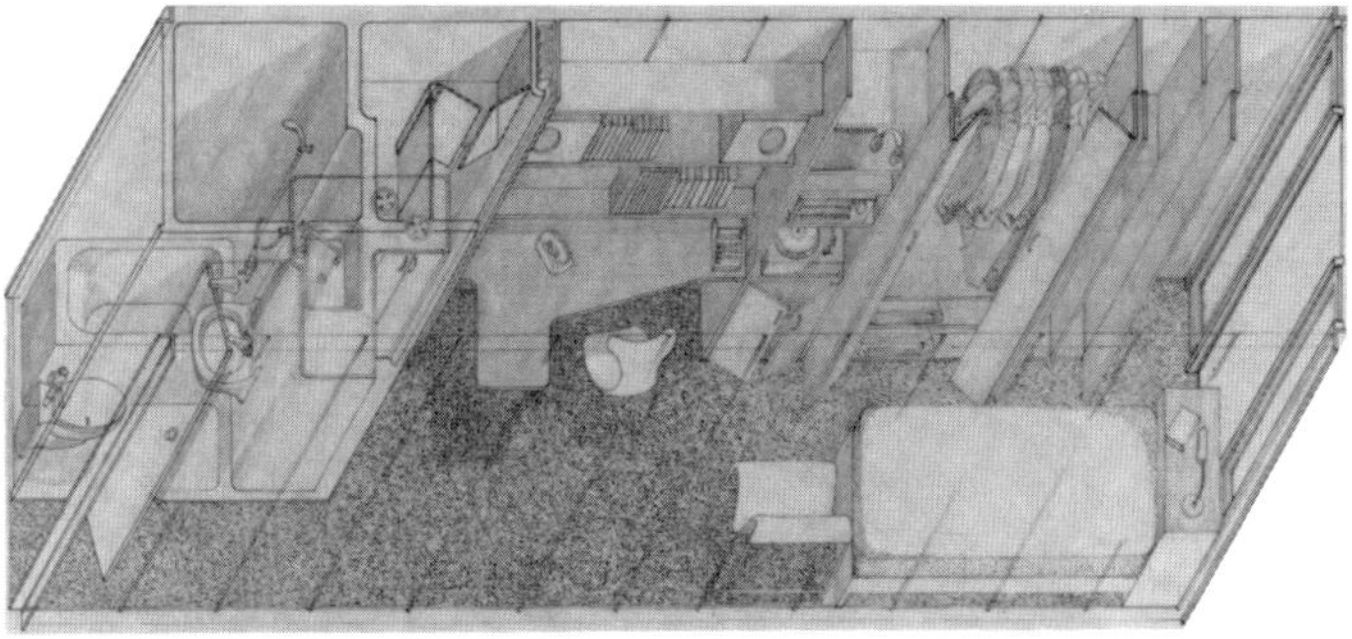

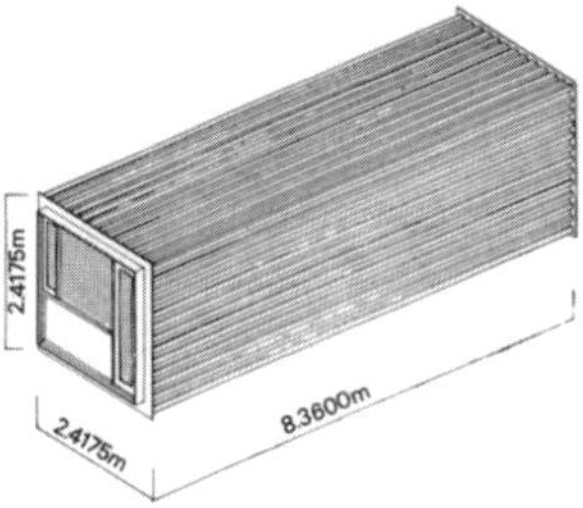

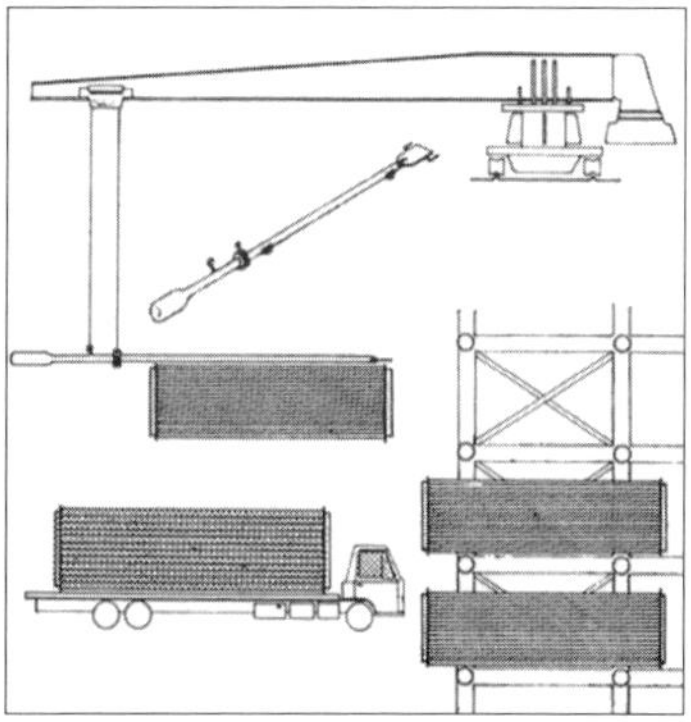

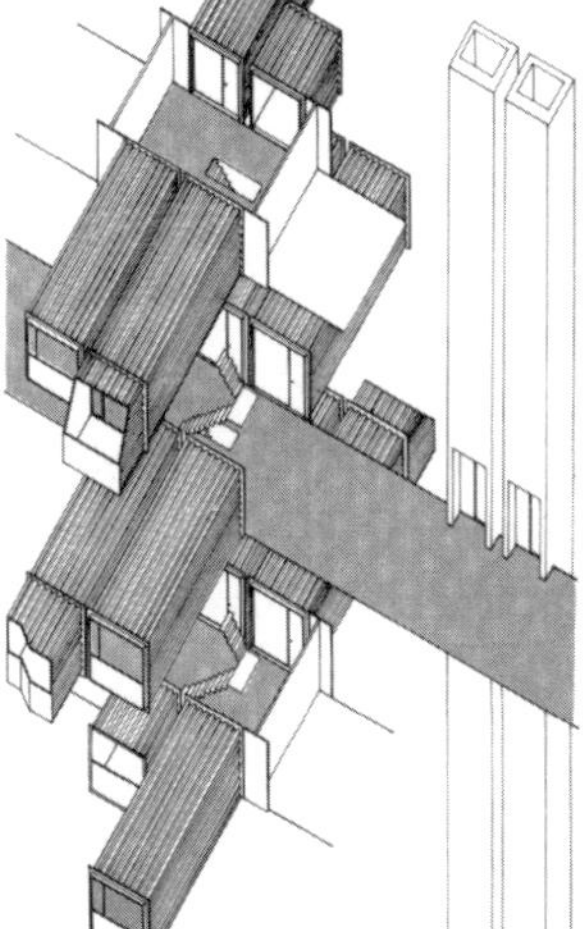

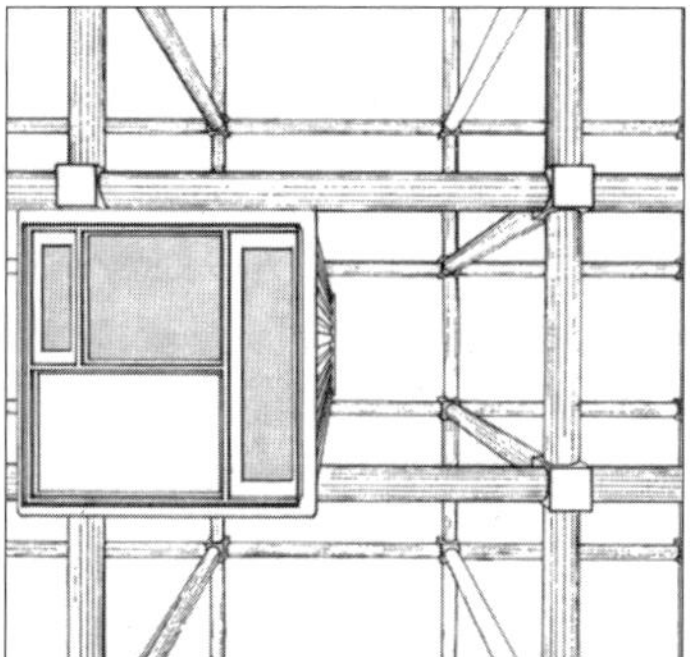

住宅館キュービクル（一九七五）

〇人から五〇〇人程度の規模を越えない。そのために、原則として単棟単位の、つまり団地を構成しないでコミュニティをつくり、その規模から既成市街地に割込んで位置することを可能にする。

外に仕事場をもつ住人の徒歩圏内に、また仕事場が分離されていない住人と社会との直接コミュニケーションの便宜のために、既成市街地内の立地は欠かせない。つまり「個室群住居」は基本的に「用途地域制」と対決する。

このコミュニティはいうまでもなく、かつて家庭機能と呼ばれたさまざまな役割を住人の社会的人格の自由さを保証するために、コミュニティのサービスとして代行する。炊事・洗濯はもとより、育児や教育の一部分もコミュニティのサービスでまかなう。特に現役をリタイヤした老人たちも、このコミュニティの住人であるが、老人たちの孤独を救い、子供たちをホスピタリズム（施設で育てられることによる弊害）から解くためにも、老人と子供たちの親密な接触は不可欠である。

「個室群住居」は住宅一つの「一般解」であることはいうまでもないが、その「一般解」をもった施設 facility の建設に意味があるのではなく、生活基盤 community の具体的な運用に意味をもつのである。この類例としてホテルをあげることができるが、この場合もその施設の完備よりもサービスの充実に意味がある。また、「近代」に次ぐ「現代」という歴史的時代を設定した場合、「近代」における

一、基幹産業としての第二次産業
二、労働型としての labor
三、家族像としての夫婦一体
四、家庭像としての私生活の場
五、都市形式としての用途地域制

などの諸要因に基づく住居形式として、「近代住居」は規定されるものであった。

他面、「現代」における

一、基幹産業としての第三次産業
二、労働型としての work
三、家族像としての独立人格の集合
四、家庭像としての全面的生活の場
五、都市形式としてのメガロポリス――つまり混交用途

などの諸要因に基づく住居形式として、「個室群住居」は規定されるのである。

したがって、近代における典型的住居が「近代住居」であったように、『個室群住居』は現代における「現代住居」であるともいえよう。

2　〈近代住宅〉と〈個室群住居〉、そして〈SOHO〉型ができるまで

〈近代住宅〉と〈個室群住居〉

核家族が賃金労働をこととする社会に生きるには、夫婦一体を不可欠とし、そのすまいは私生活の場となってはじめて専用住居を形成する。その間取り構造はL＋B＋nCHであって、それは都市の郊外に立地し、住居地域を形成するところのものである。

これが〈近代住宅〉の包括的な定義だ。今日では常識ともなったこの因果関係の発見によって、秘密は解けたのである。秘密とは、近代社会における普遍的な文化の型だったのであり、近代社会の深層にあるラングにほかならない。したがって、それは近代住宅のみえない構造でもあった。

〈個室群住居〉とは、この図式をみんなひっくり返してみた時の理論モデルに近い。そもそも結婚の本質《ラング》の中に近代的自我の対立や葛藤が内在することを見抜いて日本型のルーズな結婚を持続することもできようし、もう結婚をしないで、ひとりで充実した人生を送っていくこともあり得よう。

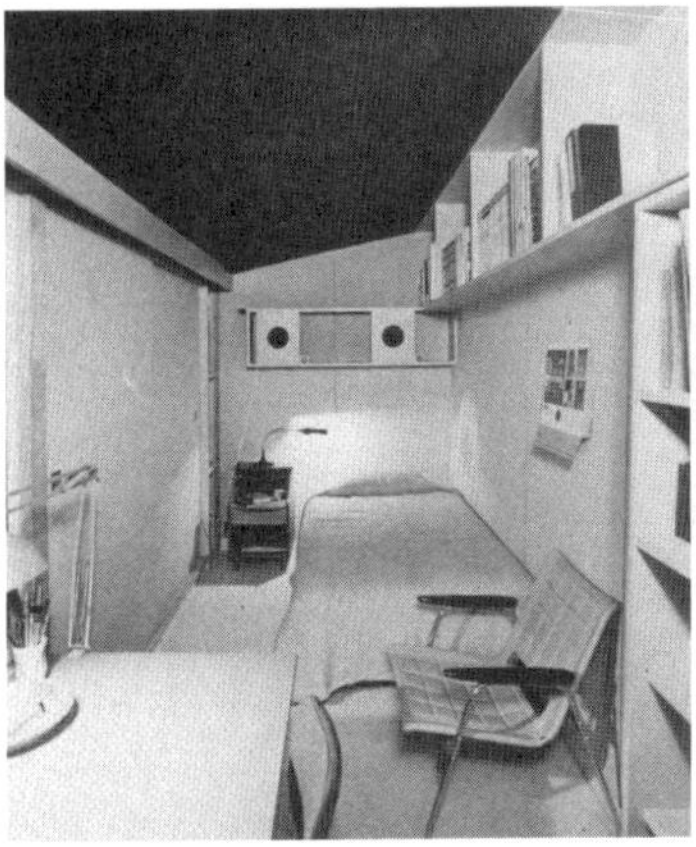

わたしの個室

真白いクールな部屋がほしかった。人工物だけで仕上げられた部屋、それも純白ではかえって白くない。いわゆるoff white（艶消しの純白）は、無色としての消極的な白になってしまう。黒と黄と赤サビの少し混った白は、おそらく最も意識的・積極的な白になる。もちろん艶をチラッと出して塗る。床は白のテラビニール・タイル、壁と襖はアイボリー・ホワイトの同じビニール・クロス貼り、床と壁の白家具にだけ、例の白ペンキを研ぎ出して塗ってある。机はターコイス・ブルーのステラ、脚は角パイプ・ダブルクロームメッキ、ベッド・カバーは金茶色。仕上と構造は、ほぼ同じツラで目地分れしているが、人工物の仕上を強調して素地ボイル油塗りの構造材（ツガ）である。

ヒロコの個室

写真のなかにも見える古めかしい机は、まえからヒロコの使っていた机だ。どんな部屋にしようかと問うても、屋根・壁あれば充分、としか答えない彼女の個室を、よほど気にいっているらしいこの机に、もっともふさわしくデザインすることだけが、わたしにできたことのすべてだった。それは西洋館の〈様式〉を借用してなされたが、校倉とバルーン・フレームを別にして、木構造のリアリティを追ってゆくと、洋の東西を問わず真壁造りに達する。それがハーフ・ティンバーとよばれる木造西洋館の〈様式〉である。床はナラ材フローリング、造作と建具は全部ラワン材オイル・ステイン塗り、ただし見付がちょっと大きい。壁は砂しっくい木ゴテひきずり仕上であり、共用部分の部屋の仕上も同じ方法である。

わたしの個室・ヒロコの個室（一九七一）

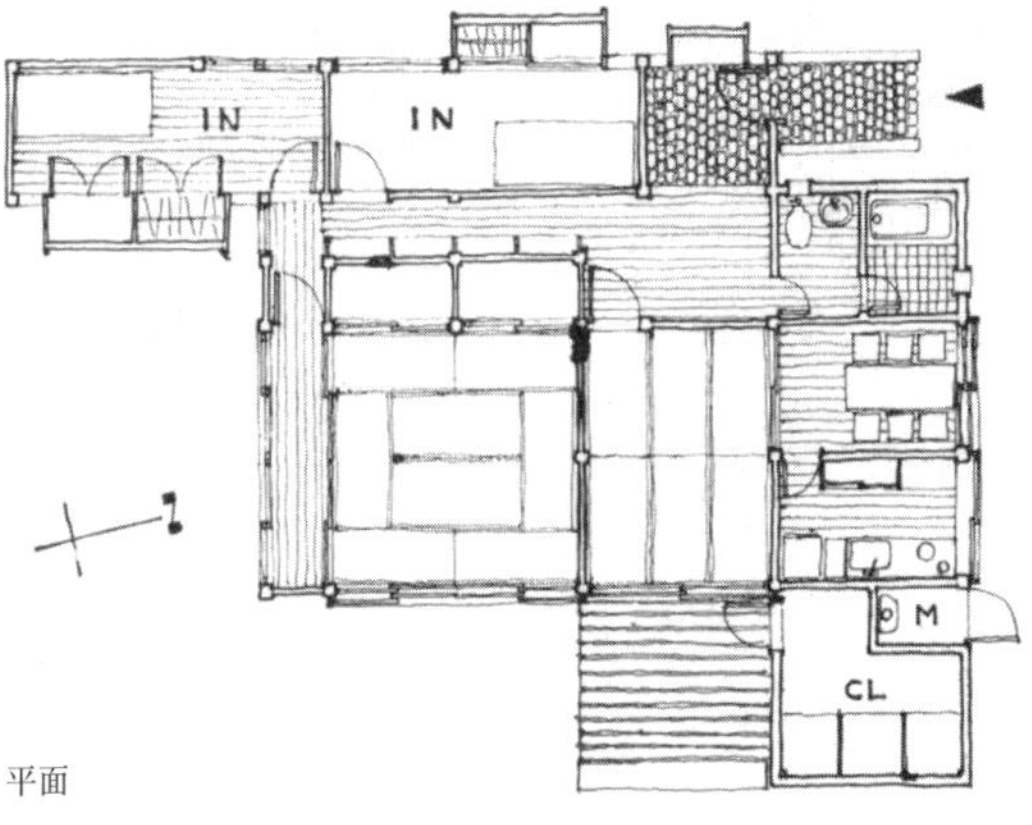

平面

ホシカワ・キュービクルズ（一九七七）
写真＝輿水進

2階ルーフガーデン

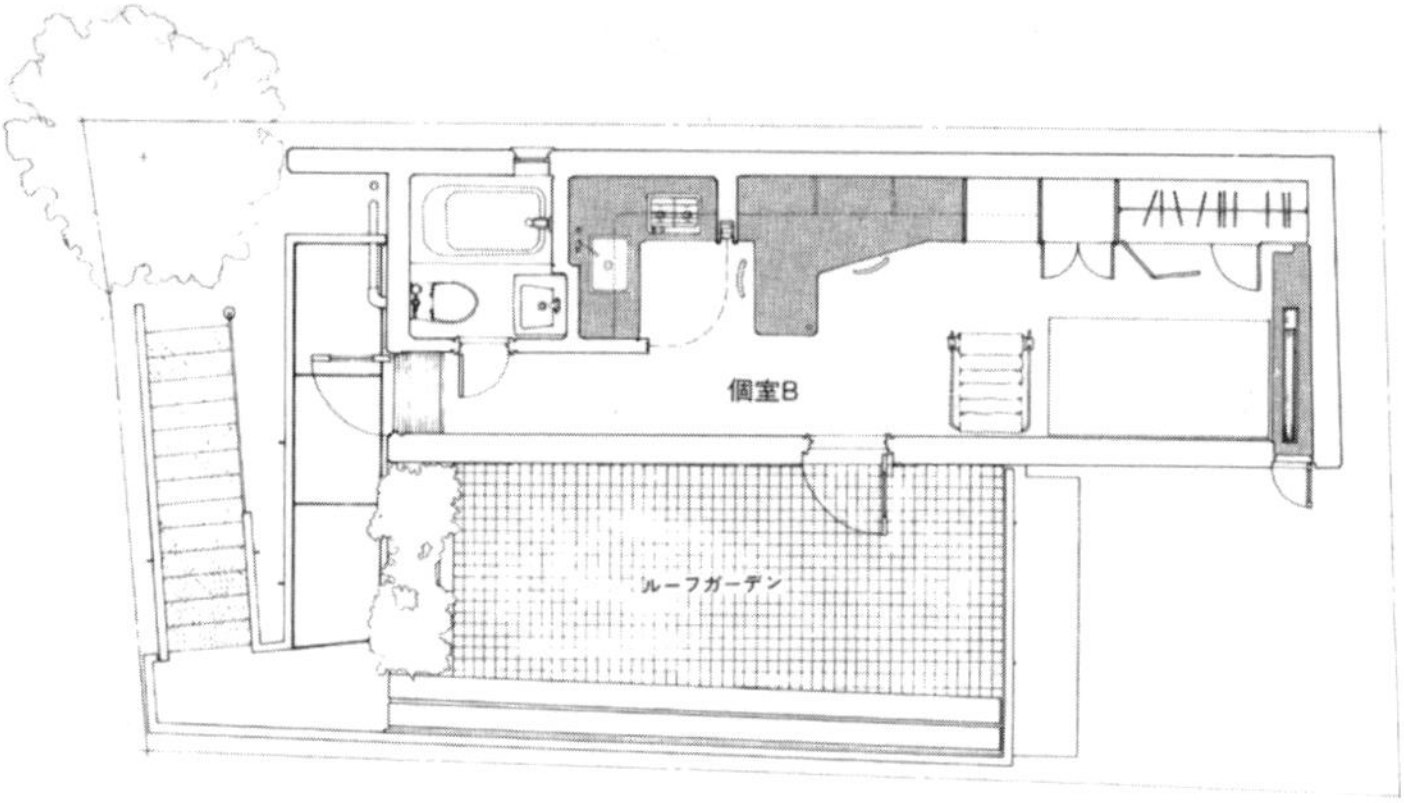

2階平面

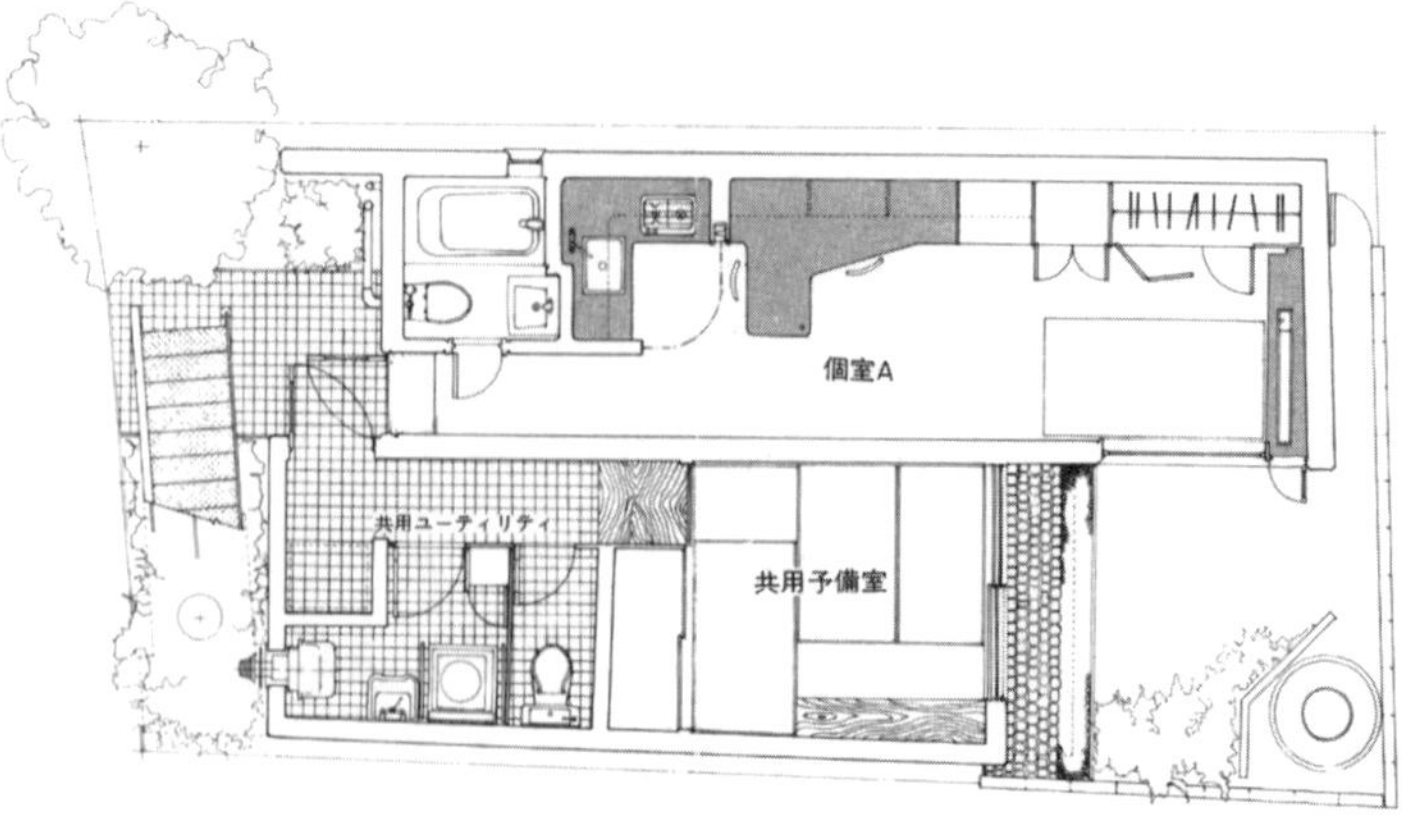

1階平面　縮尺：1/120

北側正面外観

1 階共用予備室

1 階個室 A

1 階個室 A

後者を選択する人は、一般に、賃金労働からある距離をとって生活し得る職能人である場合が多いに違いない。その場合の住まいは、単なる私生活の場とはもはやいえない。全的に発展した個人のトータルな場としての性格をより帯びてくるはずだ。郊外の立地もちょっとありえない。

〈個室〉とは、こうしてイメージされるのである。そういう個室からだけ成立した、結婚という絆の外にいる人たちの住む集合住居のことを、〈個室群住居〉という。

個人用居住単位の計画、〈SOHO〉型ができるまで

「個室群住居論」を唱えだしたのは一九六〇年代の終わりだったが、「個室」とはどのようなものか、計画におとしてそれらしい設計ができるようになるのに、ずいぶん時間を要している。

Stage 1

通常の家庭にある子供部屋は、四畳半から六畳程度の大きさが標準的だが、この種の計画をするとき、長五畳を与えると実質六畳以上に有効であることを経験的に知っていた。

私は一九七一年に結婚するのだが、そのとき、親の家にnet五畳(収納は張り出

せいびグリーンビレッジ(一九八三)
写真=輿水進

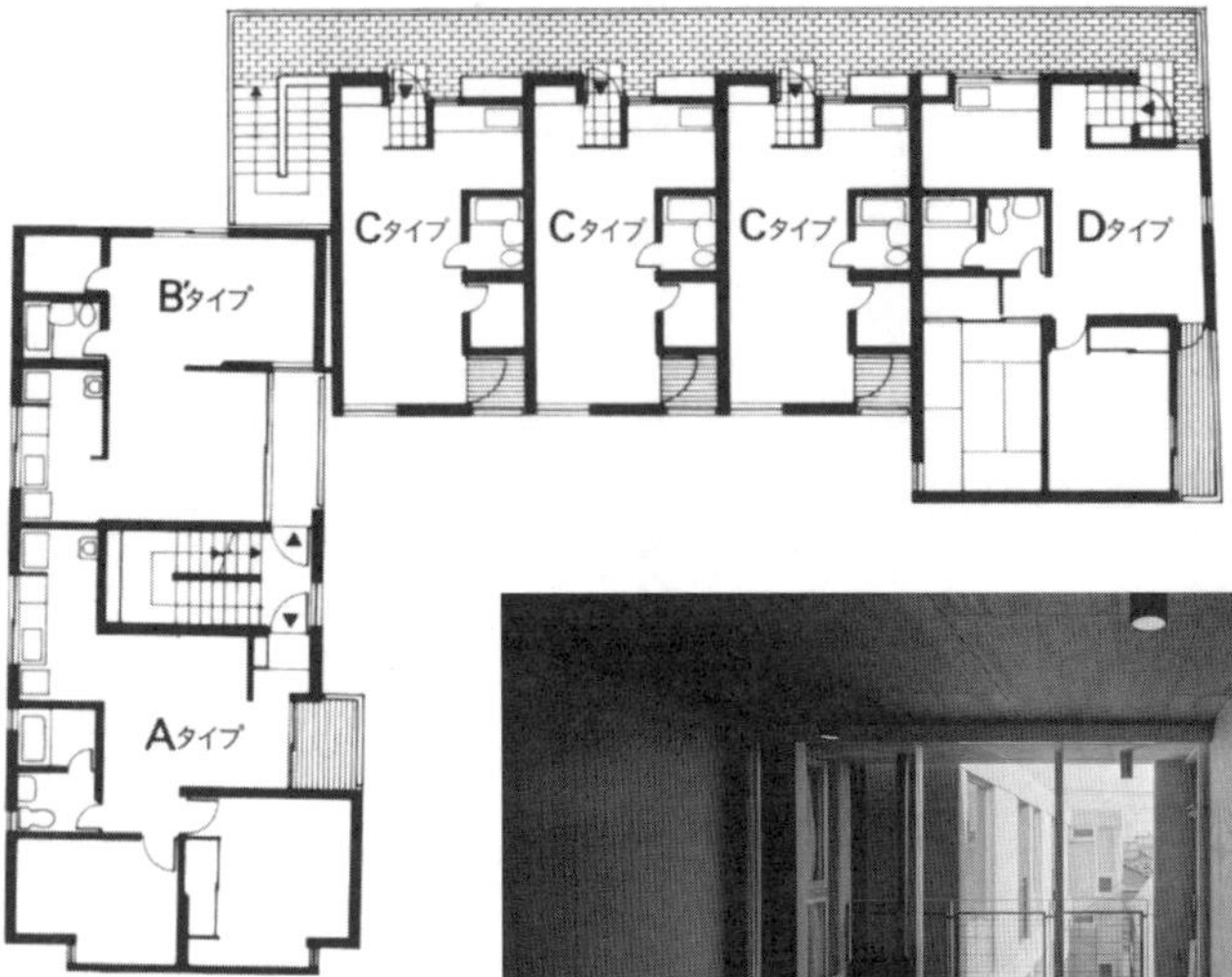

3階平面

3階B′タイプ

1階共用部分

エントランス

2 階平面

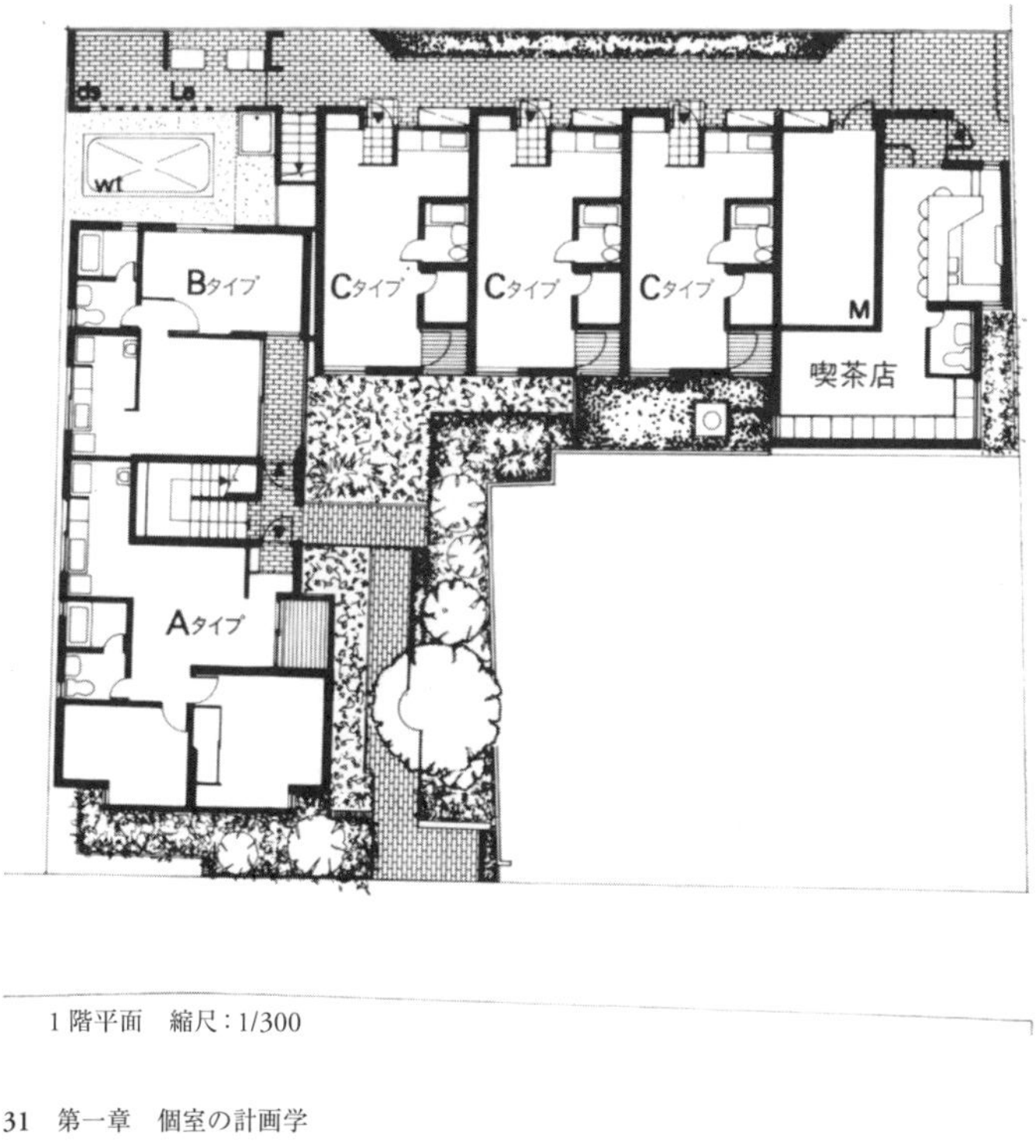

1 階平面　縮尺：1/300

南エントランス側のファサード

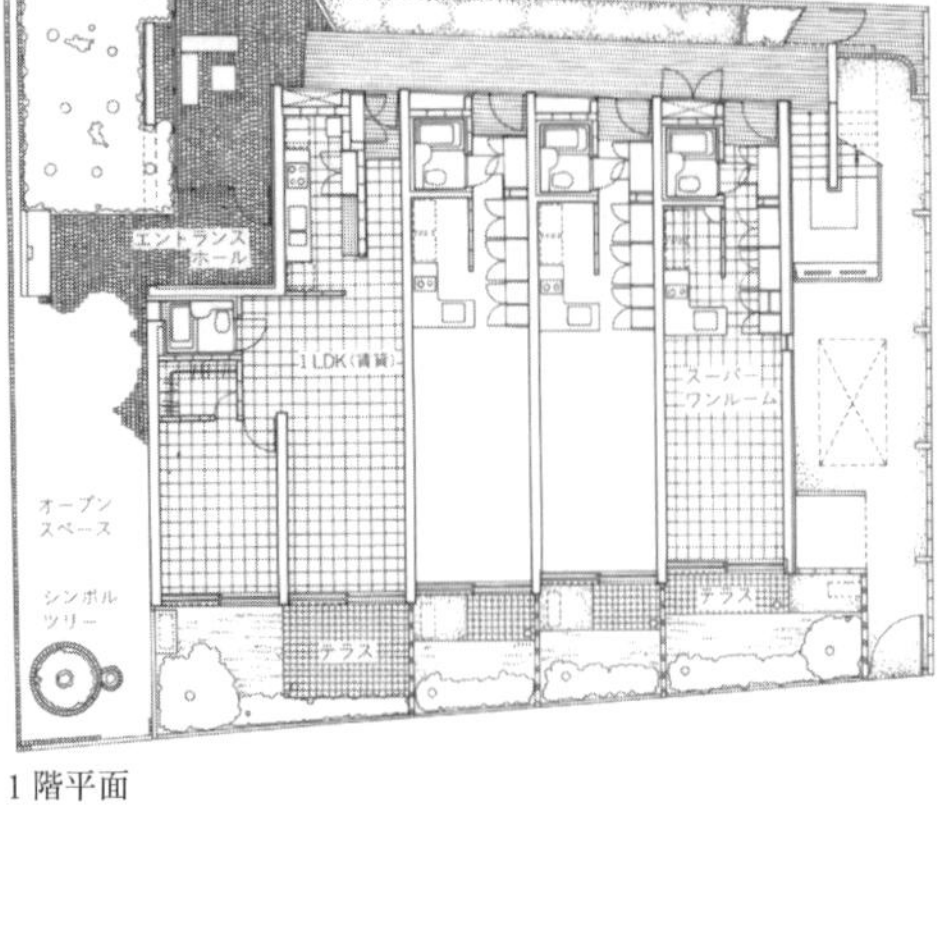

1階平面

コワン・キ・ソンヌ（一九八六）
写真＝大橋富夫

上：4 階スタジオ
下：3LDK（オーナー）居間よりコートを見る

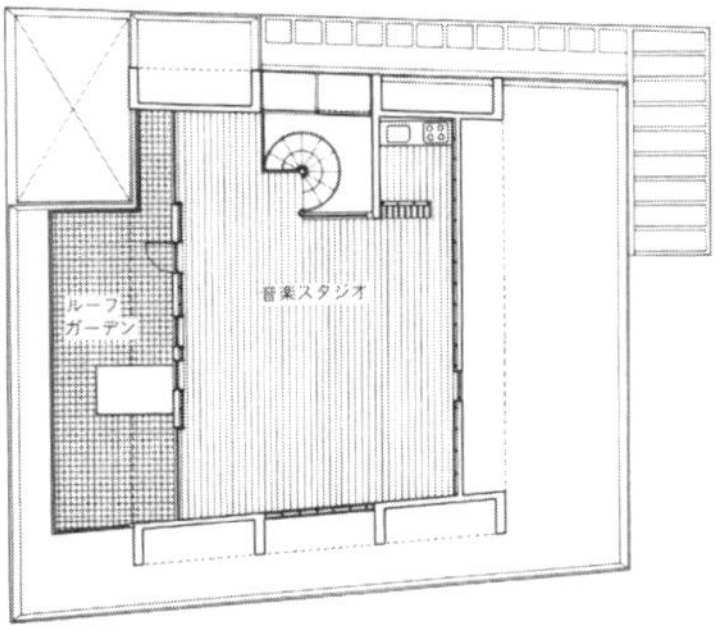

4 階平面

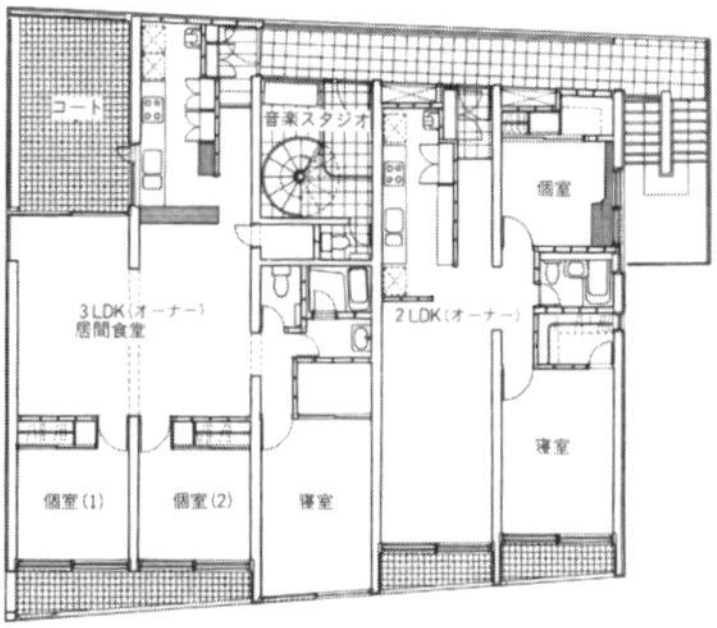

3 階平面

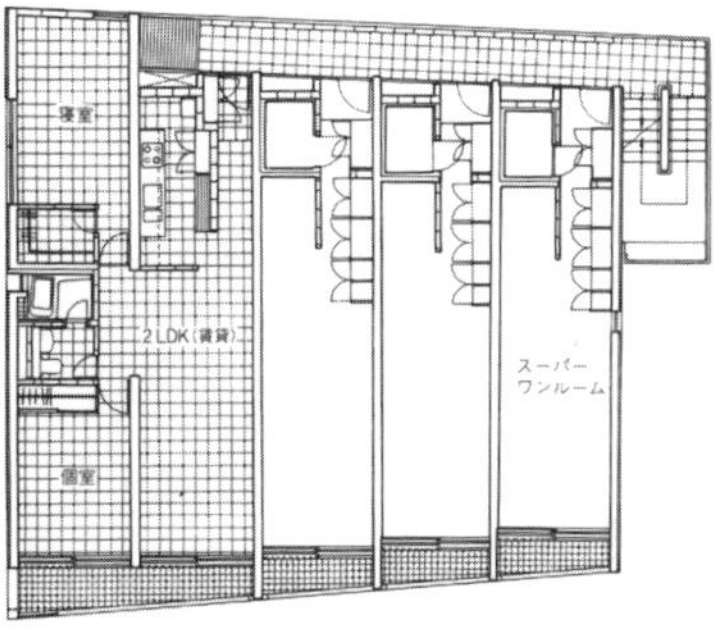

2 階平面

している）を二部屋増築して分居することになる。ここで、シングルベッド、ナイトテーブル、アームチェア、大型デスク各一、サイドチェア二脚などで、家庭内「個室」でも必要にして充分な装備であることが確認できている。

Stage 2

家庭から出て、社会の中に営まれる「個人用居住単位」を想定するとき、さらにサニタリー、キッチン、食事スペースなどが必要になることは明らかだが、先の長五畳にどの程度を追加すればよいか、長いスタディが始まる。

長五畳の短辺一・八メートルに収納の奥行き〇・六メートルを加えた二・四メートルを「個人用居住単位」の短辺として、サニタリー＋キッチンのハートコアを加えるところまではスムーズだったが、長辺をいくらにするかは、食事スペースとデスクとの関わりを解いていく必要があり、暗礁に乗り上げた。やがて造り付けデスクから半島型のテーブルを突出させる解決が導かれたのだが、すべての備品を市販品で揃えられることを、規模指定のシビルミニマムとしてきた我々にとって、これは思いがけないハードルでもあった。

結果として、二・四メートル×八・一メートル（一九・四四平米＝五・九坪）という長大なプロポーション（六：二・四）をとるとき、「個人用居住単位」の面積は極小値をとることは証明されたのである。しかし、ここに玄関に類するものはなく、洗濯という要素も欠いている。これらを担い、かつ給水、給湯、空調熱源などを供給するコミュニティの存在を前提にして、これは成立するのである。

一九七五年に全金属モノコックの「住宅館キューービクル」の開発を達成、七七年には、これをRCに置き換え、共用予備室なども装備した「ホシカワ・キュービクルズ」が成立することになる。ここまでで、ちょうど一〇年を要しているのである。

Stage 3

ここまでは「適正規模計画」を手がかりとして、つまりミニマリズムによって「個人用居住単位」像を措定しようとしてきたのだが、以後、いくつかの集合住宅の実現によって、結果として脱ミニマリズムが果たされることになる。

一九八三年には都内羽田に「せいびグリーンビレッジ」をつくることになるが、経営安定のために多様な種類の住戸構成を試みている。しかし、個人用居住単位九戸にあっては、敷地の形状から奥行き八・一メートルの面積極小型が採用できず、二五・四平米も使いながら、そこまでの性能に達しなかった。極小型がいかに練られたものか、いまさら噛みしめるところとなったが、同時に、ここでは一〇坪の「スーパーワンルーム」も一戸仕掛けられていた。

一九八六年には都内方南町に「コワン・キ・ソンヌ」をつくることになるが、

1階より正面入口方向を見る

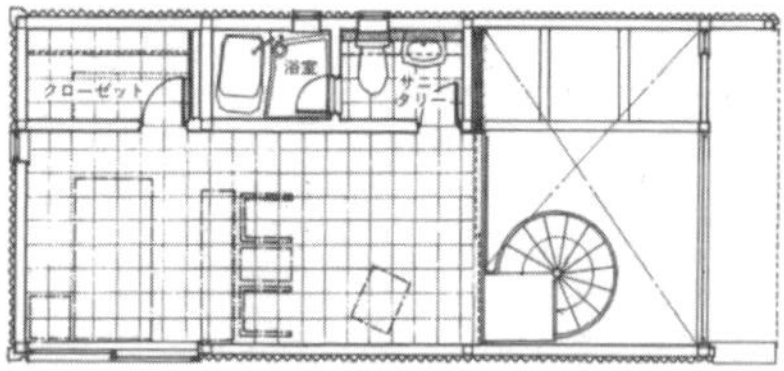

2階平面

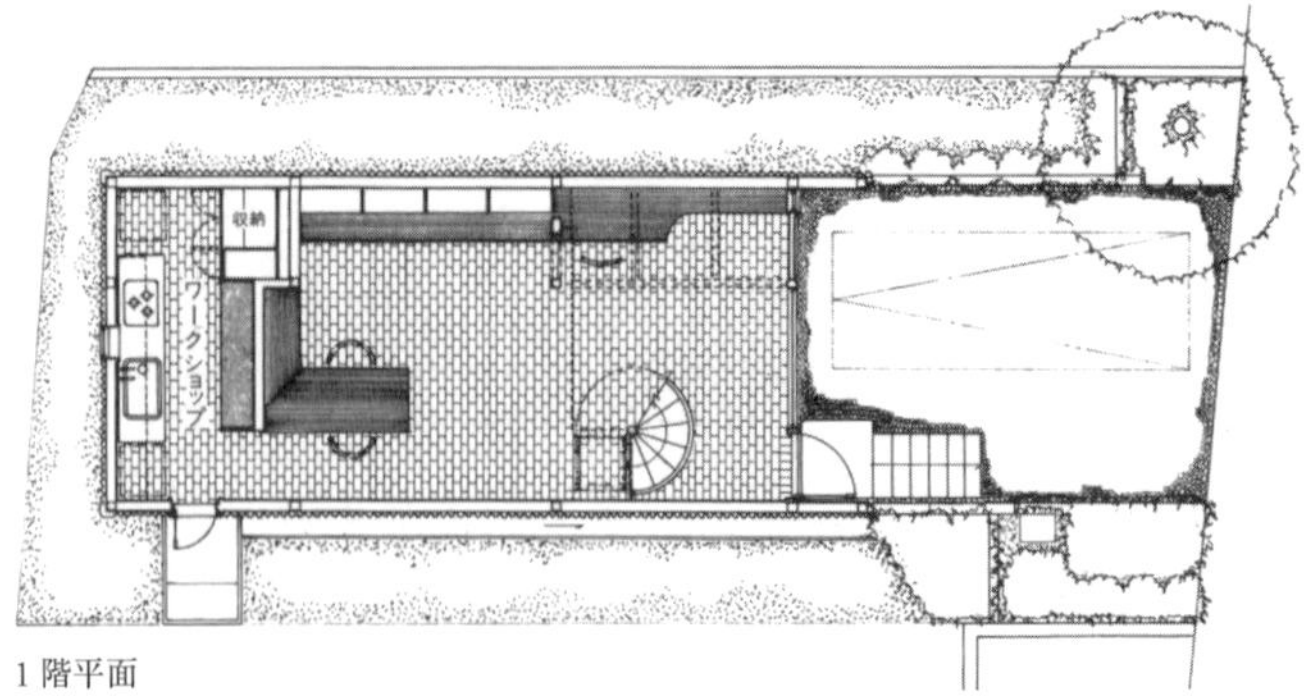

1階平面

SOHO型個人用居住単位　KAO（一九九七）
写真＝畑亮

道路側正面の夕景

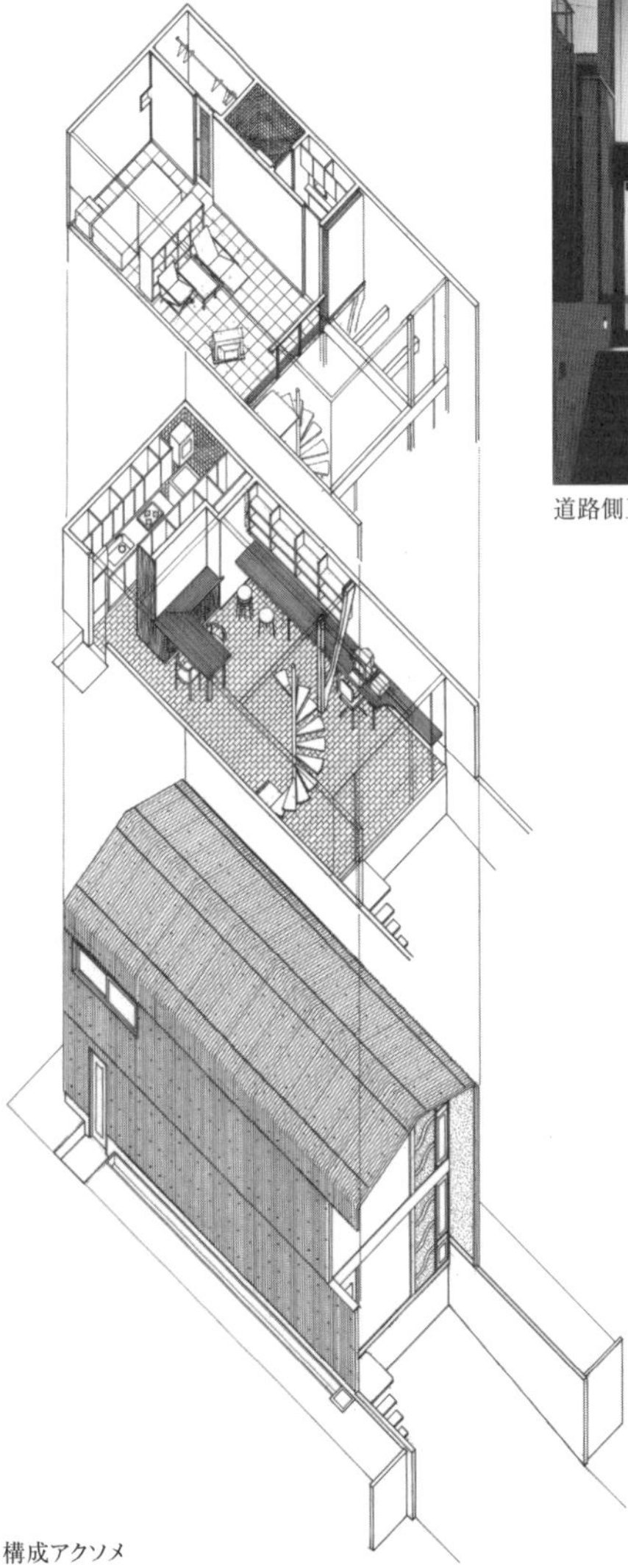

構成アクソメ

初めて「分譲」方式に挑むこととなって、あらためて充分条件を軸に個人用居住単位を考え直すことになる。外断熱材を銅板で覆った外観に対応して、内壁打ち放しの一〇坪スーパーワンルームが六戸供給されることになった。「せいびグリーンビレッジ」では小型住戸のために共用ランドリーをつくっていたが、ここで初めて個人用居住単位のなかに洗濯スペースを内蔵することになった。住戸の規模と、コミュニティの質とは明らかに連動するのである。

Stage 4

賃金労働形態というものと、近代住居とは深い関係がある。そういう認識から、そもそも「個室群住居」論は出発している。

個人用居住単位は、だから賃金労働の枠外に当初から設定されてきたのだが、こうした営為を担保するツールとして、パソコンとインターネット通信とが浮上して確実視されるようになるのが、一九九〇年代である。SOHO—small office / home officeという用語さえ、もてはやされるようになってきた。

そうした装備をした個人用居住単位を、しかも戸建てで模索することになったのが、一九九七年だった。

あたかも、それは郊外立地であって、いかにもありうることだ。つまり、コミュニティにも都市機能にも補完される見込みがなく、インターネットだけで社会につながっている個人用居住単位がありうるのだから、その規模は、最初から極大値が予想される。ある種のチームワークも、チームの交歓や、そのあげくの宿泊も予想されるからである。こうして、重プライバシー部分と軽プライバシー部分を階によって分け、吹き抜けによってつなぐという計画に至るのだが、延べ床面積は二〇坪に達した。

こうしたstudio typeとは、もともとコルビュジエにおける近代住居像の模索の過程で認知されたものだ。オザンファンやジャンネレなどの芸術家のアトリエが将《まさ》に実現されているのだから、もともとどちら側に適性があったのか、ニヤリとすることになる。

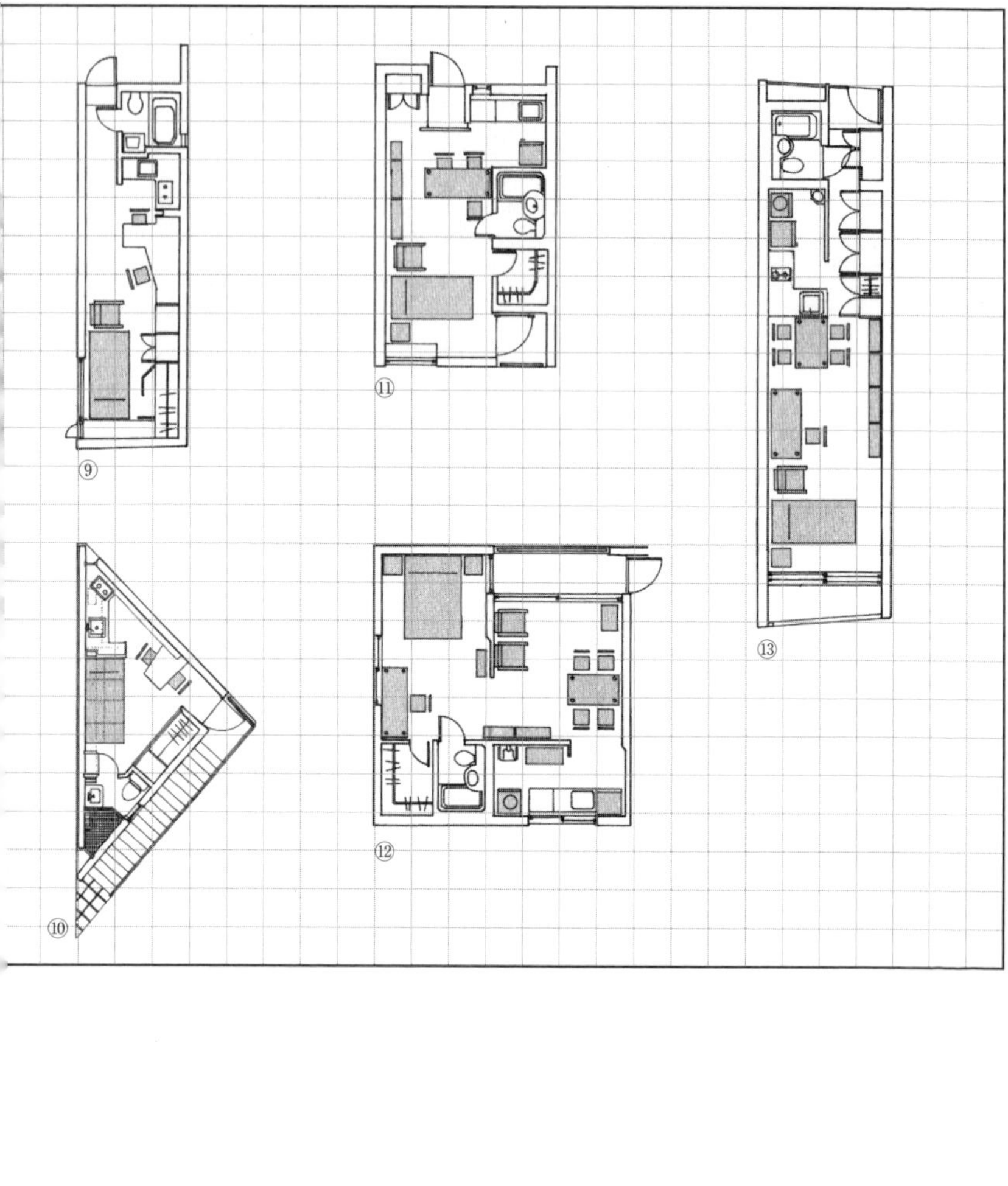
⑨
⑩
⑪
⑫
⑬

各「個人用居住単位」比較平面図
(＊=黒沢隆研究室)

① 木賃アパートの4畳半K付／70年代採集、9.7m²
② 木賃の6畳1K（武蔵野市）／80年代採集、17.0m²
③ 木賃の6畳1DK（都内目黒区）／80年代採集、26.7m²
④ 鉄賃3m間口の規格ワンルーム／1994年、積水ハウス「フレグランス」カタログより、18.2m²
⑤ わたしの個室・ヒロコの個室(鎌倉市)／1971年、＊、各長5畳
⑥ 中川邸同居個室群(横浜市)／1971年、＊、14.9m²
⑦ S.I.T.キュービクル(計画案)／1973年、芝浦工大黒沢ゼミ、19.4m²
⑧ 中銀カプセルタワー・基本ユニット(都内中央区)／1972年、黒川紀章設計、10.0m²
⑨ ホシカワ・キュービクルズ(市川市)／1977年、＊、20.6m²
⑩ キャット・シャノン3F（都内港区）／1976年、＊、13.3m²
⑪ せいびグリーンビレッジ(Cタイプ・都内大田区)／1983年、＊、25.4m²
⑫ せいびグリーンビレッジ(B′タイプ)／同、＊、34.0m²
⑬ コワン・キ・ソンヌ(Aタイプ・都内杉並区)／1986年、＊、33.4m²

3　都市を生きる——集まって棲まうということ

家族をめぐる「進化」と「文化」

その生態から人間の社会をとらえようとするとき、「家族」という一次集団を単位として、二次以後の集団が構成されて「社会」となっているという事実は、とりわけ際立った人間社会の特徴である。

いつから、人間は「家族」をもつようになったのか。

これは証拠のない論議だ。ホモサピエンスへの進化の途上にあって、初期人類が分類上のヒト亜科に同定された段階（猿人段階＝アウストラロピテクス階層）で旧石器時代は始まっていた。このとき、もう「家族」はあったと考えて妥当かもしれない。サル学（動物社会学）の現在が次々に明らかにした現生霊長類の社会構造から類推し得るところである。ときに、四〇〇万年前のことだ[1]。

ヒトへの進化は、一五〇万年前に「原人」として知られるホモエレクトスの段階に達している。ここで体毛を失い（おそらくは黒人だった）、火の使い方も心得、ユーラシア大陸全域に活動範囲を広げていった。だが、猿人と原人とをつなぐホモ類直系の祖先は、いまだに判然とはしていない。系統図に「ホモ」とだけある記入

1　近著では、立花隆編『サル学の現在』平凡社、一九九一年がグローバルにとらえ、この立場からの家族論では、山極寿一『家族の起源』東京大学出版会、一九九四年が手ごろ。拙著『個室群住居』住まいの図書館出版局、一九九七年もご覧いただきたい。

は、今日のミッシング・リングを示している[2]。

周知のように現生人類(ホモサピエンス)は四万年ほど前には出現しているが、当時の生態は今日を生きる採集狩猟民そのままであったと信じてよいはずだ。未開民族の研究を通じて明らかになっているその生活は、たとえばチンパンジーやボノボの生態とよく似ている。同じような「バンド社会」[3]を営んでいるが、違いは「家族」があるかないかに絞られる。今日、そこまでは明らかである。ただ、盛期の採集狩猟生活とは、食餌の内容に相当の差があるのではなかろうか。

それは、一万五千年ほど前、人類はなぜ原始農耕段階に入っていったかという問題と、深く関連する。

ヒトは、すでに旧石器時代の盛期、すなわち「原人」の段階でさえ、大型の猛獣をわりと簡単に仕留めて食餌とする技術をもっていた。特に旧石器時代後期の石器が何よりもこれを証明しているが、結果として、おそらくは小型になって残存したであろう爬虫類恐竜を食餌として根絶やしにし、さらに哺乳類巨大獣も絶滅に追い込んでいる。ネアンデルタール人など初期の現生人類が、現代人並みの体格に恵まれていることが、これを示している。

食いつくして、仕方なく新たな食餌を植物に求めることになった。以後一万五千年、食餌に恵まれずに体格を小型化し、この一〇〇年で、本来の体格に戻ろうとしているといわれる。

2 最近の研究成果をよく構造的に説明する資料では、江原昭善「化石で探る人類の起源」(前出『サル学の現在』所収)がある。図版も同稿より。

3 バンド社会:狩猟・採集民の営む社会。一見核家族のような数十人から構成され、定着性のない遊動の生活をする。「所有」の感覚がなく、したがって権力もなく平等な集団。E・R・サーヴィス『狩猟民』鹿島出版会「現代人類学の基礎」双書、一九七二年を参照されよ。

人類にとっては四〇〇万年続いた採集狩猟の生活をここで転換することになったが、しかし、二五億年続いた地上生物の根本的かつ普遍的な生活様態が、進化の最先端において転換したことも同時に意味している。

食餌をめぐる環境変化に対応し得ずに絶滅した生物種はいくらもあろう。また、対応して身体を特化させて生き残った生物種もいくらもある。後者の場合、特化による適応は、その次の環境変化への不適応を意味し、つまり「枝」進化に入り込むのだが、「幹」進化先端にある人類は、いずれをも免れている。農業段階の人類は、体形を小型化したのではなく、体格が小型化しただけだった。動物性食餌確保のために、家畜まで飼い出したのである（しかしヒトのつくる文化が袋小路に入り込んだ例はいくらもある。たとえば、飼育すべき家畜種に恵まれなかった中南米の新石器時代にあっては、食人を組織化して、結局は自滅している）。

私には、ホモサピエンスをつくり上げたことによって、「進化」のプログラムは終了したように思える。以後、課題は「進化」から「文化」に転ずることになる。このこと自身が進化の終焉を意味しているのではあるまいか。

都市の中の住居構造と家族

旧石器時代＝採集狩猟段階＝バンド社会
新石器時代＝原始農耕段階＝部族社会

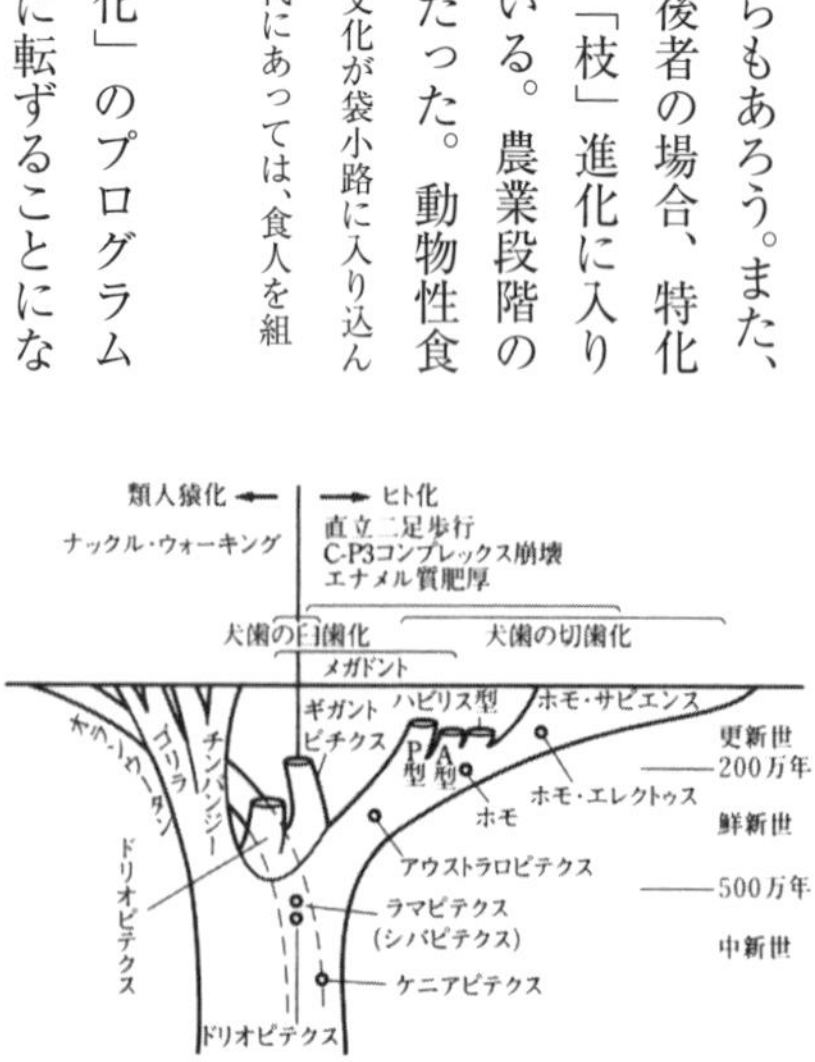

九〇年代の成果を踏まえたヒト上科の系統（江原昭善「化石で探る人類の起源」『サル学の現在』平凡社、一九九一年より）

鉄器時代＝灌漑農耕段階＝国家社会

技術と生産と社会とはひと組である。その中にある家族は、この段階を追って強固なものとなる。

バンド社会における家族は、一見、父系核家族に見える。しかし、性関係は家族の枠内には留まらない。したがって誰が母かだけが問われる社会だ。母系の父方居住《パトリローカル》といえようか。そして婚姻はバンドを単位としている。家族はいかにも未成熟なのである。

部族社会［4］の特徴は多様性にある。この段階で人類ははじめて定着性のある居住を経験する。結果として、各地に実に多様な住まいが営まれるが、原生植物の組織的利用から焼畑農業まで、実に多様な生産のベースがあってこそなのである。母系、父系、一夫一婦、一妻多夫、多夫多妻、内婚、外婚、小家族、大家族、男の共同生活、女の共同生活……。家族形態もまたあらゆるバラエティに富む。

一方で社会規模はバンドより格段に大きく、クラン（氏族）やリネージ（系族）も家族と社会との中位に形成される。社会の規模拡大は複雑な構成をまねいて当然でもあろう。部族社会においては、概して、このクランやリネージが婚姻の形成であって、「家族」の意味は、その後の国家社会におけるものと相当の違いがある。

多方面にわたるあまりの多様は、いかにも文化人類学の研究対象なのだが、逆にいえば、ヒトは、あらゆる家族形態や社会形態をここで試した。それは、次の

4　部族社会：原始農耕民の営む社会。酋長をいただき、戦士を擁し、共通の祖先を意識してトーテム化するなどの特徴をもつ定住的社会だが、家族形態、生活習慣、社会構成などはきわめて多様。ひとつの部族単位にひとつの文化を形成。M・D・サーリンズ『部族民』（同前）を参照されよ。

展開に対する準備だったように見えるのである。いうまでもないが、社会型とは、ここでは「文化」そのものであり、文化は、その成員に対して「条件づけ装置」として働くものなのである。

原始農耕から灌漑農耕への展開には、新石器時代から鉄器時代への技術革新を伴っている。

ここでいう「灌漑」とは、水田水耕を意味していない。「治水」というような意味がまずある。当時の先進地域メソポタミアのチグリス河、ユーフラテス河の河口沖積平野は原生の麦に恵まれたことが知られている。

穀物の利用は灌漑農耕段階の際立った特徴のひとつだが、その組織的利用には不可欠なことがあった。治水にほかならない。肥沃な大沖積平野は大生産の潜在性を秘めているが、しばしば大洪水に見舞われて惨害を呈する。河の下流全体を常に浚渫《しゅんせつ》し続け、導水路を掘り抜いて保守し(運河や用水路としての用途も果たす)、一方で上流中流に遊水機能をもたせなければならなかった。鉄器とは、まずもってこれを可能にする道具だったのである[5]。

ルイス・マンフォードがかつて述べたように、蟻のような人員組織を「機械」として、この事業は達成された。厖大な人員は強大な軍事力によって動員され、それらを養ってあがない得る人口と生産力とが、ここに形成されたのである。全部はワンセットのものだ。しかも、四大文明にすべてに渡って、この凄惨な絶対

5　M・ハリス「水力利用の落とし穴」『ヒトはなぜヒトを食べたか』早川書房、一九九〇年による。ウィットフォーゲルの研究への言及は『歴史の都市　明日の都市』新潮社、一九六九年の中でもなされている。

専制体制が築かれた。

「都市」は、その付帯物にほかならない。

新石器時代の「村」から、鉄器時代の「都市」への昇華について、とりわけ深い関心を寄せたのがマンフォードである。『歴史の都市　明日の都市』では、もともと狩人、農民、羊飼い程度の職分化しかなかった村社会(部族社会)から、都市文化(国家社会)を構成する多様な職種分担がどうして可能だったかを問う。

この新しい都市混合体は、あらゆる方向に、人間能力の著しい拡大を引き起こした。都市は、労働力の動員や長距離輸送の支配や時間的・空間的な遠距離伝達の強化をなし、土木工事の大規模な発展に伴う発明を爆発させ、そして、農業生産の恐るべき上昇を少なからず促した。

これを肯定的にとらえるか、懐疑的にとらえるかで、しかし、世代差がある。マーヴィン・ハリスはいう。「灌漑農耕が園耕にくらべ、一人一定時間の仕事量に対して五倍の生産性を示すにもかかわらず、以後九〇〇〇年間にわたって続いた生産強化、資源枯渇、技術革新のために、人類の栄養状態が全体として悪化をきたした」(「農耕の起源」)。「わずかな見返りしか与えない(「四大文明とその継承」)社会が、他のいかなる国家体系にも例をみない数千年という世界史上最長の期間存続したという事実は、人間に関する事柄に内在するもので物質的精神的進歩を保証するようなものは何もない」と(「水力利用の落とし穴」)[6]。

それにもかかわらず、紀元前四〇世紀の時点にあって、四大文明は地球上の文明をひたすら担う最先端地域であった。

ここには明らかに都市が成立したのであり、しかも、これらは同質の内容をもつ。日干し煉瓦や、やがて焼成煉瓦によって壁体を築き、木材の梁を渡して上階の床を支え、あるいは屋根を架けた。生活のための採光は当然、窓に求められ、私性の確保のために中庭に向けられていた。中庭型建築《コートハウス》こそが都市型の構えだった。中庭型建築《コートハウス》によって都市が成立し、「文明」が成立したといってよい。

中庭型建築《コートハウス》とは、隣家と隣家はくっついていた、あるいは壁を共有していたということを意味する。つまり、どこからどこまでがひと棟だか定かではない。道路によって四周を区画されたひとブロックは、確かに区画できる単位かもしれないが、道路の上にフライング・バットレスが飛んでいる例は今日でも組積造中庭型建築《コートハウス》から成っている都市に多く見受けられる。こうなると、都市自身が有機的連続体のようにも見える(ただし、アーチ構法は、ローマ以後の技術だから、四大文明もこうだったとはいいがたい。今日の南欧に見られるように、電力供給や電話の配線も壁から壁に架設され、交通信号も四周の建築にワイヤーを架けて吊り下ろされているありさまは、都市全体の有機的連続感をなおさら感じさせるのである)。

6 前出『ヒトはなぜヒトを食べたか』参照。

こうなってくるとき、その連続体を構成する単位は、「家族」として明らかな実体をもってこよう。その家族形態は、父系それも一夫一婦制か一夫多妻制に収斂する。それは婚姻の成立単位という意味にほかならない。ただし、たとえば、中国では院子（中庭）を囲むのは、複数の家族からなる系族である。実際、ひとつの門を共にする「一門」であって、こうしたクランやリネージの残存による「家族」の未成熟は、四大文明にあっては中国やインドの特徴であり[7]、あるいは四大文明そのものの限界や段階をも示すのであろう。M・ハリスの指摘のように「治水国家」であるがゆえの停滞を、はるか後世にまで引きずることになる。

7　前出『部族民』参照。

家族を単位とする社会とその居住型

しかし、仮に未熟であっても、この段階の家族は、中庭のほか少なくとも二室からなる住居に起居する。それは炉を囲む食事などのための昼間の部屋と、そして家族みんなの就寝に当てられる部屋とである。前者はDay Roomと呼ぶのがふさわしく、後者はNignt Roomであろう。

こうした間取りそのものが家族の社会性を示すのではないか。すなわち、Day Roomをもてばこそ、そこに家族以外の来訪者を招じ入れられる。これが社会（あるいは都市）の構成単位となり、婚姻の成立単位となり得る。「家族」を内容とする容器の、必然的な姿だ。この「二室住居」は、もともと部族社会にある多様な住まいのひとつのタイプだったはずだ。どの古代にあっても、神殿は必ず前代の住居のありようを新技術によって模している。たとえば円盤状の切り石を積み上げたオーダーによって木柱を組積柱に置き換え、一方、それだけを広場で隔てて中庭の連続体から切り離し、その間取りを「二室住居」またはこれに類するものとしている。ただし、規模だけは常に壮大ではある。神々は古式の「二室住居」に降臨し、民は新式の「二室住居」に起居したのだった[8]。

この「二室住居」は、後発の古代に受け継がれてギリシアもローマもおおいつくし、「メガロン」に展開する。それだけではない。「二室住居」はその後、中世にも近世にも引き継がれて、市民革命と産業革命を迎える。つまり、灌漑農耕社会あるいは鉄器時代にあって、古今東西を問わず、普遍的な都市型住宅であった。それは、都市型の家族が普遍的な小家族であることを示している。逆にいえば、小家族単位で住み得る生活の場が、都市であったことをも示しているのである。

それでは、はるかに後で「中世」をもって文明化を果たした西欧においてはどうだったか。あるいは、最後発の「古代」を中国から輸入して文明化を果たした日本にとって、どうであったか、もちろん、間取り型は共に「二室住居」だったが、その両者において基本建材は木材であり、したがって軸組木造家屋をもって文明を構築することになった。しかし、木造にもかかわらず中庭型都市住居は踏襲されたのである（日本の近世では中庭型でない例を武家階級の住居に残したことは事実だが、「二室住

8　「二室住居」に対する考察は、拙稿では以下の通り。参照されたい。「家族の変化とすまい」朝日百科『世界の歴史』朝日新聞社、一九九〇年。「間取り構造と社会構造」シリーズ変貌する家族3『システムとしての家族』岩波書店、一九九一年。「人類史における住居の変遷」拙著『近代・時代のなかの住居』メディアファクトリー、一九九三年。

居」型はここでも守られた）。

これらの場合、木造は木造であるゆえに戸間の隔壁の共有はなされなかったが（長屋を除く）、組積造地域においては、構法ゆえの戸間隔壁の共有がなされただけだ。つまり、戸間隔壁の共有をもって、組積造地域における有機的連続体を「集合住宅」とはいえない理由である。

都市はそもそも巨大な集合住宅であるという認識はあり得よう。巨視的に見て、それは正しいかもしれない。しかし、逆に集合住宅とは何かを問うとき、都市の中の都市としてのより積極的な展開を見るまで、やはり集合住宅は存在しなかった、といえる。日本のかつての長屋のように、各住戸の狭さゆえの隔壁共有家屋もまた、同じようにいえるのではあるまいか。

集合住宅は、やはり近代市民社会にあってはじめて、意識的に登場したといい得るのである。

「近世」とはルネサンスから市民革命（または産業革命、ほぼ同時期かつ一体のもの）までを一括して指す言葉だ。封建制を廃して天下統一に進んで絶対主義を成立させ、王者の住む帝都が君臨する富国強兵の「国民国家」を形成していく期間である。近世そのものも、その母体となった中世（封建制）も、実はユーラシア大陸の東西両端、西欧と日本にしかない歴史的過程だ。日本の近世に注目するとき、江戸幕府が取った参勤交代制は、興味ある居住形態を日本に成立させている。江戸は、今日にたとえれば、ワシントンのような政治都市だった。全国の大小大名は江戸に二〇〇戸台の藩邸(上屋敷)をもち、中屋敷・下屋敷に至っては六〇〇戸台を数えたとされる。江戸朱引線(幕府天領の版図)のうち実に六八パーセントが幕府や武家の所領だったというから、人口の過半を占めるといわれた町人衆は、残り三二パーセントにひしめき合っていたことになる。

注目されるのは、過密がもたらした町人の居住様態ではなく、屋敷や下屋敷(藩邸別邸)に異口同音に築かれた武家長屋だった。藩邸を取り囲む長屋や長屋門は広く知られているが、一般にこれは下級職に与えられた長屋だ。家臣の中核となる武家は、藩邸内に別の長屋を営んでいた。平屋だったが、地位や階級に応じて間口が異なり、それぞれが家族生活に対応する施設だった。ここに住まず、藩邸以外に独自の住居をもつのは、ごく限られた重役であったといわれる。

参勤交代は、江戸詰め家老や武士など、江戸に常駐する家臣団も生むと共に、大名行列を組んで移動してくる家臣団もあり、こうした人員に対応する住居がこの武家長屋だったことは明らかだが、同時に各大名版図の居城にも同じような施設があった。封建制の特徴は上級武士もまた禄に応じた所領を封じられていたことであって、その意味では、江戸の藩邸の場合と同じような役割が求められていたともいえよう。

これらの居住形態はその後に継承されることはなかったが、「長屋」という言

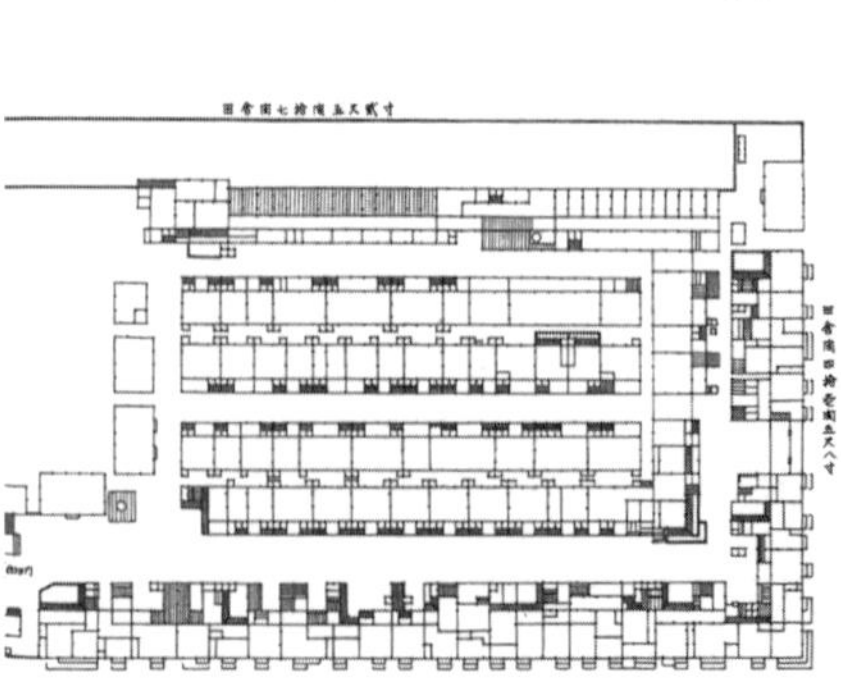

武家長屋／藩邸内の武家屋敷部分の住棟配置(南部家桜田上屋敷) 便所の汲取りを軸にしたサービス動線と、外表の動線が分かれている。逆に、外周部に上級職用長屋がある(佐藤巧『近世武士住宅』叢文社、一九七九年より)

葉はただ貧困住宅をだけ意味するのではなく、「集合住宅」という意味であったことがわかる。また、日本の近代を支えたサラリーマン住居が、それは戸建ての郊外住居だったが、武家長屋の住戸間取りをそのまま継承したものであったことも明らかであった。いうまでもなく、それは「二室住居」にほかならない。

第二章　住宅の逆説

1　生活、文化、技術。

住宅は生活の容器です。

容器の論理――建築学――の立場だけで、なかなか住宅を見抜けないのは、中身としての生活が抜け落ちやすい、容器だけに関心が集まりやすいからです。むしろ生活そのものに視点を移した方が、だから、まだしも住宅を見抜けます。

しかし、生活に関心が集まれば集まるほど、人々はなぜそういう生活をしているかが知りたくなります。つまり、場所が変るとなぜ生活は違うのか、時代が違うとなぜ生活も違うのかという不思議さと同じように、いまなぜこんな生活をしているのか、この生活をきめているのは何だろうかが、にわかに気になりだします。

生活をきめている因果関係が知りたくなるのです。

あたかも定理のようなことをいうと、「生活は社会によって規定され、技術によって構造を得る」ことはたしかですが、こういう因果関係のなかから、今日――近代後期――の日本における生活のあるべき姿、それはより明確になるはずです。

ここでいう社会とは、ある場所におけるある時代の社会関係、つまり生産のあり方や組織、また風土文物とかを指しています。しかし、生活はそうした社会によって規定されていると同時に、いちいち具体的な物質が介在し、それによって成立していることも事実です。その物質をつくり出すのが技術ですから、直接には、生活は技術によって構造を得ています。それぞれの社会における技術水準や技術のあり方がまたきわめて具体的に生活を構造づけていることはいうまでもありません。

そういう生活という実像を浮彫りにする社会と技術との全体を、われわれは「文化」と呼びます。

さて、わたしたちがここでしようとしたのは次のようなことです。

われわれのいまの社会——日本における近代後期の社会を、いちおう批評ぬきで冷静に受容し確定要素としたとき、この社会によって、われわれの生活がどんなふうに規定されているか、それをまず見きわめようとしています。

こうして、まずわれわれの生活像をかためます。

ついで、その生活を構造づけている技術とはどのようなものか、その技術はわれわれの生活をどのように構造づけているかを見定めています。技術というのは、ほんらい何かの目的のための手段であると同時に、また、応用科学としての筋をもっています。「筋」とは、技術の自律性とでもいえばいいのでしょうか。それ自身に内在している属性によってひとり歩きし、また独自の価値を技術はもっています。

つまり、手段的であると同時に自律的であるという矛盾を、技術は内在させています。この一般的には矛盾する関係のなかから、しかしある一瞬、手段性と自律性とが重なりあって矛盾を解消するような整合がありえます。

技術の手段性とは、この場合、生活像そのものが「目的」であり、その目的を達成するための「手段」として技術があるということです。その生活像は社会によって規定されていることはすでに見た通りです。ありうべき生活を可能にしてくれるのが、手段としての技術の役割りです。

一方、技術の自律性とは、技術の可能な範囲のなかでしか技術にはやりようがないし、本来の技術の使い方から外れて強引に達成したものは、かならず不安定で無理の多い結果を招きます。技術にとって好都合の使われ方があるし、技術の種類もいろいろあるのだから、達成すべき目的に適正な技術を捜しだして、またはつくりだしていくことも必要になります。

南西側外観

渋塗り下見の家(一九七七)
写真=輿水進

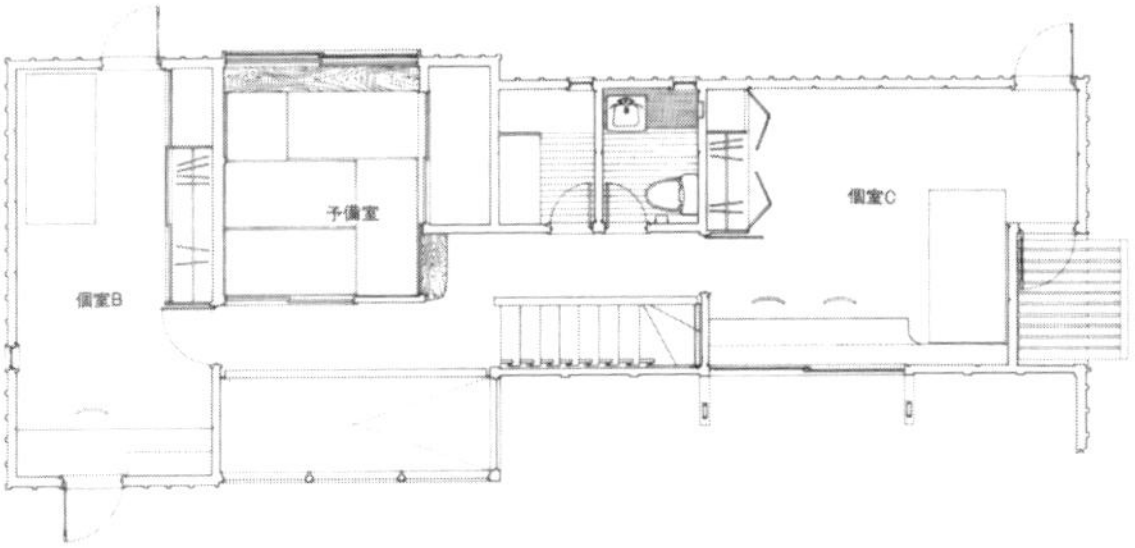

2階平面

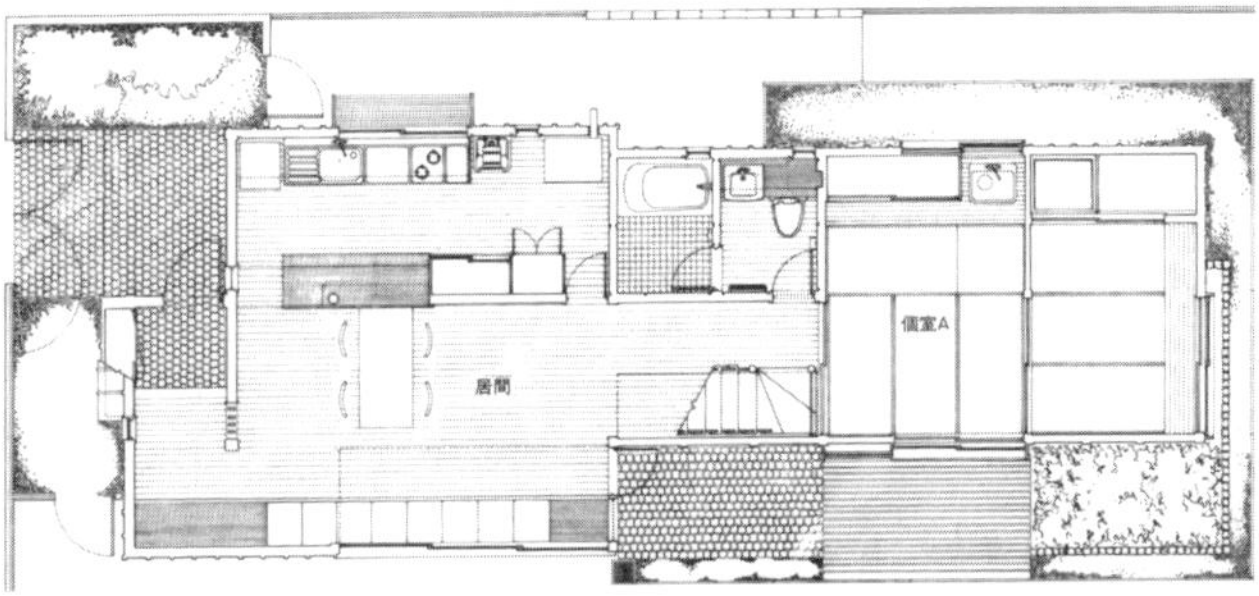

1階平面

居間

つまり、技術にとって都合のいいばかりで、人間が不便をするのではいけないし、人間がマンガのような「快適」な生活を送るために、技術には何でもできると信じられてもこまります。ともに、技術に対する過信がありますから、両方の場合とも「技術主義」とよばれるのです。

どちらの技術主義におちいることもなく、社会にとっても必然的であり、技術にとっても自然であり、かつ人間の本質に根ざすところのより深い具体的な整合を、わたしたちはここで求めようとしています。

いま、具体的な整合ということばを使いましたが、数学の用語では、それは「解」です。英語では solution とも optimum ともいいます。とくに後者は、「適正」ということばと同語です。つまり、解とは適正の概念の実像にほかなりません。つまり、適正な技術を、生活の具体物としてわたしたちは求めています。技術は無色透明です。しかし現実には製品《プロダクツ》として実像をとります。そうした具体的な物質によって構造づけすることを通じて、生活そのものをさらに明確にしていこうとしています。

さっき、生活という実像を浮彫りにする社会と技術の全体を「文化」というのだといいましたが、わたしたちは、ここでより直截に文化としての生活の実像を求めようと意図しているのだといえます。

洗濯機はどこに置くか

欧米の住宅に、地下室が備わっていることは珍しくない。物置と機械室を兼ねた地下室の片隅に洗濯機や乾燥機が置かれていたりする。しかし、洗濯・乾燥が家事行為である以上、そして少しでも主婦の家事労働の軽減を考えるなら、ちゃんとした家事室に洗濯機が置かれるのは原理・原則なのである。おそらくすべての家庭電化製品のなかで、電気洗濯機ほど直接的に主婦を助けたものはあるまい。まさにこれによって女中さんは決定的になくてもいいものになった。

さてかつて冷蔵庫・テレビと共に三種の神器として洗濯機が売り出された頃、もっとも置場に困ったのが洗濯機であった。

まず日本で、それは浴室に置かれた。そこがウェット・フロアだったからだ。タライで洗濯するとすれば、当然、その場はウェット・フロアにならざるをえない。それがそのまま洗濯機にも踏襲された。第一、排水に便利だったし、一九五〇年代の経済状況のなかでは、風呂の残水の利用も意味のあることだった。第一、水道はそれほど普及していたわけではなかったのだ。しかし、洗濯機の働きに即して考えてみれば、プルセーターがゴトンゴトンと廻っていた、ごく初期の頃から、まさか槽外に水が飛ぶはずはなかったし、ウェット・フロアに置かれる必然はない。むしろ、電気部品が浴室のような湿潤な環境を好むはずはないし、いちいち履物をとりかえて土間に降りる方式が便利であろうはずはなかった。

こうして、洗濯機は、浴室のウェット・フロアから、その前室であるところの洗面所のドライ・フロアに、その置き場所をかえた。洗面器に排水できるように高所排水ポンプがつき、洗面器の水栓から給水できるように給水ホースがつけられ、メカニズムも噴流式に進歩した。しかし、脱水機能はあいかわらず手廻しのローラーだったから、それを作動させる度に、水は槽外にこぼれ落ちる可能性をもっている。新築の節には是非、洗濯機用排水パンを……、ということになった。時あたかも第一次マンション・ブームのころ、場所は洗面所、そして排水パンつきというのは、その後十数年を席捲する定石となってしまった。当時のマンションは、その時代という限定つきでは、いまと比較にならないほどよくできていたのである。

しかし、円心分離脱水機付が普及しつくした今となって、いまだに排水パンとはおかしな話だ。それに、洗面所は本来、『夜のゾーン』に組み入れられるべきものであって、当然、『昼のゾーン』に組み入れられるべき家事機能の代表であるところの洗濯を、わざわざ『夜のゾーン』までしにゆくというのは、ちょっと信じがたい、あまりにも混乱した計画であることはいうまでもない。洗濯機自体から水がもることは考えられないし、脱水をすました洗濯物を乾燥機にうつす間に水がボタボタ落ちることも考えられないではないか。つまり乱暴に洗濯機を使わないかぎり、水こぼれの心配はありえないのだ。排水に関していえば、床に排水口を設け、そこに排水ホースを突っ込んでおけば解決される問題であろう。ただトラップを設けないと臭気が気になることを覚悟せねばならない。こうすれば、つまり、洗濯機はドライな床に直接おけるのである。だからこそ、洗濯機は家事室に持ち込むことができるのであり、家事行為を家事室で一体化しうるのである。

ワークショップ型の思想

ことほど左様に大切な家事室《ユーティリティ》なのだが、さて、家全体のなかのどこに、何との関連で位置づけられるべきなのであろうか。

もちろん『昼』のゾーンの中心に位置すべきことはいうまでもないが、同じ家事に類するキッチンと、もっとも深く関連を持つこともまた事実である。つまり、昼のゾーンのなかに家事ゾーンという小さなゾーンができる。また、給湯や暖房のための機械室の位置とも関連は深い。キッチン(K)とユーティリティ(U)と機械室(M)とは、いかなる関連に結ばれるべきか、これは大問題である。可能性として、次のような組合わせが考えられる。

U＋K＋M

K＋UM
KU＋M
KUM
『U＋K＋M』は、これはよほどの大邸宅に限定される。執事を筆頭にした使用人の大集団に支えられる家事像であろうか。『K＋UM』と『KU＋M』は、なんらかの理由によって、機械部分をシャットアウトする必要にせまられた例であるといえよう。例えば、灯油ボイラーをたいて、暖房や給湯の熱源にする場合、消防規定からも、そのものものしい設備からも、騒音や熱や臭気からも、とても他の部屋と同居させる気にはなれない。せめて、洗濯機と洗濯流しとをおかせてもらえるという感じでしかない。そんな場合のための、これはケースである。特別の寒冷地とか、都市ガスのサービスのない僻地とかの場合、こうなってしまうのはやむをえないといえよう。

しかし、都市ガスのサービスがある場合、あるいは仙台ぐらいまでの気候なら、これほどものものしい熱源は、家庭設備としてはふさわしくない。例えば、ガス熱源の温水セントラル・ヒーティング（中型の瞬間湯沸器と循環ポンプとを組合わせる）や、空気熱源のヒートポンプ式（チラーユニットが屋外設備になる）を採用するほうが、あらゆる方向にわたって有利である。この場合、機械室を特別にとるほどのことは全くないし、騒音も臭気も問題にならない。第一、操作が恐ろしくないし、コンパクトで危険がない。こうした条件があるかぎり、『KUM』方式は、にわかにリアリティをもつ。

『KUM』方式とは、別のことばでいえば、家庭内における主婦のワーク・ショップの形成であろう。KとかUとかMとかの既成の部屋概念にとらわれることなく、家事に対して、またその機械性に対して、まとまったゾーニングをすれば、いろんな利点に恵まれよう。かつては、主婦の家事労働をいかにすれば軽減させられるかという、いわゆる動線学との執拗なスタディがなされ、そしてまたそれが、家庭とはそもそも利潤や能率の追求の場ではないという理由で拒否されることになったが、しかしいまや、主婦もひとなみにつまりダンナなみに、家事や育児とは別の生き甲斐の追求がなされるべき時期にあるとすれば、家事ももういちど能率という眼で見直すことも大切である。そのとき『KUM』方式は、はっきりと、利益をもたらす。あるいは、今日獲得された技術段階への正当な対応として『KUM』方式は意味をもっている。

だいいち、せっかく公と私という、接客と私生活という裏表《うらおもて》を排することに成功した近代の住居が、機械というきわめて近代的で時として非人間的な存在の前に、再びその表裏《ひょうり》をあらわにすることを避けることができる。デザインとは、そもそも互いに分断された工学と美術とを、有機的に総合することに意味があったとすれば、できるだけ技術《メカニカル》的部分をビジブルに、あるいは人間が使う住宅の部分

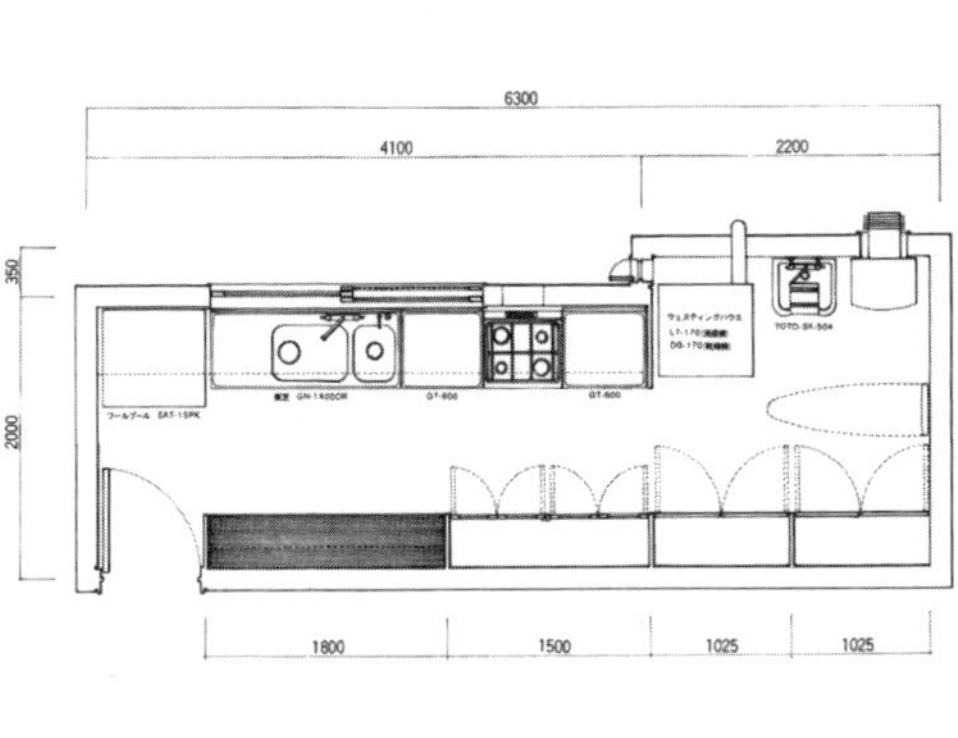

理想の「ワークショップ」モデル：平面図

に、やさしく意図的に組込んでゆくことは重要である。それこそメカニズムをエンジニヤまかせにすることのない、技術《テクネ》と芸術《テクネ》との総合者たる建築家に課せられた道であろう。ここにこそ、技術思想の持主としての建築家の、真の存在意義は求められなければならない。

居間とは何か。

『居間』ということばは、もともと『ご隠居さんの居間』とか『主人の居間』とかいう使われ方をしたことばだった。文字通り誰か特定の人の居る部屋、いまのことばでは私室のような意味であった。

リヴィングルームということばを『居間』にあてはめて一般に理解されるようになったのは、おそらく昭和四〇年ごろであろうか。近代的な住宅像は、まずもってこのリヴィングルームの確立を端緒にしていたことは、西欧におけるその始源をみても明らかなのである。一七世紀のサロンの隆盛と、それはあたかも重なりあっている。しかし、リヴィングルームとはいったい何か、そもそも何をする場所なのであろうか。

具体的には居場所、何もしないとき、何をするでもなく座っている場所、それがそもそもの定義となろうか。これは家族全員だれにとっても同じことなので、そこにゆけば、家族のだれかと顔を合わすことができる。したがって団欒(だんらん)の場となる。そもそも団欒とは何かという詮索には、この際たち入らないことにしよう。

じっさい、機能単位の目的別に部屋割のできている近代の住宅とその住様式——近代住居——では、何もしていないとき、何をするでもなく座っていられる場所は、リヴィングルームをおいて他にない。つまり、特定の目的のない部屋がリヴィングルームであるが、しかし、まったくそれだけに終始するのではない。つまり、特定の目的のない部屋が接客はもっぱらリヴィングルームでなされる。子供や隠居などの個室をもった同居者への訪問の場合、接客はかならずしもリヴィングルームでなされず、しばしば本人の個室でなされるが、しかし両親のお客は、かならずリヴィングルームに通される。医者いがいの他人が寝室に出入りするとなると、これは大問題なのである。

つまりリヴィングルームの基本的な性格は、もっぱら寝室——両親の寝室だけがただ寝室と呼ばれるのだが、その寝室との補完性にある。なぜなら、寝室にいるかぎり、睡眠をとるか、性行為をなすか、あるいは病気を治すために寝ているか、いずれにしろ積極的に何かなされていなければならない。その反面、なすこともなくただ坐っていることができるのが、リヴィングルームなのである。

個室——容器とその中身について。

ここでとりあげる『個室』と、われわれがかねて主張してきた『個室群住居』における個室と、同じなのか違うのか、とりあえずコメントしておかなければならない。

　個室が、寝室や居間などと同じ室名であって、それが建築のヴォキャブラリーのひとつである以上、その意味では、これは同じものなのである。たとえば丸い柱はピンサポートの印としての視覚言語であるし、同様に、個室にもそれ相応の固有のイメージなり意味なりがないはずはない。そういう前提のうえで、個室群住居といったことはあきらかである。

　しかし、個室群住居の論理を厳密にすすめていく過程で、いわゆる個室と、個室群住居論のなかでいう個室とは、しだいにその異相を拡大していく。たとえば、個人の公私にわたる生活を充分に収納する規模は、『近代住居』における見なれた個室の広さではない。近代住居《マイホーム》のなかの個室の位置——玄関から入って居間を通ったいちばん奥にある——と、それによって規定されるいくつかの性格もまた、完全な個室像からは遠い。またサニタリーやキチネットなどの設備の充足も、見なれた個室では決して充分ではない。

　個室群住居がめざすもの、それは終始一貫して現代の生活像である。つまり、近代に続く歴史的時代としての現代である。近代後期の、あるいは現代の生活者という想定は、すでに多くなされてきたが、しかし、よくいわれるように自己の喪失がとりわけ強調されすぎるのは、正しい認識であるようには思いにくい。『歴史は一物も残さず包含してその次の時代に展開する』というゲーテの有名なことばのように、近代あるいは近代という時代にすでに確立された自己や自我や個は、それ以後の時代の人間にとって、すくなくとも、最少限の前提でなければならない。

現代の生活者は、すくなくとも近代的な自我の持主である。ただ、時代を追うにしたがって、きわめて多くの人びとが自我や自己の確立をなしえたが故に、個々のそれが相対的にかすんでいるにすぎない。今、いったい誰が天才を信じられよう。ロマンティックで強大で劇的な『個』を、だれが信じられよう。近代や近世における個が、かくも強大にみえたのは、それを確立した人があまりにも少なかった結果にすぎまい。相対関係のなかで、あたかも絶対のように映じたにすぎない。だれでもが知っているように、深追いすればするほど、個々人にとっての個はつかみがたいのである。新カント派の人びとがすでに一九一〇年代に到達していた認識、たとえばリップスが感情移入説のなかで示しえたこと――自著のなかには決して発見しえない(絶対的)自己が、他者のなかに相対的に『美』として発見しうる、という認識――それは、やっと厳密学としての体裁をととのえたさいごの観念論であった。その厳密性とは、だれにでも共感しうるという点いがいではないし、たとえば自己とは知・情・意なりというような強引な先験が少ないからなのである。自分自身では見えないことがはっきりした自己を、しかしまだ執拗に追いつづけた一連の存在論者たちは、他人眼《はため》にも不毛に見えるし、自分自身、悲愴かつ不毛でないはずはないのだ。

自己は喪失したのではない。発見にまつわる喜びの時代が去っただけだ。厳密学の整備が進めば、理の当然として、たとえば大脳生理学の問題として、また、構造言語学の問題として、あるいは分子生物学の問題としてそれは求められるのである。厳密な客観性のまえに、ただ耐えていくことだけが、おそらくわれわれには残されているのだ。だれもが知っているように、人生に目的はない。人は、生物としての自己保存本能をもつゆえに死ねないだけである。死なないから生きる。この厳正な事実を、個人の率直な生活の原理として生きながらえていくことは、決して容易なことではない。とくに近代的自我をもった人間にとって、それは容易ならざることであろう。かもめの群れ社会のなかで、『かもめのジョナサン』たったひとりがもったところのもの、それは目的であった。生きる目的であった。飛ぶために生きるのだと——。中学時代、英語の時間に不定詞《インフィニティブ》の用例として、We eat to live, not to live to eat と習ったのを思い出すではないか。目的を認識する主体として、ここに自我が成立していたのである。人類史のなかで、あるいは個々人の人格形成のなかで、つねに自我はこのようにして成立し認識される。目的の意識として――。

近代の社会そのものは、目的を指向することによって成り立った世界であった。目的の客観的永続は『進歩』に求められる。つまり『進歩の思想』が近代の精神的風土であった。同時に、目的の意識は『手段』を明確化することによって補完され、達成される。手段の壮大な体系を『技術』という。『生き甲斐』という意識も、同時に近代に根ざしている。英語では、それを to live worth living つまり価値ある生活といういい方をする。あるいは purpose for living ともっと直接的ないい方をする。目的と手段という近代的構造のなかに、自分の生までも組み入れなければ、近代的自我をもってしまった人間は不安でしょうがなかったように見える。目的をもって生きる、自ら生を合理化する、存在意義をみいだす。そうしないかぎり生きてはいけなかった――。教育ママが子供の教育のなかに自ら生の意義をみたように、猛烈パパが会社の業績の拡大を自らの意義としたように、いずれも、自者と他者の境界を忘れることによって、それは合理化され、目的となり、存在意義となった。近代自我の所有者ゆえの、それはアイロニカルな生の様相であったといえよう。近世から近代へ、そして現代への時間の推移を、自我や自己や個の確立の普及の過程と、また同時にそのより厳密な確立の過程である、とみなすことは決して不可能なことではあるまい。

いま、やっと、生に目的のないことが、生の実践を通して認識されようとしている。求めれば求めるほど求めがたい自己のまえで、生の目的もなく、ただ耐えて生きていくことの真実は、少しずつ認知されようとしている、とはいえないのか。それが、この時代の、つまり現代の人間像の際立った点ではないのか。容器としての『個室』は、その実践に、あたかも対応しているのである。

私室は個室ではない

個室とは何かを厳然とフィジカルに定義づけることはできない。それは使用者たる個人の対応の仕方によってその部屋の意味あいがかわってくるからである。したがって、メタ・フィジカルに定義するほかない。

たとえば、便所に行くとき、よく『〈個室〉にいく』というが、便所は個室ではなく、私室である。その私室としての性格は課長室や部長室に似ている。いずれも一時的に個人が占用するのであって、個人に帰属した空間ではない。便所と部長室との差は、その占用時間の長短だけであり、ともに個室ではなく私室である。つまり、私室は単にプライバシーを確保でき、使用者として肩書きを付された個人の仮象と対応するか、あるいはある種一面的な使用目的を持つ部屋である。

個室は日常行為も含めて自己完結的なものである。それはねぐらであり、創造の場であり、その他諸々の生活行為の拠点なのである。そして最も安心して自分自身に戻れる状況を満たしうる場でもある。

つまり、近代住居における主婦室や書斎も一面的な機能単位の部屋であり、個室とはいい難い。やはり私室である。また、居間以外の部屋、たとえば子供部屋などをおしなべて寝室と呼ぶのも適当ではない。

寝室は『夫婦の寝室』をおいて他になく、子供部屋は機能単位の部屋ではなく、あくまで個人単位の部屋という意味において個室である。

寝室と居間の補完性が、夫婦のトータルな生活を可能にするためだったように、個室を個人の自己完結的な場とする以上、そのために可能なかぎり家具や設備を用意する必要がある。その性格は機能の限定のない、むしろ機能の多様性をあらかじめ是認したものである。個室は使用者である個人の主体性とかかわり、全面的に対応するということに収斂される。そこを私室と区別しなければならないし、また寝室のように峻別したひとつの機能を付すことはできないのである。

個室は、近代住居のなかの機能単位の部屋から逸脱しているし、居間や寝室と同等の、しかも独自の室名なのである。

近代住居における個室

ゾーニングと呼ばれる手法は、近代建築計画学の主要なしかも基本的な原理のひとつである。

それが、ひとたび住居計画のなかにもちこまれるとき、ごく常識的には、つぎのようなゾーニングとなる。すなわち、昼のゾーンと夜のゾーンとのゾーニングである。

居間を中心として、台所や家事室などをまとめて昼のゾーンとし、ここはなかばパブリックな性格をもつと規定される。他方、夜のゾーンでは寝室や諸個室(子供部屋など)がサニタリーと共にまとめられ、そこはプライベートな性格をもつと規定される。

前者の開放的な表現に対し、後者は閉鎖的な表現としてまとめられることを常としている。たとえば、前者を芝庭やテラスと関連させて大きな開口部をとって一階に配し、後者は小さな開口部をうがたれて二階にまとめられる。いうまでもなく、これは、プライベートであるというただそれだけの理由によって、寝室と個室とを同一視しようとするものである。同時に、寝室と居間との本来的な深い関連をあいまいにしている。したがって、近代住居本来の性格により忠実であるためには、ゾーニングは、昼と夜ではなく、夫婦のゾーンと個室のゾーンというゾーニングになる。

もちろん、どっちがいいといっているのではない。ほどほどということもありうる。しかし、なんとなく平和そうな昼と夜とのゾーン分離が、近代住居における個室の像を歪めていることは明らかな事実であろう。つまり、外界と個人(個室の住人)との接触が、戸主(つまり両親)によってはなはだしく管理しやすくなっているのである。

家庭という生活共同体が、その全構成員の自発性のみによって維持されるものなら、本来、そのような管理はありうべからざるものであることはいうまでもない。もう少し違ういいかたをすれば、人が、たとえば自発性なら自発性を明確に認識する主体として成長するまでの過程と、その後とでは、近代住居における個室のあり方はちがわなければいけないはずなのである。子供は何才から個室を与えられるべきか——、という問題である。

日本で一般的には、三才までならば両親の部屋に就寝してもいい、小学校の高学年までならば異性の兄弟同士でもひとつの子供部屋で生活していい、ということになっている。日本の住宅事情は、残念ながら、何才で個室を与えるべきかを公言する水準にはないのである。それが、日本人における『甘えの構造』を深く規定するところのものの確実な一端になっていることはいうまでもない。

原理的にいえば、個々人における自己確立と個室という容器とは密接な相互関連をもつのだから、すくなくとも小学校高学年までに個室は与えられなければならないし、大学にはいったら、その個室はなるべく独立的であった方がいい。

つまり、近代住居における昼と夜とのゾーン分離の方式は、その子供が低年令である場合にむいているし、夫婦のゾーンと子供のゾーンという分離は高年令の子供のある家族にむいているのだ。

個室の家具

個室に求めているもの、それは『場』である。かといって、『何も家具はいらない』という住み手の言葉があったとしてもそれをつくる側の理論にすることはできない。

さして広くもない個室に、机をどこに置こうかと考え、あちこちに配置換えしてみる。その配置によって部屋の使われ方はあらかた決まってしまうのである。その机は、デパートや家具店で売っているいわゆる机のことなのだが、それがかなり限られた機能しか持ちえない大きさと形態をしているためだともいえそうだ。机の上には積み重ねた本と読みかけの本があり、開いたノートのそばに灰皿とタバコが放置されて、コップや時計、つまりさまざまな小物が置かれているのがまさに使われている状態である。それはまた、幾人かの友人が集まってきた時に取り囲むテーブルとなる。だからいわゆる勉強机なる物よりもより多様な使われ方に対応できる、むしろ大きな作業台のような物がよいといえる。それが方形の大きな台であるか、または壁面にそって長く延びた台であるかは、それぞれの個室の状況によるだろう。

この机に対応する椅子もまた、その多様性に見合う小イスのような物が望ましく、できれば複数個持ち込めたらよい。居間のソファに対応できるものがあるとすれば、個室のそれはアームチェアである。休息のための、そして最も個人的な安楽のための、である。

ベッドは決して寝るためだけのものではない。個室の中のかなりの面積を占めるベッドは、残された空間に対しより積極的な道具とならねばならない。ベッドは不特定機能を満たす家具である。その上で本を読みながら音楽を聴くこともあるだろうし、客が来ればみんなで腰掛けるソファになるだろう。そしてベッドのそばには、本が読めるくらいの照明と、本や灰皿の置ける台が造り付けられているか、サイドテーブルのようなものが欲しい。机に対応するものが『知』であるとすれば、ベッドのそれは『肉』であるといえる。

個室に住まう者に自分だけの『場』があるという帰属感を与え、そして個人はその『場』に自己との一体性を持たせたいと思う。持ち込まれた家具も、壁に貼られたポスターも、小さな鏡も、こまごまとした備品やラジオやステレオも、個人が自ら選んだ、その個人の体臭のしみこんだものである。物を置くことも、飾ることも、自己表現であるならば、個室とはまさにその自己表現のできる場であり、またそのことによって自己を認識することができる。個室の家具とは、そんな道具である。

個室の収納

個室の収納のなかには個人と無関係なものは一切存在しない。たとえば寝室もこれに似てはいる。しかし、夫婦の部屋であったり、リビングルームとの対応であったりし、必ずしも個人の持ち物すべてが、寝室のみにあるとは限らない。それが寝室のあり方だからである。その点、個室は明確である。機能限定のない部屋だけに、個人の側面を語る諸々のものが仕舞われており、それが影として表出してくるのである。したがって個室の収納は、住む人により、さまざまな様相を持つ。

読書狂ならば、大きな書棚を欲するだろう。スキー狂ならば、あの長い板を仕舞う収納を必要とするであろう。しかも、これらの目玉商品的持ち物以外にも諸々あり、当然、それに対する収納も必要となってくる。ここに、個室の収納は多様性と充分な収容量が要求されてくる。そして、それらは今日、多くの場合、既成の本棚や戸棚、あるいはファンシー・ケースに頼られている。しかも雑然と置かれているのが実状のようである。

また個室の収納は、ユニヴァーサルなその空間に対する補完性をも有する。したがって、個室に収納家具が雑然と置かれれば、その関係はくずれる。個室に置かれていいものは家具(机・イス・ベッド等)だけである。これらはユニヴァーサルな空間に生活装置として置かれる事により、積極的な意味を持つからである。しかし、個室の収納はむしろ、ネガティヴな存在であり、ユニヴァーサルなその空間の質を保つための不可欠な存在として位置づけられる。そこに個室の収納の積極的な意味があるのである。だから、個室の収納は壁にぬり込められるごとくビルト・インされるのが、より良い方法となってくる。

いま、多様性と充分な収容量、そしてビルト・インが個室の収納に要求された。これらを満たすべき収納のあり方とは、したがって、ストレージ・ウォールシステムであろう。壁面いっぱいに、幾何学的に構成されるストレージ・ウォールは収納量において魅力的である。しかも収納の多様性にも富み、もちろんあの長いスキーの収納も可能である。引き出しを取り付ければこまごましたものも整理でき、棚を構成すれば本や置物の収容も満たせる。また扉《ふた》の有無も自由であり、扉《ふた》のデザインにある程度の好みを生かせば、そこに趣味性をも盛り込める。しかも、扉《ふた》をしうるということは、扉《ふた》をしないこともできる、ということであって、具体的な物質——目玉商品——にあえて扉《ふた》をしないで個の表出ともしうるということである。そして、ストレージ・ウォールは、もちろん、ビルト・インの形態である。

2　技術思想としての工作

建築家は技術者なのかどうか、建築とはいってもほんらい技術の体系として論述しうるものなのかどうか、問題をそこから出発させせなければならない。

結論から先にいうと、われわれの解答は「否」である。建築は技術ではないし、建築家は技術者ではない。ちなみに、「技術」とは「科学」の成果を現実の目的に応用することをいう。あるいは応用の体系を技術《テクノロジー》という。技術をそのように定義するかぎりにおいて、建築のある部分が技術であることを認めうるにすぎない。もう一度いえば、建築は本質的に「技術」ではないし、したがって建築家も「技術」者とはいいがたい。

こういうことなのではあるまいか。建築を成立させるにあたって、そこに展開される生活そのものと、建築をあらしめる技術と、そして美学とは、特定の定型をもって結びあっているのだと――。

その連関を、われわれは現実的には「様式」とよんできた。その様式は、「時代」とともに変遷してきたのである。たとえば建築史としてその変遷をわれわれは学んできた。しかし、よく考えてみると「時代」そのものも、唯物弁証法流のいい方をすれば、下部構造と上部構造との具体的な関連であることに変りはない。「様式」と「時代」とはきわめて類似した概念なのである。だから、「時代」が変換すると「様式」も変換する。それぞれに固有の生活像と技術と美学とが、定型を保って、それこそ様式化しているのである。その様式化した定型を、ひとつの国なりひとつの地域なりに限定して、時間的歴史的にみるとき、「時代」という概念は登場する。だから、「時代」とは本質的に時間的概念だということができる。

いっぽう、同時代の複数の地域なり国なりを相互に比較することによっても、生活と技術と美学との連関——様式——の差違を際立たせることはできる。このような見方に立ったとき、そのひとつずつの連関のまとまりを、われわれは「文化」とよぶ。つまり、同じものが時間的にみれば「時代」とよばれるし、空間的にみれば「文化」とよばれるのである。

『住宅の逆説』の前編「生活編」では、ありうべき生活とそれを支えている技術という眼に見えにくい連関を、製品という具体物を介して見きわめることを意図してきた。つまり、生活像を尺度としながら、技術の具体物である製品を発見することによって、ありうべき生活を逆照射することに主題があった。それは、あたかも生活と技術による「時代」の、措定とならざるをえなかったのである。

しかし、もっと直接に技術的分野に踏みこんだこの「匠編」では、同じような意図をもちながらも、それは「文化」の措定とならざるをえなかった。技術は決して透明ではなく、とくに生活と美学との連関のなかで、それはあきらかに人の影を色濃く宿すものであった。人の影とは使用者と工作者との二重に折り重なった文化構造いがいの何ものでもない。同時に、近代技術が基本的に依拠する数学モデル――物モデル――では決してとらえきれないものがあった。数学モデルいがいにモデルがあるとすれば、それは意味モデルにほかならない。それが、おそらく文化の基本構造にほかならない、といま広く認識されようとしているのではあるまいか。

「工作」とか「匠」とかのことばは、おそらく、そういう言外の意味を指示《レファレント》しながら、使われつづけられているのであろう。建築における技術とは、本質的にこのようなものなのではないか。それは、生活と美学とに直接にかつ具体的に関連する定型にほかならないのではないか。そして、建築の場《トポス》とは本質的にこのようなものであり、そこに建築の独自性があるのではないか、と思うのである。もしかしたらそれはひとり建築にとどまるものではなく、ヒトとモノとの媒介、それもヒト側からモノに対する働きかけであるところの技術そのものが、本質にもつ特性なのかもしれない。働き手の階級性に立脚しながら、その主体性や疎外の問題として展開されてきた従来の技術論や技術思想は、こうして、ある修正を余儀なくされるかもかもしれない。それは、意味モデルによって工作者と使用者との間に開かれている無意識の世界を解明することに、大きな方向性をもたざるをえないのではあるまいか。

いずれにしても、そのような特性をもっとも色濃くもつものこそ、建築という場《トポス》であることは、もはや疑うべくもないのであろう。

ああ、アルミ・サッシ――工作者の論理。

アルミ・サッシはなぜこれほどに普及したのだろうか。

その理由をあげることはたやすい。一般的な意味では、やはり性能がすぐれているからであろう。しかも、あれだけの大量供給をしながら、平均的なバラツキの少ない性能を保っているように見える。その意味では、日本の住宅建築の質を、一段と向上させたものであることは明らかである。だからといって、とくに高価なものではないし、特別のメンテナンスも必要なさそうだ。それに、狂いも少なそうだし、ライフも短くはなさそうだ。また、施工者側にしてみれば、サッシを買ってきてポンとつければ、すくなくともその部分に関してはそれでおしまいである。つまり工種も工程も節約できて、際立って手離れがいい。しかも、寸法体系がそれほど厳密ではないし、よく工夫されていて施工が容易である。これほど良いことづくめならば、普及しない方がおかしい。事実、どうすれば普及するか、研究を重ね、改良を重ねてつくられたのがサッシである。

しかし、これほどのものを、なぜ、建築家は使いたがらないのだろうか。多くの建築家たちは、決してサッシを好んではいない。むしろ余儀ない採用であるとするひとびとが多い。それはなぜだろうか。充分考えてみるに値すると思うのである。おそらく、建築家はその存在理由の本質に照らして、サッシを使うことのできない何ものかを、秘かに内在させているのであろう。その何ものかを解析することは、きっと、建築とはそもそも何なのか、建築家とは何だったのかを、明らかに示してくれる。

もしサッシが、いわゆる新建材と範疇を共にするものならば、確かに、それは建築家に嫌われてきた。同時に、良識ある趣味のよい建て主たちにさえも嫌われてきた。理由は明らかである。それがにせものだからである。大理石や手に入れることさえできにくい銘木をわざわざ印刷して写した、明らかなにせものであるからだ。もちろん、そうでない新建材もいっぱいある。しかし、そのどれもがいちように宿している本質的な特性は、それがパッケージ商品である、という点なのである。たとえ新建材でも、本来の建築の「材料」でないはずはないのだが、それだけではない。同時に仕上げ《フィニッシュ》がなされ、すでに養生紙も附され、仕口《ジョイント》さえも刻まれている。たんなる材料ではなく仕上げ《フィニッシュ》や仕口《ジョイント》さえもパッケージされたパッケージ商品なのである。

仕上げ《フィニッシュ》とは意匠そのものであり、仕口《ジョイント》とは工法そのものである。ともにあきらかに建築デザインの明々白々たる対象であることはいうまでもない。ある意図のなかで選択された材料に、その意図とは縁もゆかりもないえたいの知れない仕上げ《フィニッシュ》や仕口《ジョイント》がパッケージされているとすれば、意図をもって建築しようとするひとびとから嫌われない方がおかしい。それは、建材メーカーのおしきせにまかされるべき筋合いのものではない。

たしかにこういうことはありえよう。ごく小規模の改築や増築の場合、いまの建設事情のもとでは、左官職やペンキ職など工程が多岐にわたると、いつになったら工事が終わるかわからないし、それが工費に反映しないはずはない。だから現実的な問題として、なるべく大工さんだけで仕事が終わるような方法を考えざるをえない。そのためには、なるべく仕上げ《フィニッシュ》までパッケージされた建材を使わざるをえない、という場合である。この範疇でなら、たしかに新建材は有効であり現実的である。しかし、これは新築の場合に、またある程度の規模をもった増改築の場合にさえも、決して通用する論理ではない。ある程度の規模に達すれば、大工職がなんでもかんでもこなしてしまうという方法は決して現実的ではないし、したがって経済的でも合理的でもない。それにもかかわらず、あえて新建材

――パッケージ建材――が使われるとすればもっとちがう理由――なにか重大なメリットがあるにちがいない。
　いうまでもないことだが、それは手間がはぶけるということである。なるべく楽な作業――どう楽かといえば、それは労働時間の短縮による合理性の追求ということではかならずしもなく、たんに建設労働の単純化である場合が多い。違うい い方をすれば、なるべく頭をつかわないですむ――ということが、ここではいちばん比重が大きい。こうなったらもうおしまいだ。あとには、荒廃と疲弊だけが残る。

サッシにもどろう。アルミ・サッシはまごうかたなき新建材である。それ故に、これほど建築家に嫌われるのであろうか。たしかに、新建材の特質としていまあげた条件のすべてをアルミ・サッシはもっている。意匠と工法とがパッケージされた建材の典型である。さらに悪いことに、もうひとつ、商業主義と結びついた、新建材のきわめて悪性の一面を何にもまして濃厚に備えている。つまり、住宅用のアルミ・サッシは、だれによって発想され、だれによって受け入れられたか、なのである。建築家や棟梁や建具職などの工作者の立場から、必要にせまられて、あるいは将来を見通して発想されたものでは断じてない。建材メーカーの商業主義によって発想され、いやというほどのPRの末に、ユーザーつまり建主によって、直接受け入れられたものなのである。その証拠に、アルミ・サッシの主要な販売ルートは、ガラス屋さんのルートであって、決して建具屋さんのルートではない。つまり、それは、工作者の頭越しに、メーカーとユーザーが、直接取り引きをしてしまったものであるといえる。

したがって、いまの住宅用アルミ・サッシには、工作者たちの意見や思想は、決して反映してはいない。工作者たちは、おいてけぼりをくったのである。それが、建設業界をも洗ったあの〈近代化〉や〈合理化〉の波のなかで、比較的すなおに受け入れられただけなのである。しかし、どれほど破廉恥なPR作戦の結果であるにしても、これほど普及しつくしたアルミ・サッシの背後に、もし何かを感じないとすれば、それは嘘である。それは、工作者一般にとって、たしかにスネに残っている傷と無縁ではない。スネに残っている傷——、そう、それは建具という建築のなかで、おそらくもっとも高度の技術的《テクニカル》部分を、いままで、ほおかむりして通りすぎてきた長い長い歴史のことである。〈錠〉と〈締り〉の区別を知っている棟梁はいったい何人いるだろうか。〈彫込錠〉と〈円筒錠〉の基本的な使いわけのできる建具職が何人いるだろうか。建具表に建具の絵と寸法だけしか書かない建築家がなんと多いことか。

われわれの頭越しに、これだけの普及をみたサッシ、それは、われわれ自身が招いた無関心と無責任そのものの写し絵ではないと、だれに言えるのであろうか。

すくなくとも、あのサッシをめぐって、いまわれわれは、まるでドーナツのような構造をつくってしまった。メーカー、ユーザー、産業資本家、建設商業主義者たちだけで、ドーナツはつくられている。まんなかは空である。肝腎の工作者たちは、しかたなしにサッシを使うか、そっぽを向いて木製建具の使用をあたりまえのこととしている。ほんとうにそれでいいのだろうか。芯になるべき工作者たちは、いったい何をしているのか。ほうっておけば、事態は進行してゆくばかりだ。いまこそ、工作者たちの手に建築をとりかえそうではないか。

いまこそ、建具の世界にさえも、工作者たちの真の息吹をふきこもうではないか。あのサッシを、すくなくとも、工作者たちのものにしようではないか。

ハードウェア——錠と安全。

ユダヤ人の安全

「他人をみたら泥棒と思え」という格言がある。この際、それが日本の格言であるということに意味がある。もしイザヤ・ベンダサンなら、そんな格言はユダヤ人の社会にはない、といったにちがいない。あたりまえにすぎて、格言にもならないといったにちがいない。じっさい、他人をみても泥棒と思わなくていい社会にわれわれは住んできた。ずうっと住んできたのである。

すでに江戸時代にさえ、女のひとり旅がありえた。江戸文学を専攻したジャパノロジストが文献的に知って、まず驚いた。でも、オイハギとかゴマノハエとかクモスケとか、もっぱらひとの旅路ばかりをねらう悪人の名称もまたわれわれは知っている。当時、連中はたしかに活躍していたのである。それにもかかわらず、女のひとり旅がありえたというのはどうしてか。遭遇の確率がずいぶん低かった、というのがその真相だろう。確率論的に、それを安全という。そういう社会にわれわれは住んできた。

一方では、隊商を組んでシルクロードの交易をする人々もいた。沙漠を渡るために隊商を組むことが不可欠だという以上に、徒党をくんだ盗賊よりも人数と武装においてまさっていることもまた、安全のために是非必要だった。暑熱の国々や乾ききった国々には、その意味では、いまも安全はない。その地域は、あたかもイスラム教とヒンドゥ教の信仰圏に重ね合わされる。クリスト教や(大乗)仏教とくらべて、その戒律は厳格をきわめる。酒類さえも口にしない彼らは、しかし、しばしば危険であり、こすからくずるがしこい。男のひとり旅さえいまでも心細いことは確実である。

富と封印

理由は何なのだろうか。そのひとつは貧しさなのではないか。この地域には、人々がやっと飢えをしのぐほどの生産性しか期待しえなかったのではないか。それは、その宗教が大乗的教養たりえないほどだったからなのではないか。飢餓線上にさまよう人々にとって、盗みは、おそらく絶対悪とはいえないであろう。

　そういう前提のうえで、錠と鍵とは、歴史のなかにその姿をあらわす。せめて富の配分がもう少しうまくいっていれば、その必要もなかったはずだ。たとえば、いまだに農業を知らず、採集経済のなかに暮らす未開民族には、ほとんど『所有』の意識すらない。人の上に人をつくらないやさしさに満ちた社会だと、文化人類学の諸調査は明らかにした。その所有感覚の欠如は家族の未成立にすら結果するのである。だが、バンド社会とよばれるその社会にも、祖型ではあるが家族の萌芽はみられる。しかし、性関係さえも家族の枠をこえて不確定であり、生殖や養育における父親の役割もないとすれば、それを『家族』とはいいがたいであろう。ちなみに、婚姻を成立させる単位ともそれはならない。こういう社会のなかで、動物分類学上ヒト科に類別される生物は二五〇〇万年をすごした。

　原始農業の成立が一万年すこし前、灌漑農業の成立が五千年ほど前である。古代―中世―近代という今日まで延長される有史時代《ヒストリック・エージ》の時代区分は、みんなこの灌漑農業の区分にはいることはいうまでもない。ここに、家族は完全に成立し、それが婚姻の成立単位となった。すでに明らかなように、この区分とバンド社会との間の五千年に、原始農業時代がはさまれている。所有の意識はここに発生するのである。

したがって人の上に人ができる。その多様な類型は、部族社会諸民俗の多彩さにあたかも対応している。たとえば、アマゾネス伝説――女だけの部族――はもしかしたら伝説ではなく実在したのかもしれない、とさえ思えるほどなのである。

そのすべては、いうまでもなく人が農業を知ったことに帰因する。それが余剰生産の処遇をめぐってもたらされたものであることを、マルクスとエンゲルスは正当にも指摘する。のみならず、その余剰生産を集中的に保管し管理するために、建築物としての倉庫が、ここに始めて登場する。堀英夫氏は、その扉の封印《シール》こそが、そもそも錠と鍵の始源だと解釈される。もっともなことなのである。

合理的私性

重く頑丈で冷たい錠前のもつ威圧感と暗さ、それが何に培われていたかは、こうして明らかになる。クリスト教的ないい方をすれば原罪、仏教では煩悩《ぼんのう》のかげを、それは強く漂わせる。採集経済―原始農業―灌漑農業という生産性上昇の諸段階、バンド社会―部落社会―国家形成という社会組織の諸段階との明白な関連は、おそらく人間における諸煩悩の始源を『所有』に帰着させるかのように展開したのである。錠と鍵は、その所有の守護神たるをあたかも隠喩する。だから、おそらく重さと暗さとを、それは人々の内部に去来させる。しかし、錠と鍵とを、今日の姿にはぐくんだのは、イスラム圏でもヒンドゥー圏でもない。ほかならぬクリスト教圏、それもごく最近のことだ。

その意味では、錠は『近代』の産物といえる。したがって、そこにはただ単なる煩悩と原罪だけではなく、近代合理主義が色濃く投影されている。たとえば番人や傭兵をおしたてることによってではなく、物理的装置によって安全を得ようとする思想はそれ自体、合理である。しかも、その物理的装置の機構的進歩によって安全性を高めようとする発想も合理主義そのものである。鍵穴の形だけで鍵違いが識別される中世のウォード錠から、鍵穴の奥の機構《メカ》が鍵違いを識別する棒鍵錠へ、ついで鍵違いを飛躍的に増加させるシリンダー錠への進展は、合理化への諸過程を明らかにしている。のみならず、頑丈な閂(かんぬき)を深く突出して扉全体の物理的安全をはかる本締(ほんじまり)錠への進展も、まさに合理化過程そのものであろう。いまあげた諸特性は、しかし、『目的』に対する『手段』の分離、という意味における合理性、安全という目的にかなう、手段としての技術的合理主義をたんに示すにとどまる。つまり、所有にまつわる重いあの影は、目的のなかに封じこめられたまま質を変えない、のである。

だが、錠のもつ合理精神は、もう少しちがうところにある。たんに目的合理主義という意味だけなら、『錠前師』ということばのもつ中世の香りをたたえた特殊なからくりごとにも、それは認めうるかもしれない。それではなく、広範な普及を前提にした工業製品として成立した、ごく一般的な物理的装置であることによって、錠における合理の世界は、近代そのものと深くかかわる。それは暗さとはむしろ逆の世界を、確実に開くことにもなった。

いうまでもなく、近代という時代を構成する人間像にとって、錠と鍵とは不可欠なのである。近代的自我の成立と錠の普及発展とは、あたかも一体のこととして手をたずさえている。それは住居における私室の成立によって、廊下という建築言語が登場したことによっても、あとづけることができる。棒鍵錠の成立期と、それはあたかも手をたずさえるのである。

錠によって守られているものは、ここでは所有ではない。それは私性《プライバシー》にほかならない。ある特定の個人の私性が錠によって守られているということは、他のどの個々人の諸私性もまた同様に錠によって守られている、という基本的前提がなければならない。それは、もっぱら基本的人権のシールという意味なのであって、人は他人を所有しない、という原則にもとづいている。

ここに、錠の意味の世界はまさに逆転する。あるいは、錠は、この段階ではじめて倫理的な肯定の対象となる。人為の世界における合理とは、もともとこういうことを意味しているのであってそれ以外ではない。錠の意義の変化とそれを呼ぶとすれば、それは、だから錠の機能や性能の変化に結果せざるをえない。あたかも『結界《けっかい》』のように、施錠中であることをインディケイトするだけの錠が出現する所以でもある。たとえば円筒錠一般が、その性格を強く示す。それもまた、合理の所産であると同時に、合理主義精神のゆきつく先でもある。

あるべきものとあるもの

一方において、その生産力をほとんど天文学的に拡大し、その結果、世界を『物』であふれさせることによって、近代社会は、富の配分を平均化させもした。すくなくとも飢えて死ぬ人はいない。同時に、旧世界の旧秩序下《アンシャン・レジーム》にありえたほどの富者も、いまはいない。貧者と富者との実質的差違がこれほどに極小化したのは、おそらく、採集民のバンド社会いらいのことであろう。それが、近代という時代とその合理主義との、せめてもの恩恵である。女のひとり旅のできる社会とは、だから、近代社会の一般的特性だといわなければならない。

ここでは、所有の意味もまた大幅に変質する。近代における所有とは、わたしの持つ物はみんなも持っているのであって、それ以前のように、みんなが持っていないことが前提でなければわたしの所有がありえないのではない。近代社会では、みんなが同じようなものを持っている。それぞれ『物』にあふれているのである。いまさらかっぱらってみたところで何が始まるわけでもない。だから、錠の機能と意味にもまた、すでにみたような、明らかな変質があらわれる。円筒錠でも充分だとわれわれが実質的に判断する理由でもある。

近代後期、一九七〇年代に入って、しかし、先進国一般では全世界的に犯罪増加の傾向にみまわれた。ベトナム戦争を経験したアメリカの社会において、それは典型的に表面化した。たとえば中国が国策として栽培し、その全部が秘密ルートで国外にさばかれる年間三〇万トンの阿片と関係が深いと考えるひともいる。まだまだ富の配分の平均化が足りないと考える人もいる。人種差別に典型的にみられるような社会の不合理に理由をもとめる人もいる。あるいは、大義のためには暴力はありうるべきだと考える人もいる。そして『約束の地』には荒廃しかなかった、というのが現代文学のもっぱらのテーマである。まさに黙示録的なのである。

しかし、これだけは明白である。錠の強度不足が原因となって、犯罪の増加がひきおこされたのではないということが。安全とは、ほんらい、水や空気のようなものでなければならない。だから、錠は安全のためにあるべきものではなく、自己確立との関連のなかで、是非存在しなければならない。

よく引き戸にするところ

和室の建具といえば、これは引き戸ときまっている。しかし、和室と洋室の境にある出入口はどうなのであろうか。

たとえば、リビング・ルームに合せてドアにするのか、和室から見た場合を考えて襖の片引きを用いるのか。これは襖の片引きを用いるのが賢明なやり方といえよう。

つまり、ドアを用いると、和室から見ると何とも不自然であり、たとえばホテル風の旅館を思い出してしまう。逆に片引きの襖程度なら洋室からながめてもさほど不自然な感じはしない。この場合、洋室から見た場合を考えると縁付きの襖よりも、縁なしの太鼓貼り仕上げの方がよい。太鼓貼り襖とは、ようするに紙や布で貼りくるんだフラッシュ戸なのだから、ここまで踏みきれば、和室は洋室に向かってフルオープンにもできよう。さらに、和洋室を問わず、押入はもちろん、ワードローブにも引き戸を使うことが多い。とくに、あまり面積に余裕のないベッド・ルームなどでは、開け閉めに場所を取らないのがよい。たとえば、日本ホームズでは、ここにアコーディオン・ドア風のスラッターを使っているところをみても、収納部のフルオープンは、むしろ国際的な了解であるといえよう。日本の場合、ビニール・クロス貼りくるみの襖などは、まさに最適であろうか。

住宅の場合、一般的には、人の出入りする内と外との境の大開口には引き違い形式のガラス戸がよく使われている。日本に限らず、西欧やアメリカ、とくにカリフォルニアでは、金属サッシのスライディング・グラス・ドアとして、それはよく用いられる。これはむしろ当然のことであって、ミースやジョンソンのガラスの家での、開き形式に固執して大きな嵌殺し『フィックス』ガラスを併用したやりかたは、特異なものといわざるをえない。

フィックスにしても、たしかに内と外との連続感を視覚的には感じられるかもしれないのだが、しかし、具体的な身体行為——出入り——をともなった内外の連続を得るためには、開け放してしまえることが重要である。そして全部開かずに任意の位置でもやさしく止めておける。またドアのように開けたときと閉めたときで視覚的な差の大きすぎることもない。

つまり引き戸は、閉めている状態でも、どこからでも出入りできるという具体的な内と外の連続感を感じさせてくれる具体物であるといえよう。それに引き戸は、大きな——プランでみて大きい——開口部を開け閉めするには、開閉動作が安定していることも事実である。

ミース：ファンスワース邸のエントランス　家全部のなかで、開くのはこの二枚のドアだけ。

紙障子はカーテン

紙障子は、正式には〈明り障子〉と呼ばれる。しかし、ほんらいカーテンのようにサン・コントロール機能を果たすだけの建具ではないことはいうまでもない。

寝殿造りの蔀戸《しとみど》を経て、舞良戸《まゆらど》とともに紙障子は書院造りのころに生まれた建具である。

その目的は光を透過させながら外気と内気を遮断することにある。その後、利休や小堀遠州の手によって紙障子は、この国の建築に美しく定着した。

紙障子は、白い紙で濾過された柔らかい包みこむような間接光を室内に招きいれてくれる。

紙障子は閉めていても部屋の外の様子が、たとえば軒先が、風にゆれる枝が影を落としたり、また庭先にある池の水波が反射して水かげろうを映したりして、うかがえるのである。紙障子の捨てがたい味である。

この紙障子の生みだす光とかげりの世界は、たとえば谷崎潤一郎が「陰翳礼賛」のなかでそのすばらしさを描いているように、この国に育った人びとにとって忘れがたい世界であろう。

ガラス戸が普及したいまでは、紙障子はただその世界を実現する建築のパーツとして考えられる。あたかもカーテンやブラインドと、その機能としては同じものといえよう。

しかし、この明り障子であるところの紙障子を、なぜ、部屋の間仕切りにまで使おうとするのか。

部屋の仕切りには、視覚的にも、ある種の重みがなければならない。やはり襖なり板戸なりアコーデオン・ドアなりがふさわしい。

それは、ごく基本的な建築言語であり、かつヒトとモノとの間の約束事であったはずだ。もしその結果、行燈《あんどん》部屋（外部に面する開口部を持たない部屋、つまり昼間でも行燈をつけなければ使えない部屋）ができてしまうとしたら、あまりいい趣味ではないが、障子が部分的に仕込まれた襖――源氏襖――を使うことだ。

なによりも、そんなことにならないように建築計画をするべきではないのか。吹抜に面した二階の部屋の開口に障子を使うのはもっともなことだが……。

もっとこまったものに、スリガラスの入ったガラス障子がある。それ一枚で、和室と外気とが仕切られるのである。たとえば、紙障子のあの柔らかい光を、香川県庁舎でポリエステル製の乳白色の引き戸で得ようとした丹下健三のように創造するならともかく、コストを落とすつもりか、安易にスリガラス障子をなぜ使うのか。

紙障子が、いままではサン・コントロールを果たす建具ならば、何も和室だけでなく板の間つまり洋室にも使えないことはない。この紙障子を、洋室でカーテン

渓居（一九七九）
土間
写真＝畑亮

代わりに、ガラス戸の内側に初めて使ったのがアントニン・レーモンドである。彼のスタジオでもあり自宅でもある麻布の家では、カーテン代わり、断熱効果のすぐれたサン・コントロールを果たす建具としてふんだんに紙障子を使っているのである。もちろん全室洋室である。

建具の形式——技術とその時代。

完成あるいは成熟

たとえば窓の開閉形式ひとつをあえて取りあげることによって、いかにも透明な技術の問題であるかにみえたそれが、実は、ある固有の生活の仕方や、その生活を支えた物質ときわめて深くかかわっている、ということをわたしたちは言おうとしてきた。つまり、それは技術であるより文化であるといいつづけてきた。

窓の開閉形式にもう少しこだわろう。たとえば〈開き〉なら〈開き〉という開閉形式が、ある文化のなかにひとたび登場し定着すると、その開閉形式を必然とした構造形式——この場合は組積造——は、あたかも水を得た魚のように、さらに息づいてその独自の可能性に向かってさらに展開をみせるかのように、われわれの眼には映ずる。それに呼応して、開閉形式もまたさらに独自の領域に向かって展開をすすめる。それは、展開というより、完成とか成熟とか呼ばれるのであろうか。

歴史の推進力

さて、その展開なり完成なり成熟なりをもたらしたものは何だったのか……。ここでは、それについて考えようとしている。あたかも、歴史を動かす原動力は何か、という史学上永遠の課題と、それはある種の近似性をもった問題であるかのように思える。

ごくわかりいい話はよく語られる。どの時代のどの人びとも、つねにより良い居住性と、より快適な生活を求めつづけてきた、と……。その生活者の意志こそが成熟や完成をもたらした第一義的な原動力である、と……。たしかにこの意見を否定することはだれにもできはしない。

しかしそれにもかかわらず、「成熟」とか「完成」とかいうことばを使うことによって展開にはつねに限界があることをだれしも無言の前提としている。生活の意志だけが原動力なら、その展開に限界のあるはずはないのである。それは、史学上永遠の課題のもうひとつ、ローマ帝国はなぜ亡んだか、とあたかも二重写しになる問題である。いうまでもなく、歴史を動かす原動力は何かという問題と、ローマ帝国はなぜ亡んだのかという問題とは、あたかも一対の問題なのである。

史学上の時代区分の、たとえば古代なら古代がなぜ生まれ、あそこまでの繁栄を築きながら、そして亡びてしまったのか、という問題である。

　こうして、〈引き〉建具と〈開き〉建具は、それぞれ日本と西欧との文化のなかで成熟し完成した。それは〈引き〉建具では十六世紀、〈開き〉建具では十七世紀だった。しかし、こうして成熟し完成した姿は、異なる文化の眼をもってみる第三者にとって、吹き出しかねないばかばかしさに満ちた姿であることが多い。たとえば、〈開き〉窓ひとつをとっても、ああまで複雑なディテールになり、たくさんの金物を使い、それでも雨じまいひとつ完全には解決しえなかった〈開き〉窓の最後の姿——ベネシャン・ウインドウ——をみるとき、なぜ外開きに発想の転換をなしえなかったのか、唖然とせざるをえないのだ。

　居住性の追求は、あきらかにある限界のなかでなされている。その限界とは、習俗と習慣と伝統とのなかで条件づけされつくりあげられたところのもの、つまり〈窓〉が〈窓〉であるためには、そうでなければならなかったということである。つまり窓そのものさえ文化以外のなにものでもない。

意図と人為

構造主義の論者たちがよく使う用語〈神話的思考〉とは、まさに〈窓〉が〈窓〉《シニフィエ》であるためには、記憶のなかの窓（シニフィアン）でなければならなかったという状況をよく示している。〈神話的思考〉の対極概念は〈科学的思考〉である。そこでは、目的とそれに対する手段という発想がなされる。窓の目的とは、採光と通風と換気にある、とまず把握するところから出発する。その目的を果たすために、もっとも適切な開閉形式が選びだされ、あるいは工夫され、あるいは開発される。それは、記憶にもとづく〈らしさ〉の世界を離脱した冷厳な合理の世界なのである。

このような思考のなかで最初に創案された窓は、おそらく〈シカゴ窓〉であった。シカゴ窓とは、ひとつの窓が中央部の嵌殺しと、両脇の上げ下げ窓によって構成されたものをいう。とくに、その上げ下げについてみると、これは、開き窓の重大な欠陥を補って、新たに人為的に発想された窓形式であることはいうまでもない。とくにバランス上げ下げという開閉形式は、それまでに出現したほとんどあらゆる洋風の窓開閉形式よりもすぐれた性能をもっている。ときに十九世紀も終わろうとしていた。

しかし、つっぱり方式の上げ下げ窓そのものは、シカゴ派に先立つ一世紀以上も前に、おそらくアメリカで成立したものであった。これもまた、開き窓の重大な欠陥を補って、新たに人為的に発想された窓形式である。すなわち、当時の一般の窓には、窓おおい(鎧戸)を併用するのがヨーロッパでは常識的だったが、室内から操作して窓と鎧戸とを共に開こうとすれば、鎧戸は外開きに、窓は内開きにする以外方法はない。鎧戸やその前身である板戸の方が、そもそも窓ブタの原形であって、後代その内側にガラス障子（ケースメント）がついたものであった。したがって、そうした習慣や伝統や、窓に対する記憶をもつヨーロッパで、ただタイトのよさだけを求めて、ガラス障子の外開きに、とくに住宅で踏み切れるはずはなかったし、ガラスや窓障子そのものの耐風性能やシール技術の向上がないかぎり、多くを望むことはできない。

なにしろダブル・セイフティから、これ一発のシングル・プルーフに変わるのである。徐々に〈科学的思考〉の時代に移っていったにしても、習慣や伝統にもとづいた記憶の極端に薄いアメリカだからこそ、それはおそらく可能であった。しかも、ガラス障子の外開きではなく、上げ下げ窓を創造することによって、おそらくそれは可能であったのだろう。

こんなこともいえよう。アメリカの夏は暑いのだ、と。つまり、内開きのガラス障子窓は、カーテンとの関連を考えるとき、ほとんどスカスていどに開くことだけが意図されているのである。たとえローマでさえも、冷房がなくとも真夏の室内がヒンヤリと涼しいヨーロッパでは、窓には、通風ではなくただ換気と採光だけが求められている。しかし、開けられる窓が、アメリカでは必要だった。かなり後期まで、それは、シンバリ棒をかって開けておくあまりにも原始的な窓だったのだが……。

技術と時代と

シカゴ派に帰ろう。マリオン（方立）のなかに上障子と下障子とを結んだワイヤーを仕込み、それを時にはベアリング入りの滑車で釣り合わせるほどの高度なメカニズムをそなえ、今日の眼からも巨大さを感じさせるほどのガラスをハメ殺したシカゴ窓、それは、まさに当時の技術的背景、とくに機械工学のほとんど今日の水準に達するほどのディベロプメントを、だれの眼にも感じさせるのである。しかしそれにもかかわらず、この開閉形式は、もっともシールしやすい機構を見出し、そして定着させたものであることも同時に明らかである。しかも、それは大きく開くことを前提としている。つまり空調がないからこそ、しかも暑熱の夏をもつアメリカで、それはつくられ使われた。

シカゴ窓と、今日の事務所建築用のカーテン・ウォールとを、ひたすら比較してわかることはただひとつである。今日われわれは空調の技術をもっているからこそ、窓は開かないのである。そしてペトロケミカルの諸技術に裏づけられて、ほとんど不可能とも思われるシールを、きわめて安易にやってのける。その結果、機械工学のメカニズムでは、はるかにシカゴ派に劣るカーテン・ウォールを、平然として日ごとに生産している。

シカゴ派の場合、諸技術発展の段階がまったく不ぞろいであり、だいいち電灯がなくガス灯の用いられる技術段階で、ただひたすら先行していた機械工学に一切身をまかせ切って、あたかも蜃気楼のように忽然とあらわれた世界がそこにあった。だからこそ、それはあらゆる意味において人為性の極点にさえ位置づけられる開閉形式であった。

それが人為的であるということは、同時に、〈科学的思考〉のまさに結晶である、ということ以外ではない。この時期に、用途の限定された、それゆえに人為的ないくつかの開閉形式、たとえば〈回転〉〈内倒し〉〈つき出し〉〈ティルト&ターン〉などなどは、ほとんどいっせいに噴出するかのように歴史のなかに登場してきた。それらは、人為的であるという理由だけによって、はっきりと用途が確定し、用途が限定されているゆえに、それが必然的であった技術的背景が失われると共に、いつとはなく忘れられていくべき宿命をもっているかのように思われるのである。

そして、人びとが窓という言語とともに、いまだに忘れることのできない〈記憶〉のなかの、つまり文化の所産であるかのようなふたつの開閉形式、〈開き〉と〈引き〉とは、それが人為的ではないというただそれだけの理由をもって、あたかもフェニックスのように、われわれの眼前にいま満ちあふれている。

3　社会変化と水まわりの変遷
――「家族」は「個族」、その水まわり

――早くから内風呂が普及した日本では、かつて、入浴は家族そろっての団らんのひとつだった。曜日をきめ、半日かけて薪を焚きつけてお風呂は沸かされたのだが……。

臭くない日本人

いきなり変なことを申し上げて悪いのだが、実は、日本人が臭くないというのは世界的な定評である。

例えば、人々が群れ集うような機会があるとき、日本以外では、異様な臭気があたりに充満するのである。いろいろな機会から個人的なお付き合いが生じても、実は外人は臭い。この場合、白人だけのことをいっているのではない。黒人も黄色人種もそうだ。同じ黄色人種でも、なぜか日本人は概して臭くない。結果として、群れ集う機会に、それほど臭いとは誰も感じていない。

こんなことさえ言えるようになった親しい白人の友人がいうのだが「だから、満員通勤電車というのが日本で通用するのヨ」となる――。

明治期の住宅の居間

これがなぜかというのは、まじめに取り組むとすれば、人類学の大きな課題なのではあるまいか。多くの人々の解釈によれば、日本人が菜食を中心とした粗食に耐えた長い長い時代があったことが原因だとも、魚だけからしか脂肪や蛋白質の摂取をしなかったからだとも、説かれる。いずれも正しいのだろうが、日本人の風呂好きも、その原因のひとつだろうと思っているのが、この私だ。

「湯殿」と「銭湯」の時代

ものの本には、入浴の風は禅宗によってもたらされ、当初は蒸風呂であり、浴衣《ゆかたびら》とは汗をしみこませるために——、と書かれている。本当のことであろうが、民衆レベルでの沐浴の風は、もっともっと早くからいろいろなかたちでなされていたのではあるまいか。

すでに元禄の頃には、木製の桶《おけ》様の湯舟は広く普及していたし、一方、少なくとも大都市にあっては、銭湯が広く営まれて沐浴を担っていたことは明らかである。まことに日本人は風呂好き、清潔好きであった。

一般民衆にとって、都市生活の悦楽のひとつが毎日のように銭湯にかようことだったのだが、大店《おおだな》やお屋敷にあっては、沐浴は、自前で担われたのである。ほんの半世紀前まで、社会は二つに割れている。人を使う人、使われる人、という分化だ。自前の風呂は人を使って焚き沸かすのだが、人に使われるほうは

家父長制家族の時代・1（戦前の住宅の間取り）
上：庶民的な一般住宅。六、四・五畳の二間に台所、便所という間取り。まだ内風呂がないことが見てとれる。
下：ちょっと人並みの一般住宅。八、六畳の二間というスケールあたりから、内風呂がある。風呂は直焚きで、土間に木風呂というのが一般的であった。

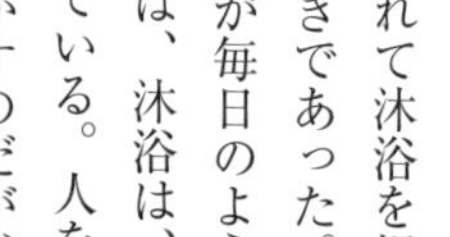

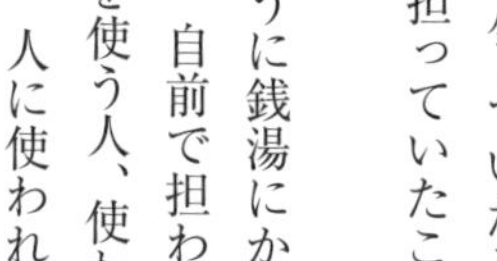

銭湯というシステムを利用する。これが悦楽の構造となる。

だから、自前の風呂は風呂で、もっと別の悦楽を指向せざるをえないことになる。世界的にみても異例の大きな湯舟が家族で使われてきたのもそのひとつだ。もう一方で、ほぼ三年の寿命しかない木製の桶風呂を脱して、新規の技術開発にはげむことにもなる。

「五右衛門風呂」はこうした技術開発の一番バッターを担うものだ。石川五右衛門を釜煮にできるほどの大きさは、長州産の砂鉄があってはじめてできたのかもしれないが、大正期には、全国のお屋敷の自前の風呂におおいに普及するのである。

まずは場所焚きから
「湯殿」から「浴室」へ——大正ニューファミリーの世代

五右衛門風呂の登場によって、実は入浴の場と焚き場とが分離している。やがてタイル風呂の登場によって、その分離にはさらに拍車がかかるのである。タイル風呂は循環式ボイラーがあってはじめて可能だ。女中さんが当初は薪で、外から焚いたのである。しかし、すぐガス焚きが採用されるようになる。台所の勝手口の土間に、この小さなボイラーは容易に設置可能であった。

「中廊下式間取り」は、日本における住宅改良の最初の成果だったことがよく

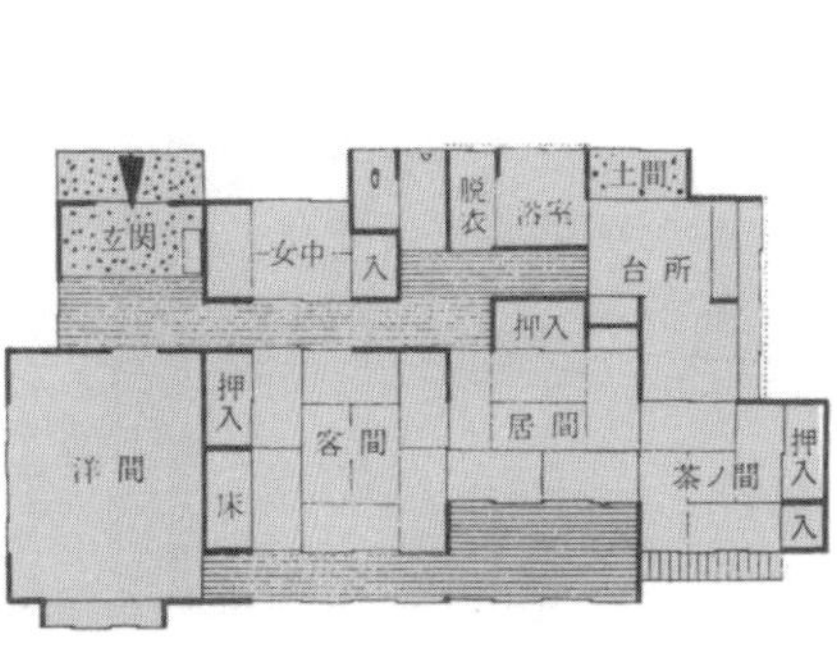

家父長制家族の時代・2（戦前〜戦後の住宅の間取り）中廊下で個室を南側に、水まわりを北側に配している。大正期の文化住宅から戦後の昭和三〇年代あたりまでの、いわば「サザエさん」一家的住宅の間取り。浴室も土間からタイル張りへ、給湯も直焚きから台所の湯沸器、そして外づけの瞬間湯沸器へと進化の一途をたどってきた。（「住宅近代史」より）

知られている。

　住宅がある規模に達しないと、この間取りは意味をもたないが、とにかく関東大震災後の復興住宅からは、日本の住宅は一様にこの間取り方法の影響を受けるようになる。中廊下式の間取りと、タイル風呂とが結びついて、トイレ(大小)—洗面所(脱衣所兼用)—浴室という水まわり三分割の典型が確立している。のみならず、浴室は台所の勝手口から焚くのだから、実はさらに定型化している。

　家の中央の東西を中廊下が走り、その北側に、玄関—便所(大小)—洗面所—浴室—台所と互いに関連しながら配されるのである。そして中廊下の南側に座敷がいくつか並ぶ。こうすることによって、座敷相互は襖で区画され連続はしているものの、どの座敷も中廊下を通ることによって独立して使える。住宅にプライバシーが保たれることになった。

　中廊下式は、実は明治末に当時の建築学者によって提案されている。だが、ここまでの定型化を遂げるのは、第二次世界大戦の直前であった。

　この戦争こそ、世界的に見て、「使われる人／使う人」という社会分化解消の直接モーメントであった。

　日本の場合、戦災などで、三〇〇万戸も住宅を失い、復員や引き揚げなどを加えて四二〇万戸もの住宅不足に見舞われた事情が、社会のフラット化をさらに促した。戦後の、住宅復興は否応なしに「小住宅」を社会にもたらす。誰でもが、

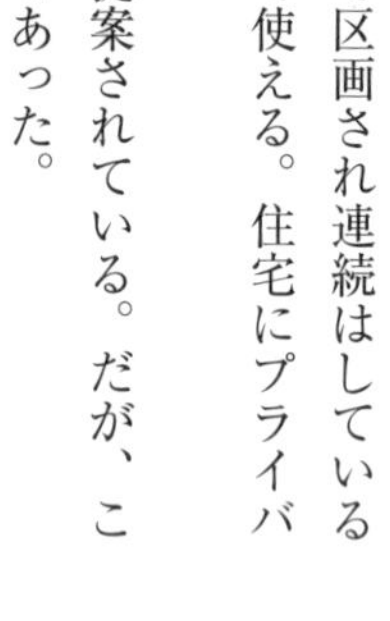

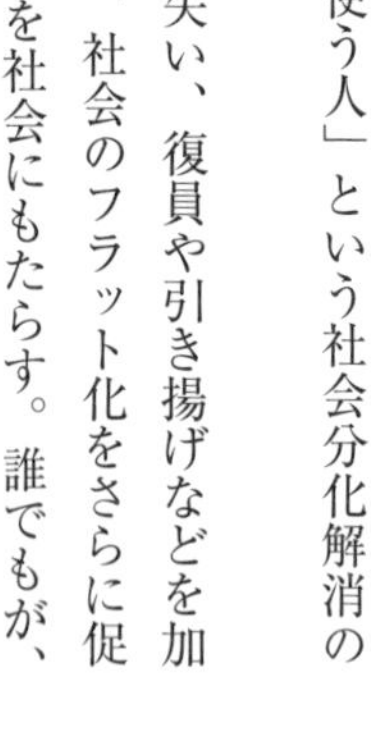

団地族の世代（高度経済成長期前半の公団住宅の間取り）
右：一三坪タイプといわれる、初期の公団住宅の間取り。洗面化粧台、コンパクトな浴室等はここから始まった。
左：少し大きめの一五坪タイプの公団住宅。一三坪タイプに比べて、浴室の前室が洗面所となっているが、洗濯機も同居している。この形態は現在まで連綿と続くスタイルではあるのだが……。

それに住むのである。ここに、一様に内風呂がつけられることになる。一三坪2DKの公団住宅にして、こうであった。

戦後文化住宅の合言葉になった「ガス風呂」とは、女中さんにかしずかれることなく営める小さな浴室への技術的解答だったのだが、ポリバスの普及と相まって、「バランス釜」の開発・定着にたどりつくまで、各地でひんぴんと事故を起こしているのである。技術論的にみれば、バランス釜は場所焚き方式を前提にしてのコンパクト化のひとつの果てなのであって、皮肉にも、これが普及する段階では、時代の課題であるシャワーが、社会的なニーズとなっていた。水洗便所もちょうど普及の第一段階の節目をむかえている。後で言われる「清潔マーケット」は、すでにこの時点で胎動をはじめていたのである。

給湯へ、給湯へ——核家族化の進行とニューファミリー世代

公共営の集合住宅がずっと後まで場所焚きにこだわっていた反面、民営の都市型集合住宅では、相当に初期から、瞬間湯沸器による住戸セントラル給湯に割り切っていた現実も忘れがたい。「エバホット」などの業務用の大型湯沸器が、すでに安定的な機能を示していたという先行事実があるのだが、これが素直に民生用に転用されて、便利な給湯源となった。すでにキッチンへの給湯は常識だったし、シャワーも必需品だ。余勢をかって洗面所への給湯も、一六号程度の瞬間湯沸器

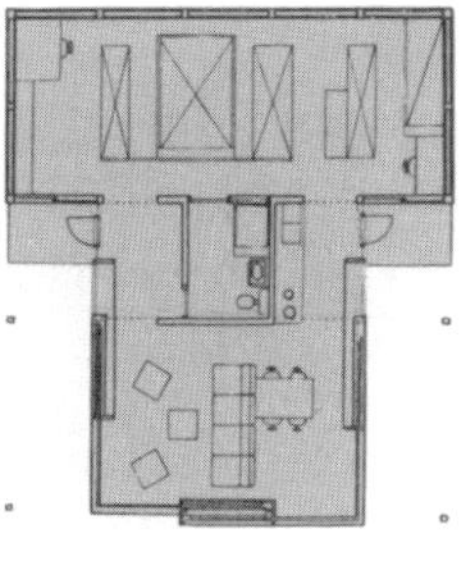

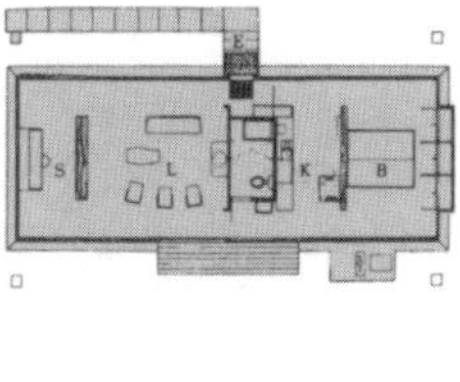

核家族・ニューファミリー世代・1（3 in 1サニタリータイプの間取り）
核家族の進行とともに、間取りもその家族形態に合わせたものへと変化してきた。このプランは、3 in 1サニタリーを採用した例。ただ、これでは玄関の正面に水回りの扉ができてしまい、動線的には難しいものがある。

右：池辺陽
左：RIA

一台で十分に事足りるのである。

こうした事実の裏側には、当時、すでに全国平均四人を割っていた家族数の低下、核家族化という社会要因が動かしがたく、したがって同時使用率の設定もとことん低く抑えられる。割り切れば、一三号程度の能力でも何とかなるのであって、これならキッチンの流しの上などにごく簡単に所を得て取り付いてしまうのである。イニシャルコストも安い。戸建ての住宅でも、この方式にならう例はどんどん増えてくる。

こうなると、入浴ということに関する社会認識に変動が出てくる。例えば「一番風呂」ということの意味や意義は急速に薄れ、当時から普及しだした「和洋折衷」浴槽などの利用によれば、あるいはシャワーを楽しんで、一回一人当りの入浴ランニングコストも思いのほか安くすむ。このことも、生活体験としてしだいに理解されるようになる。

入浴は、各自が各々の都合により、任意の時間に、勝手にするもの、となっていかざるをえない。これは「一番風呂」に象徴される家父長制の崩壊、そして核家族化へと進む時代を端的に表した大きな変革でもあった。

こうした現象を指して、「個浴化」と言い習わしている。実際、ある限定の中では、満水容量の小さな浴槽でシャワーと併用して勝手に入浴し、そのお湯はその場限りで捨ててしまうことが、実は、エネルギーコスト極小となるのである。

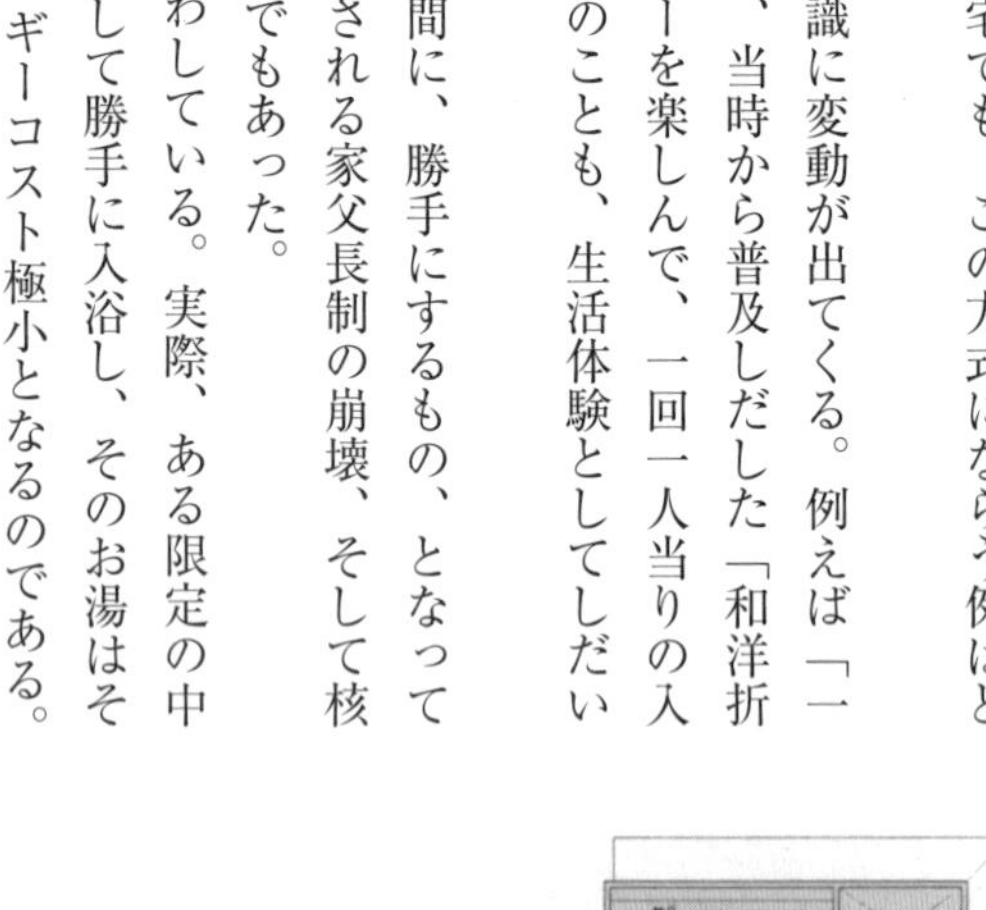

核家族・ニューファミリー世代・2
（二分割サニタリーの動き）
こちらも同世代の間取りの一例。ただ、こちらの例は、二階に洗面所と浴室を配し、二分割サニタリー化の動きを見せている。
（田中敏溥建築設計事務所）

日本の水道水コストの低さも、これにおおいに加担してのことではあろう。「個浴化」は、場所焚き式を脱し、給湯方式が採用された果ての、当然の結果でもあった。

だが、燃焼中の瞬間湯沸器をのぞくと、まあ盛大な炎が燃え立っている。こうして沸かした湯を、その場かぎりで捨ててしまうことは、さて、生活感覚からはなかなか許容しうることではない。それに、日本の伝統も場所焚きなのであって、市井の生活感覚をもって、これを割り切ることは簡単とはいえない。それにしても、時代の生活にとって、キッチンやシャワー、それに洗面所への給湯も欠かせない必要事なのであって、これと、生活感覚をどのように調停するか、一九七〇年代から八〇年代にかけて、市場は、独創的な商品群に満たされることになる。

エネルギーコスト低減のために、深夜電力利用の給湯器が様々に開発される。同様の意図で太陽熱利用システムの開発も多様化する。また、追焚き装置付の給湯器が実に様々に開発される。一方でガス熱源瞬間湯沸器はターボ機能を組み入れて小型化の一途をたどり、一方でマイコン制御による低温少量給湯を可能にする……。

「二分割サニタリー」の時代――「個族」の「個浴」

「朝シャン」が、時代のトレンドを示す言葉として意識されるようになって五年になる。

高校生たちが毎朝毎朝髪を洗うというのだから、何とも奇妙な現象としかいいようもないが、これは、シャンプーもできる洗面器をつくって対応するという事態とは、そもそもいえない。西欧人がそうであるように、毎朝シャワーを浴びるという習慣が、この日本にも定着する寸前の情景にほかならない。「個浴」は、ここまできたのである。

しかしこうなって、半世紀以上も前に成立して定着した日本の家の水まわり、つまり三分割型が、そのままで通用しなくなっている。だいいち、「戦後」の小住宅以来、中廊下はもうなくなっている。一方では戸建てはほぼ総二階建ての時代に入って久しく、さらに三階建ても指向されているのである。気がついてみれば、建売住宅にさえ一階にも二階にもトイレがついているし、それも、広めにとって洗面器と組み合わされ「パウダールーム」型に仕立てられて久しい。水洗便所、それも洋便器が不浄感を払拭し、カラー衛生陶器がサニタリーにもファッション感覚を持ち込んだのだから、当然の成行きだ。あるいは、主寝室専用に「3 in 1」バスルームを付属させることも、とっくに「豪邸」の条件になっている。一方では、平均家族数もいよいよ三人を割ってしまったのである。

すでに七〇年代初頭に先行して日本で試みられていた「二分割サニタリー」は、こうした背景の中で、急速に社会的な意味をもちだした。これは、前室にパウダー

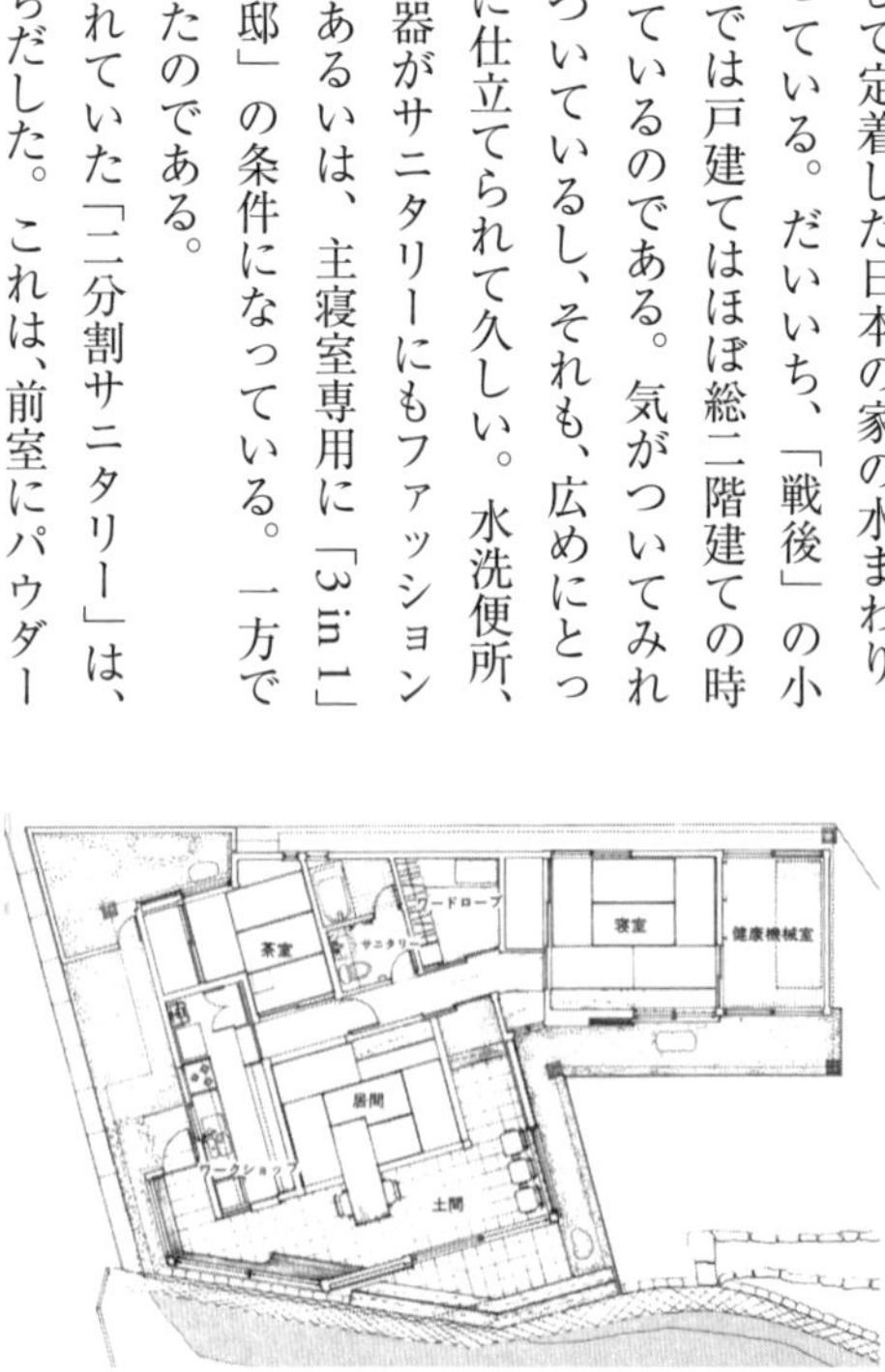

核家族・ニューファミリー世代の間取り・3
「個」を主張し始めた昭和五〇年代の住宅。水まわりも家族の生活スタイルを反映し始めた。（黒沢隆研究室）

ルームを取り、奥にウェットフロアをとったサニタリーの形式だが、ドライフロアとウェットフロアとの使い分けが入浴先進国のキャリアを物語っているのである。

すべては、結果として「個浴化」に向かって動いている。物心ついて以来、入浴とはとっくにプライバシーそのものであり、それはトイレの鍵と同じ性質のものだ。基本的人権を公然と認めて前提とする社会にあって、それは当然のことではある。社会全般の所得水準がやっとここまで追いついたのであって、実は、欧

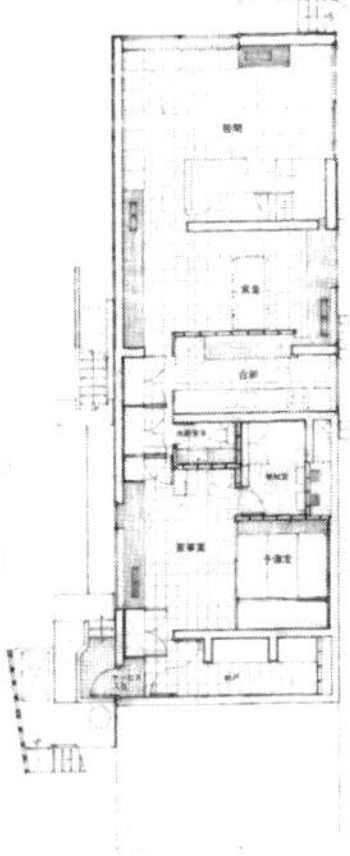

上階平面

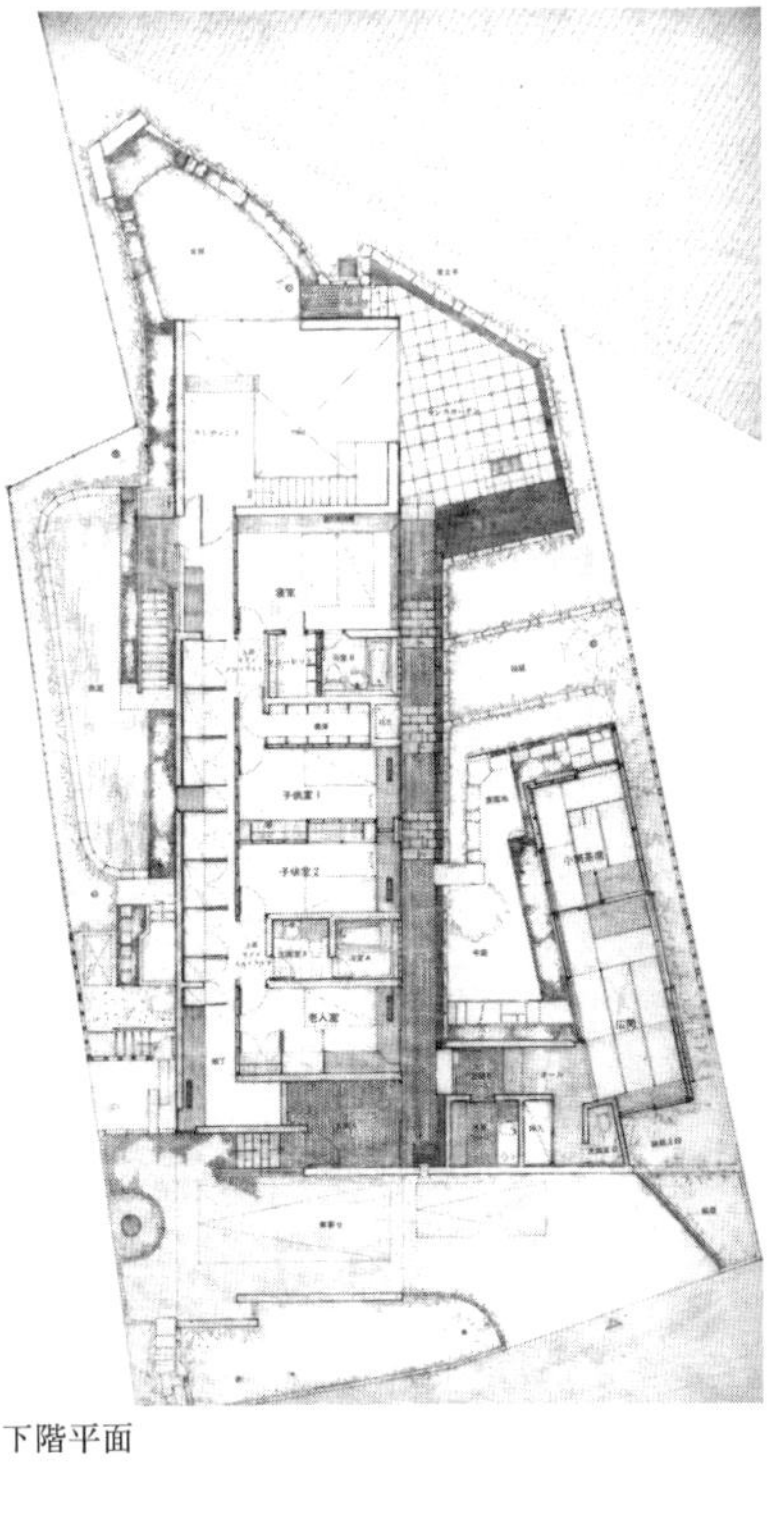

下階平面

個族の世代
個族の水まわりを予感させるプラン。浴室二カ所、トイレ三カ所を配し、家族各自が使用するスタイル。（黒沢隆研究室）

米並の水準にいよいよ達したに過ぎない。ただし、欧米でも国民的水準でそこまでに至るのは一九五〇年代以降である。

しかし、この先がたいへんだ。

とくにアメリカで流行して久しいバスルーム内シャワーブースを、二分割サニタリーという具体的な間取り術をもっている日本でどう評価し、あるいは批判するか。あるいは、通常の日本の住宅の二階にとられているトイレなりパウダールームなりに、どうシャワーを組み入れ、「3／4バスルーム」の成立に答えるか。もうちょっとでもましなサニタリー空調はどうあるべきか。さらに、いま大気中に捨てられている冷房熱源を給湯熱源に利する方法はないか……。

間取り術の革新と、技術そのものの革新は、いよいよ難しい段階に突入してきている。もう、解答の見本は外国にはない。先頭にたって、日本が実現していくほかないのである。

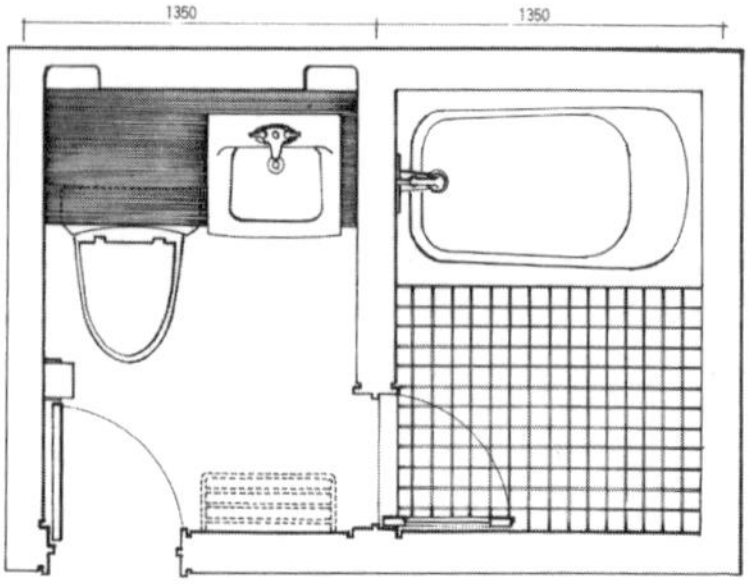

二分割サニタリー・モデル：平面図

便器：TOTO・C306、洗面器：同・L331、メデシンキャビネット：同・YM600（うめ込）、タオルだな：同・PS117P1、タオルバー：同・TS113A1、バスタブ：同・P30FR）

第三章　日常へ。——2DKの意味、近代住居の内的構造

1　戦後住宅の変節

異常な年一九四九年

一九四九年、それは異常な年であった。

この年は、一月の総選挙から大荒れに荒れた。

社会党が第一党の座を民自党（自由民主党の前身）にゆずり、初の保守安定政権が成立した。しかし、共産党は三五議席に大躍進をとげたのである。

一方、北ベトナム、北朝鮮、中国には、あいついで「人民共和国」が成立していた。それは、東洋のスイスとしての進駐米軍の日本占領方針を、ほとんど一八〇度大転回させ、東洋の防共浮沈空母化させるもうひとつの原動力であった。進駐軍は、できたばかりの保守安定政権に、「ドッジ・ライン」なる反共合理化政策をせまっていたのである。それは、国鉄職員九五、〇〇〇余人の首切りを始めとする、官公庁民間の労働者一〇〇万人の首切り合理化政策であった。

これに対して、議席急増に力をえた共産党は、この政策の実行者である民自党と鋭く対立して、院内外に険悪な空気と社会不安とが一九四九年の日本を侵していった。それは「ドッジ・ライン」に抗する激しいストライキの連続であり、それに対する激しい官権の武力弾圧であり、そして不気味な「九月革命説」であった。

そして、社会不安は日々に高まっていったが、なかでも、頻発する列車妨害とその執拗な報道とは、人々の眼を無意識に鉄道に集中させ、そこに、なにか大きな事件を予感させていた。

七月一六日、当時の国鉄総裁下山定則の轢死体が常磐線綾瀬駅附近に発見された。下山事件である。七月二五日の電車暴走、三鷹事件とつづく。

こうして、「共産党は虚偽とテロを常套手段として民衆の社会不安をあおっている。」と声明する吉田茂首相の前に、「ドッジ・ライン」に抗する労働陣は総崩れになる。八月十七日の列車脱線転覆、松川事件は、とどめの一撃であった。こうして、官公庁民間の労働者一〇〇万のクビは切られ、「ドッジ・ライン」は完成する。そして、在日朝鮮人連盟解散、共産党中央委員会全員の追放、『アカハタ』の発行停止、全労連の解散(総評はその後の組織である)、各方面にわたる、一二、〇〇〇余人の「レッド・パージ」が追い打ちをかける。

そして一九五〇年六月二五日、ついに朝鮮戦争の火ぶたは切られる。こうして、一九四九年は、第二次大戦後史の、もっとも重大な変節点となったのである。

戦後住宅像

一九四五年の敗戦から一九四九年までの四年間、それは短い時期ではあったが、日本の住宅像を根本的に変革した季節であった。

住宅とは、要するに生活の容器である。住宅の変革とは、だから、生活そのものの変革だった。皇軍解体、パージ、戦犯弾劾、戦犯追放、財閥解体、農地解放、新憲法の公布とつづく一億総懺悔民主化路線のあとを追って、民法改定にともなう家族制度の解体はまちうけていたのである。それは、たんに家父長的封建的儒教的な家族制度の解体という、制度上の問題だったのではなかった。日本全土の人口集中地区をほとんど総なめにした戦災によって、その旧家族制度は実質的に解体してしまっていた。旧植民地から続々と引き揚げてくる引揚者たちによって、また旧戦地から帰還してくる膨大な将兵たちの洪水のなかで、さらに戦災をのがれて地方に疎開していた都市生活者の帰京によって、いまや都市はふくれあがっていた。戦災の焼野原を埋めつくしたバラック住宅は、旧家族制度を、たとえたんなる規範としてだけでも温存させうるものではなかったのである。

こうした現実のすべてに対して、戦後の一連の民主化政策は、新たな論理と、新たな目標と、新たな価値観とを、きわめて現実的に与えていった、というべきなのであろうか。家族制度だけがそうなのではなく、いわゆる民主化政策は、いずれにしろたんなる理念的な観念的な民主化ではなかったようにも見える。なぜなら、封建的家族的天皇制国家を、近代的機能的民主制国家に変革するにあたって、民主主義だけが、異様に過大に印象づけられたからにすぎないのであって、その実、これは平凡な国家の近代化にすぎなかった。どうみても、民主化というより近代化であった。

さて住宅である。これもまた、封建的ということばに対比された民主的な生活像として家族像として家庭像として、熱心に模索されていったのである。当時、「新時代」ということばが好んで用いられたが、それは、「新時代」の「新生活」像の熱心な模索であった。焼跡を埋めつくしてゆくトタン張りのバラックにこめられた夢であった。西山夘三、浜口隆一、浜口ミホ、池辺陽、武田マスらは、この時代の生活像、家族像、家庭像、住宅像を具体的に措定した人々である。新時代の住宅像を、彼らは、つぎの三つのテーゼのなかに濃縮したのである。

一、寝食の分離
一、就寝の分離
一、家事労働の軽減

いま考えてみると、このテーゼは見事であった。簡潔に、新時代の住宅像を語りつくしているのである。まず、「寝食の分離」とは、食事をする部屋は眠る部屋とは別に確保されなければならない、という意味である。布団をたたんでチャブ台を拡げて食事するようなことは非衛生だという理由なのである。トタン張りのバラック、八坪だ十坪だ、という信じがたい住宅事情のなかで、まさかリヴィング・ルームをとれとは言えなかったのであろう。しかし、団欒の場が専用室として確保されなければならない、というのがこの場合の真意である。ここでいう専用室の意味と、団欒の場《リヴィング・ルーム》の本質的な意味とは、本書のなかでやがて明らかにされよう。

ついで「就寝の分離」とは、一室で全員がザコ寝するようではこまる、という主張である。夫婦は独立した寝室をもち、子供たちは子供部屋で、もし老人が同居するなら老人室で、それぞれ就寝すべきだというのである。読んで字の如し、これは近代的な自我をもった人間の住居として、当然の条件であろう。だから、プライバシーの確立ということもできる。

また、「家事労働の軽減」とは、機能主義的な思考と設計手法の導入によって便利で合理的な家にしよう、ということである。ただ便利とだけいうと、不用の用とか不便の便とかいいだす人がいるから、とにかく合理主義的な価値観を身につけることが要求されている。具体的には、人の動く距離(動線)の長くなる廊下などはなるべくつくらず、後のことばでいえば人間工学的な配慮のなされた台所をすすめ、接客優先の不合理を排し、タタミ座よりイス座の優位をとき、また主婦の地位の向上にも通底させようとする、おおいに欲張った主張であった。

ようするに、それらは、生活像の近代化であり、生活様式の、それにともなう住宅様式の近代化であった。

国民住宅

裏返していえば、それまでの日本の住宅では、家族全員のザコ寝は普通であり、その布団を片づけてチャブ台を出し、そこで食事をしていた、ということでもある。それが平均的な日本の住宅であったということになる。じっさい、いまからほんの何年か、せいぜい一〇数年前を思い出せば、日本の住宅、そこに展開されたごく普通の生活像は、まさにその通りであった。ほとんど大部分の住宅は、六帖の間と八帖の間のふた部屋を基本的な構成要素として、もちろん台所と三帖ほどの玄関、それに便所、あとは、それぞれの事情に応じて、洋風の応接間や隠居部屋や女中室が附加されるのである。面白いことに、この場合、附加的な部屋だけが特定の用途のために専用化された部屋であって、したがって、その部屋だけは、その用途で呼ばれる。

しかし、基本的な六帖と八帖の方は、せいぜい「茶の間」とか「客間」とか呼ぶ程度で、多くはそれもしないでただ広さだけで呼ぶ。小家族なら、八帖に一家ぜんぶ寝られるが、家族数が多いと八帖にも六帖にも寝なければならず、したがって基本的なふた部屋の用途は時間と共に変化し、用途では呼び難いのである。したがって、あの三つのテーゼが、住宅の基本的な要素をこそ、専用室によって構成すべきだと主張したことには、充分な意味があった。専用室とは、居間とか寝室とか子供部屋とか、それぞれに専用化して確保された部屋のことであるが、そうした部屋の専用化を、機能化としてとらえ、それをもって近代化であるという説は、定説として述べられている。ちなみに、明治・大正・昭和を通じて、日本の平均家族数はほぼ七人であった。まさに、「就寝の分離」はおろか「寝食の分離」すらできていなかったのである。七人の家族が、実質ふた間の住宅にどうして生活しえたか、いまから思えば不思議にさえ思われるのである。

このふた間の平均的住居は、それでも一五坪から一八坪ていどの床面積をもっていたが、しかし、戦災復興の信じ難いほどの悪条件のなかで、「国民住宅」に強いられた面積は、極限的であった。

一九四六年五月二〇日には、臨時建築制限令が公布され、不要不急の建築は禁止されるとともに、住宅は一五坪(四九・五平米)に制限され、翌四七年二月一六日に施行されることになった。施行段階で、住宅の規模は一八坪(五九・四平米)にまで緩和されたが、建設資材もなく、打ち続くインフレと新円切替のなかで資金の調達も容易ではなかった。全国で三〇〇万戸に達するといわれた住宅不足は、だから、急場をしのぐバラック建てにならざるをえなかったのである。ふた間の戦前型の住宅よりも、ひと廻りもふた廻りも小さいバラックを、「寝食分離」「就寝分離」「家事労働の軽減」の原則にしたがって、専用の小部屋に分割していく。六帖の居間、三帖の寝室、二帖の子供部屋という具合である。この時点では、今日のような核家族化の完成はなされていないから当然家族数も多い。だから、面積の絶対的な不足はなおさら重大であった。

しかし、それにもかかわらず、復刊されたばかりの建築専門誌を通じて、また一般誌や公共団体によって、新生活像、「国民住宅」像の模索は、執拗に続けられたのである。「一二坪木造国民住宅」「家事労働の削減を主体とする新住宅」「育児を主たるテーマとする一五坪木造住宅」などの懸賞設計《コンペティション》が、ますます盛んにおこなわれていった。それは、たとえば復刊されたばかりの建築誌に即していえば、この当時、まだ誌面を飾るに足る新建築が建てられていたはずもないし、せめて懸賞設計でも、ジャーナリズム自身が企画せざるをえなかったのであろうが、ここに抽出しうる特色は、要するに、ほとんど紙のうえだけで、実作なしで、国民住宅像は措定されていった、ということであろうか。

現実の問題として、三帖の洋間の寝室にはどうしても寝がたいし、それをあえて試みる余裕がある建主がいるはずもなかった。「国民住宅」は、だからバラックでありつづけたし、その間取りも戦前型から大きく脱するものではなかった。ただ茶の間のチャブ台の上には「リーダーズ・ダイジェスト」が置かれ、焼け残ったラジオからは、ブギウギが流れだしたのである。

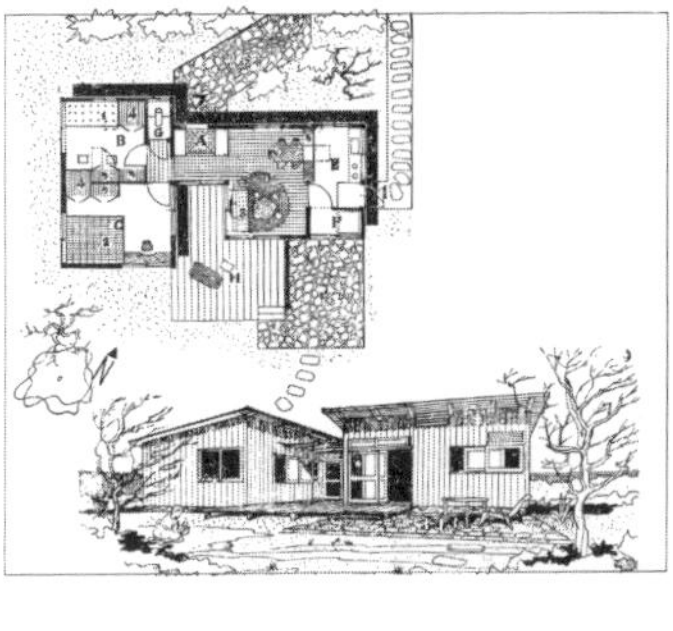

十二坪木造住宅コンペ　佳作一席
高田秀三

ユニバーサルスペース

あの一九四九年、それは、ただ政治の変節の季節であったばかりではなかった。日本の住居をめぐって、ここでもまた、たいへんな変節の渦巻きは動き始めていた。この年の夏、アメリカの建築家フィリップ・ジョンソンの建てた自邸が、建築誌をにぎわしていたのである。ジョンソンは、当時、若手建築家としてようやく名を知られだしていたが、すでにニューヨーク近代美術館の建築・都市・デザイン部門のディレクターとして知られ、大富豪の御曹子として、その趣味と教養の確かさとエピキュリアンぶりは、定評あるところであった。ジョンソンは、ナチを逃れてアメリカに渡った世界的建築家ミース・ファン・デァ・ローエに深く心酔して師とあおぎ、また心からのパートナーであった。

じつは、ジョンソンの自邸はその名も「ガラスの家」、四壁をガラスだけで構成した、内部に間仕切のないワン・ルーム(一室)住居なのであって、もともと、師ミースのパートナーであっただけに、ミースが四年前から設計を始め、設計に三年、普請に二年を費やしつつあった住宅、シカゴ郊外の「ファンスワース邸」のある種のコピー、その影響をあまりにも強く受けた建築だったのである。師ミースが、基本的なデザイン・ポリシーを決めた後も、想を練り、細部に執着して、経過した五年のあいだに、はるかに遅れて出発したジョンソンの自邸は建ちあがってしまっていた。翌年の春、ミース・ファン・デァ・ローエの「ファンスワー

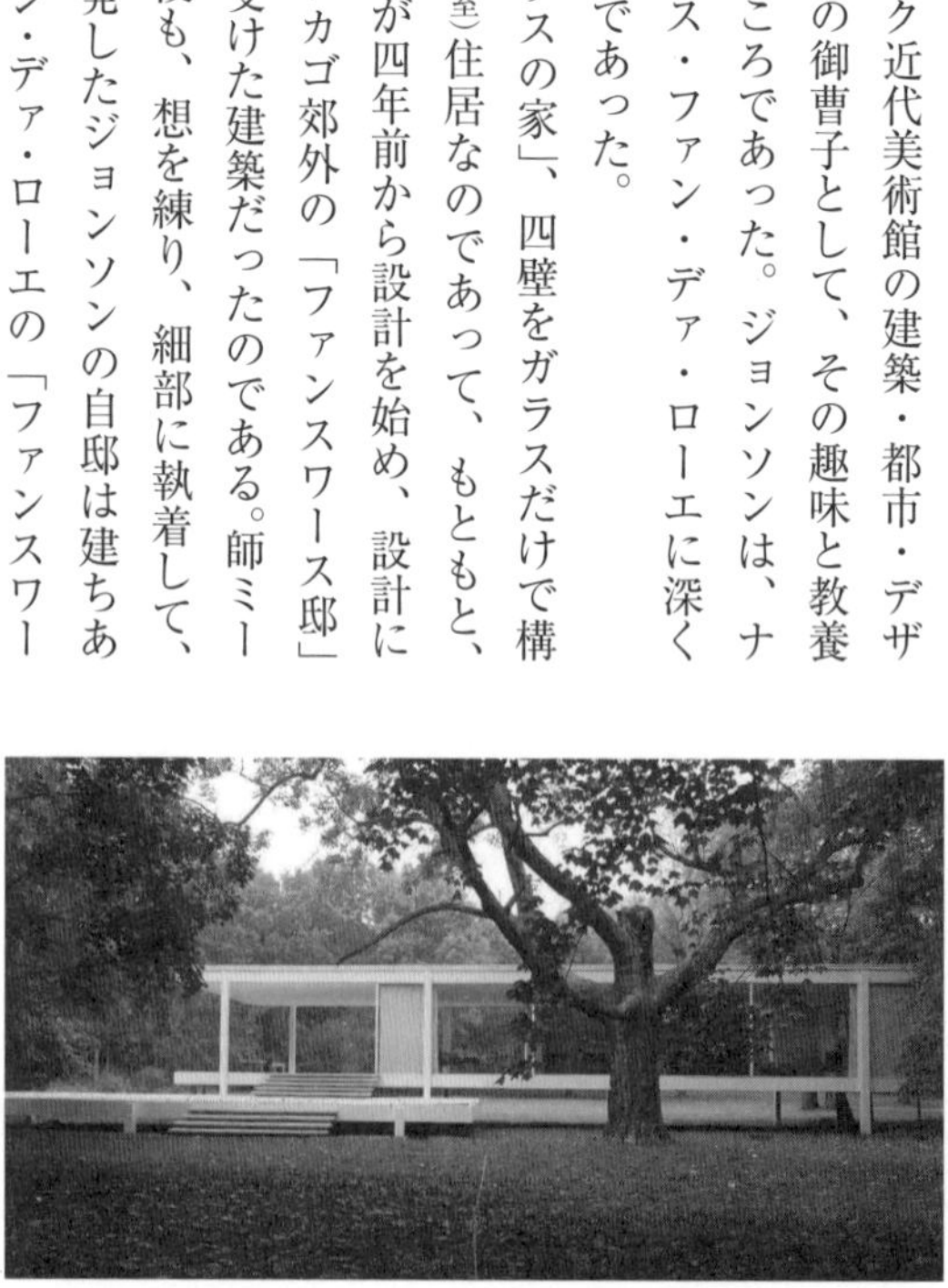

ミース・v・d・ローエ　ファンスワース邸　外観　一九五〇

ス邸」は竣工し、発表され、さすがに深刻なセンセーションを、ほとんど世界的規模でまきおこしたのである。

ミースは、一九四三年にアメリカに渡り、シカゴのイリノイ工科大学（IIT）を中心に活動を開始し、IITのキャンパス計画や校舎建設をはじめ、シカゴ市内のプロモントリ・アパートメントや郊外住宅などをすでに完成していた。ミースはドイツ時代から萌芽をみせていた彼独自の空間の構成手法を、ここで一気に開花させた。おそらく一九四七年ごろから、それを、彼は「ユニバーサル・スペイス」と呼びはじめていた。

「ユニバーサル・スペイス」とは、建築と機能とが、どう対応すべきか、というほとんど永遠の課題ともいえる大問題に、彼自身が下した、明確な方法論であった。すでに、合理主義思想の導入と近代化の問題について少し触れたが、建築の場合、いわゆる機能主義、つまり〈Form follows function ＝形は機能にしたがう〉という心情的確信こそ、近代建築、あるいは近代主義建築のまごうかたなき骨格であった。住宅とか教会とか事務所とか図書館とか、そういうらしさという不確定な主観的な様相によって建築をつくろうというのではなく、もっと計測可能な確定的要素、すなわち機能によって、形をきめよう、建築をつくろう、という思潮であった。住宅でも教会でも事務所でも、便所は便所であって、その機能が便所の形をきめてしまうとすれば、どこでも同じようでなければならない、たとえ

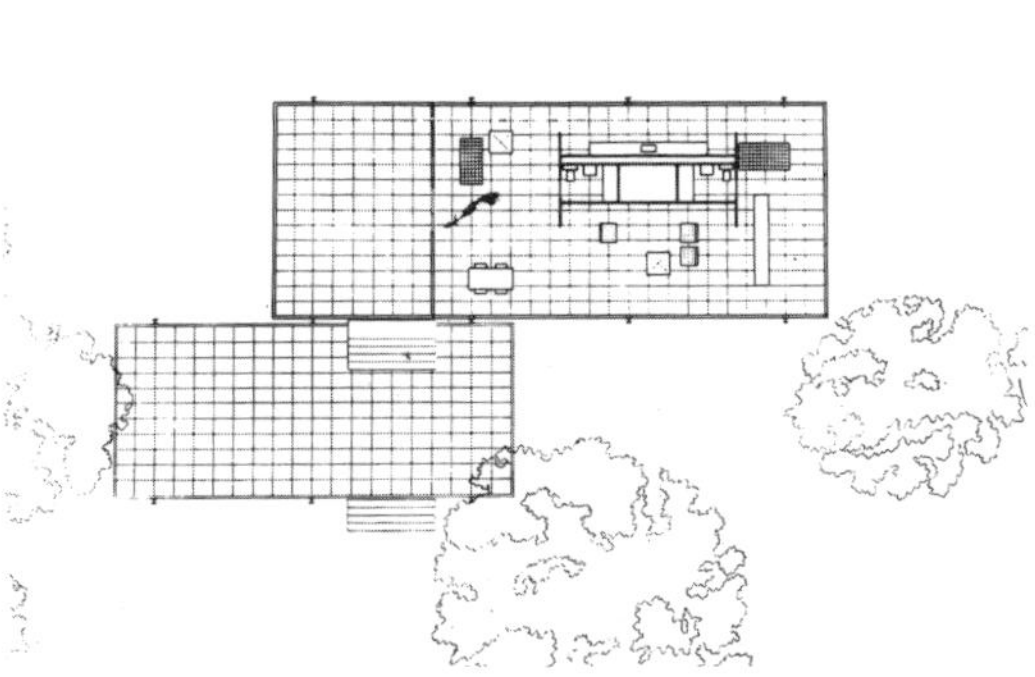
ミース・v・d・ローエ　ファンスワース邸　プラン

ばそう考えるのである。

その結果、住宅は、団欒するという機能によってきめられた居間、就寝するという機能によってきめられた寝室、排泄するという機能によってきめられた便所、などなどをそれぞれ分節的に集合させることによって、つくりあげることができる。

これが一九五〇年代までの近代建築の基本的な主張であった。「寝食の分離」「就寝の分離」「家事労働の軽減」などをうたい、居間や寝室や個室を、それぞれ別室に機能的に確立することをうたった戦後住宅像は、だから、たんに生活近代化であったばかりではなく、機能主義的近代建築の主張にピタッと沿うものであった。その主張者たちが、家政学や家族論の専門家ではなく、建築の専門家たちであったことからも、それはよく分かるのである。つまり、戦後住宅像模索の運動は、「新生活運動」であるというよりむしろ近代建築運動の色彩が濃厚であった。

さて、ミース・ファン・デァ・ローエの主張する「ユニバーサル・スペイス」は、建築における形と機能との関連をめぐる、機能主義的近代建築の主張を、実に根本的に覆すものだったのである。ミースは、機能が形をきめるのではなく、機能を超越した空間——形を内部から見ると空間である——すなわち「ユニバーサル・スペイス」をつくろうというのである。ユニバーサル・スペイス、まさに普遍的空間なのである。それは、雨天体操場のようなもの、広く高くガラッとした空間であると考えてもいい。その下で、いかなる機能をも想定しうる。団欒も、就寝も、排泄も――、たしかに便所には高い天井はいらないかもしれない、無駄であるようにも見える。しかし、それがほんとうに普遍性をもった空間（建築）であるとすれば、その大量生産の効果の方が、便所に高い天井という小さな無駄よりも、より有効である。つまり合理主義なのである。住宅のみならず、学校にも、図書館にでも、事務所にでも、何にでも転用を考えられる。なにしろ、その下に、あらゆる機能が想定されているのがユニバーサル・スペイスなのである。転用のみならず、家族数の変化とか、使い方の変化にも、これならば完璧に対応しうるのである。この場合、ガランとした体育館のようなそこを、可動の間仕切《パーティション》で仕切って、ここは居間、あそこは寝室、というように使えばいい。転用にも、変化にも、ただ間仕切を動かしたり、間仕切をふやしたりすればいい。

ミースはこう主張したのである。

じっさい、「ファンスワース邸」は、あたかも、「ユニバーサル・スペイス」の見本のように、あるいはその発想の展示場のように人々にうけとられ、世界中の建築家は色めきだったのである。たしかに、「ファンスワース邸」は、その美しさだけでも、あまりにも新鮮であった。それは、一九五〇年の春であった。

住宅の変節

こうした情勢を、世界中でもっとも正確に把握していたのが丹下健三であった。

丹下健三、当時三七才、東京大学工学部建築学科助教授――。一九三八年東京帝大を卒業、前川国男建築設計事務所から東大に戻り、戦時下の日・タイ文化会館、大東亜建設記念造営などの懸賞設計につぎつぎに当選、戦後、広島ピースセンターを始めとする広範な設計活動をくり広げようとする矢先だった。丹下は、あの「形は機能にしたがう」というテーマに随伴するもうひとつのテーゼ「機能的なものは美しい」をあえてとりあげ、それを、「美しいもののみ機能的である」といい換えたのである。これは、機能性と美とは第一義的な関連がないという宣言である。そしてすぐに始まったいわゆる伝統論争のなかで、日本の建築の伝統を、「空間の無限定性」のなかに求めようとする。

そもそも伝統論争とは、朝鮮動乱の軍需景気を背景にして、戦前から名をなしていた大建築家たちが、ふたたび屋根に瓦が載り、桧の柱に障子のはまった邸宅をつくりはじめたことに起因する論争であった。それを「逆コース」だととらえ、論争をいどんだのが、ほかならぬ浜口隆一であり池辺陽であって、つまり民主的な「国民住宅」の推進者たちであった。この論争の舞台廻しは、当時「新建築」誌の編集長だった川添登によってなされ、この論争をほとんどしめくくるかのような、両派の主張をあたかも止揚するかのような丹下の立場は、ここに、鮮明に

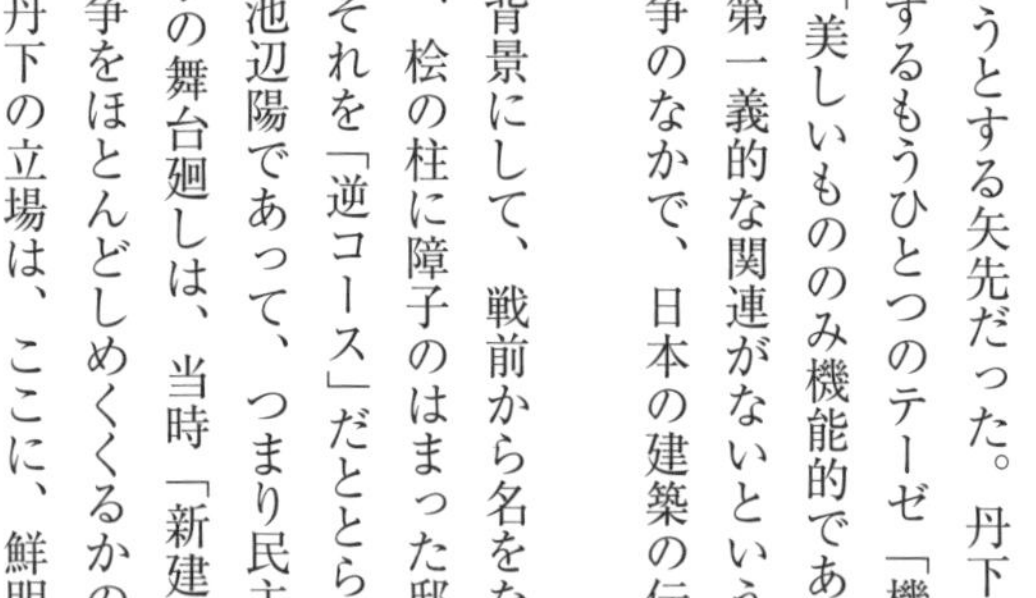
丹下健三　自邸　正面外観
写真＝平山忠治

打ち出されたのである。それは、文化の伝統に代表されるナショナリティや広義の地域性を「逆コース」、後向きとしてとらえるのではなく、あくまでも前向きにとらえ、現代(もちろん当時の)における創造の拠りどころにしようという立場の表明いがいの何ものでもなかった。

「空間の無限定性」を日本の伝統だとするとは、次のような意味をもつのである。まず、西欧の建築は多く石造りであって部屋部屋の区別がはっきりとし、近代以後は、とくに用途によって部屋が呼ばれ、かつ意識されているが、それに反して、日本の伝統の空間では用途より一〇帖の間とか八帖の間とかの広さで呼ばれ、それも、襖や障子などの可動の間仕切りで仕切られているから、広ささえ一定ではない。時と場合で自在の広さになり、自在に使える。つまり、空間と機能とが互いに限定しあうことはない。これが日本の空間の伝統であると意識すれば、これは、まったくミース・ファン・デァ・ローエのいう「ユニバーサル・スペイス」と瓜ふたつ、区別がつかないどころか、まったく同じものだと、思おうとすれば思える。

丹下の意図は実はそこにあった。

面積の絶対量の不足から、なんともゆきづまってきた民主的国民住宅、その国民住宅が眼のかたきにしてきた日本の伝統住宅、それを、まるで違う視点から、丹下は評価しなおしたのである。もちろん、丹下の意図は住宅だけにあったので

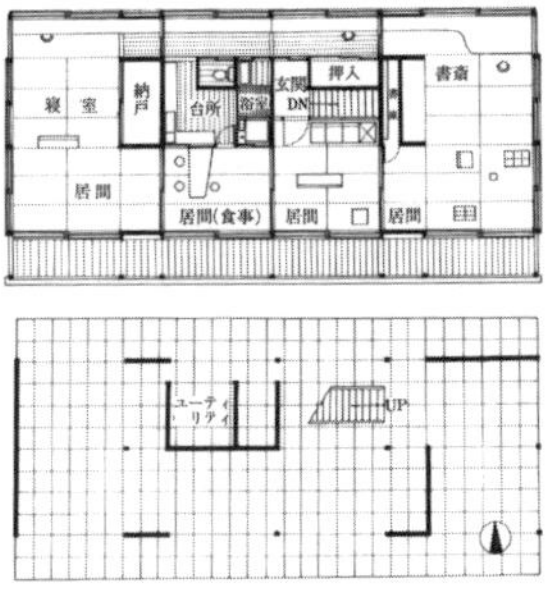

丹下健三　自邸　プラン
上：二階平面
下：一階平面

はない。「ユニバーサル・スペイス」という、その後の建築の進路を決定づけた方法論を先取りし、しかも、戦争に敗けた後進国の地方性まるだしの方法によって、それが推進しうることを、はっきりと見て取ったのである。あるいは、「ユニバーサル・スペイス」に関するかぎり日本の方が先進国だと看破しえたのである。こうして、「ファンスワース邸」の後を追って、それをニラミすえながら、丹下はその自邸を一九五三年に完成させる。

「ファンスワース邸」を乗り超えること、おそらく、それだけが丹下がその自邸に意図したことのすべてであった。その意図は、「ユニバーサル・スペイス」を、「ファンスワース邸」以上に、徹底させることによってのみ達成されることを、丹下は知りつくしていた。「ファンスワース邸」の最大の欠陥は、「ユニバーサル・スペイス」が間取り《プラン》の上で完全に成立していないことにある。それは、テラスのあり方と入口ドアの位置関係に起因している。プランを見て欲しい。いくら「ユニバーサル・スペイス」とはいっても、入口ドアを開けたところに寝るわけにはいかない。あの辺が居間にならざるをえない。また、ベッドも図面の位置にしか置くことができない。したがって、「ファンスワース邸」の空間は均質ではなく、その下であらゆる機能を満たしうるはずの「ユニバーサル・スペイス」は成立しないのである。そこで、丹下は主階をピロティ(高床)で持ちあげる方法を採用する。そして、便所や浴室や台所などの配管の集まる諸室を集めた「コア」のなかに、階段を登ってアクセスする。こうすれば、コア以外の部分は均質になり、どうにでも使える。

つまり、「ユニバーサル・スペイス」は確立する。

ついに、丹下はミースに勝ったのだ。そのピロティは、フランスの建築家ル・コルビュジエが長年にわたって主張しつづけてきた近代都市における建築のあり方としてミースにさらに一歩をさきんじ、同時にそのプロポーションは、桂離宮のあの高床を築山とともに彷彿させて、様式としても、日本の伝統を示している。見事だ、といえる。あれほど洗練されて、五年の歳月を費やし完成しつくされたかにみえた「ファンスワース邸」の「ユニバーサル・スペイス」は、その根底をつらぬく合理主義の衣、インターナショナリズムの衣をまとっては、決して完成されなかったのである。それに続く時代のなかで、その周辺の地域性の衣のなかで、それは完成されることになったのだが、しかし、丹下健三のこの自邸は、丹下の以後二〇年余にわたって継続される膨大な仕事のなかのほんの端緒にすぎなかったし、同時に、日本の保守安定政権下におしすすめられたいわゆる高度成長の原理、つまり後進性をこそ先進性であるといい換えてきた、まさに原理的端緒であるにすぎなかった。

2　2DKの意味

ワンルーム住居の系譜

民主主義的「国民住宅」の特色を、ふた間が標準であったそれ以前の日本の住居と比較するとき、狭いにしても部屋数だけはたくさんある、いわば多室性とでもいった性格は、際立ったものとならざるを得ない。

「寝食の分離」や「就寝の分離」を、壁で仕切って部屋数を増やすことによって達成しようとすることは、当然面積の拡大をもたらす経済の成長なり所得の上昇なりが先行していないと、ありえないのである。つまり、生活や住宅の近代化を達成しにくい。空襲によって主要生産施設の三四パーセントまでを破壊しつくされ、三〇〇万戸の住宅を焼きはらわれ、壊滅的な経済状況のなかで、その多室性をもって、住宅の近代化を図ろうとするのは、原理的に無理だったのである。ここに、ほとんど窮余の一策のように、あたかも登場してきたのが一室住居(ワン・ルーム住居)であった。戦前型のあのふた間ではなく、あえてひと間にすることが、なぜ窮余の一策になるかは多くを語るまでもない。一二坪の極限的な住宅でも、一室にして間仕切りを一切つけなければ、二四帖ものゆったりとした大部屋がとれる。便所や浴室を壁で囲んだとしても、まだ、二〇帖にはなる。あの「ファンスワース邸」のように、タンスや棚を目隠しにしてベッドを配置したりすれば、ある程度のプライバシーを確保しうるし、だいいち狭さを感じさせないですむ。つまり、一室住居への指向とは、「ユニバーサル・スペイス」への指向とあくまでも通底しているのである。したがって、襖や障子などの可動の仕切りをたてて、必要に応じて部屋を仕切ることもできる。

民主主義的国民住宅とはそもそも、多室住宅であって、その必然として様式的にも国際的（実は洋風）である。しかし、一室住居の場合、襖や障子の登場におよんで、様式的にも伝統的つまり和風に近づく。この整合的な関連は、是非とも指摘されなければならない。ここでいう洋風とか和風とかは、たんに、タタミ敷きか板張かという問題ではないのだ。部屋全体の感じが、なんとなく伝統的習慣的な感覚のなかにあるという程度の意味の和風でしかない。具体的には、たとえ板張の床でも、窓にはカーテンのかわりに障子がはいっているとか、壁の材料は伝統的なものが使われているとか、その程度の意味にしかすぎない。裏返していえば、タタミ座の一室住居というのは決してありえないのである。

もちろん作って作れないということではない。しかし、タタミ座ならば寝具はフトンである。そうなれば、戦前型のふた間の住宅に一気に逆戻りすることになる。ベッドだからこそ、寝る部屋ならぬ寝る場所が確保される。そうなのである。

だから、一室住居はイス座であることを、言外の前提としてなりたっている。しかしそれにもかかわらず、和風のたたずまいに見えたのである。この微妙さこそ一室住居の本懐であった。したがって、一室住居を推進した建築家たちは、微妙な平衡感覚の所有者たちであった。たとえば清家清と生田勉というふたりの建築家を、とくにあげることができる。

たとえば、清家清の代表的な一室住居である「宮城音弥教授の家」は、一九五二年の住宅には珍しく、三〇坪をほんの少し上廻る大規模な家であるが、完全に囲われているのは子供部屋とバス・ルームだけ、両親のベッドは、むしろ居間の中に置かれているという間取りである。翌年の「斉藤助教授の家」でも、壁に囲われているのは老人室だけ、両親の寝室は実質三帖半ほどの日本間で、部屋の三面は襖か障子にかこまれ、それを開け放てば、ほとんど完全なワン・ルームになってしまう。はるかに後で子供部屋が別棟に増築されたが、それまでは、おそらく親と子の就寝の分離はなされていなかったのであろう。その翌々年の清家の自邸では、その一室住居の様相はさらに徹底されたものとなって、バス・ルームにさえも扉がなくなった。ちなみに、面積は一五坪(四九平米)ほどしかない。

同様に生田勉も、ワン・ルームをつくりたいといい、まだその機会に恵まれないといいながらも、たとえば「亀甲の家」(一九五八年)では、一見小部屋の集積のように見えても、一階・中二階・二階と三層にわたる、タテに伸びたワン・ルー

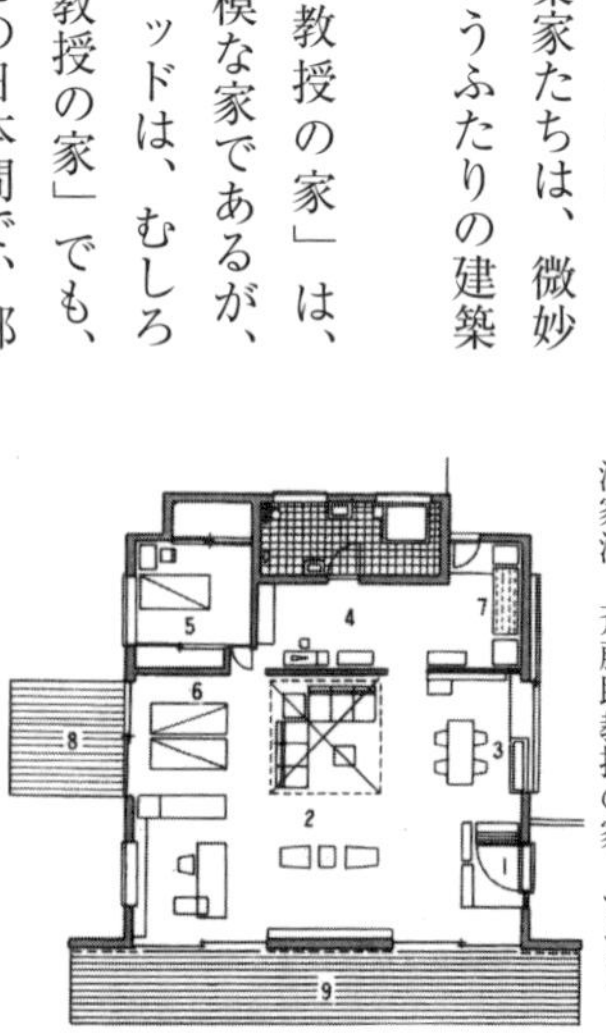

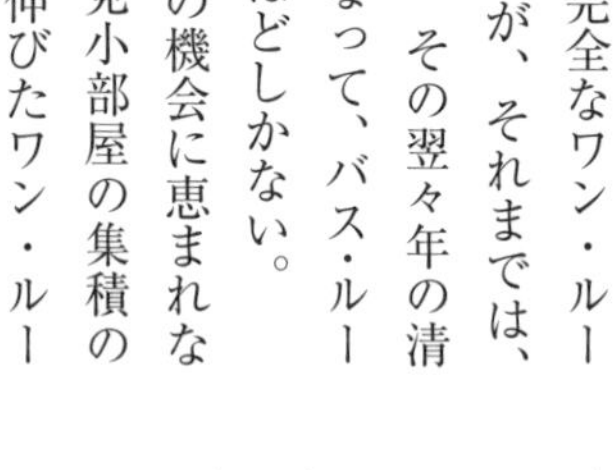

右から
清家清　宮城音弥教授の家　プラン
清家清　斉藤助教授の家　プラン

右：　1：玄関、2：居間、3：台所、4：仕事室、5：子供室、6：寝室、7：予備寝室、8：西の簀子、9：南の簀子

ムが構成されていることは明白なのである。ここでは、ふたりの建築家をあげるにとどめるが、一九五〇年の日本の住宅は、ワン・ルームの、あるいは亜ワン・ルームの、まさに盛期であった。それは、面積の足りなさから必然的にみちびき出される方法ではあるが、しかし、そこには新しい家族や、新しい生活像が想定されないわけにはいかない。殿方立入禁止の台所とか、壮大な応接室とかとは無縁のものだ。だが、民主化も度がすぎてはいけない。度がすぎると、個人と個室が権力を持ちだす。

一室住居は、まさに、実に微妙な平衡感覚のうえになりたっていたし、文学者にたとえれば堀辰雄のような、画家にたとえればポール・クレーのような建築家が、あたかも清家であり生田であった。民主主義の住宅像を声高に主張することもなく、一切抽象論は吐かない。どちらかに徹すると、この日本的な一室住居はありえないのだ。一切を住み手と敷地条件が律する特殊解とする。「寝食分離」うんぬんというはっきりした一般論は口に出さない。したがって、建築家が住居に対して社会的な立場から発言して、その間取り《プラン》のなかに表現する、という主体的な立場は、ここでは薄れてゆく。こうして、建築家の関心が造形的なものだけに限定される傾向は時と共につのっていった。

清家清　自邸　プラン・外観

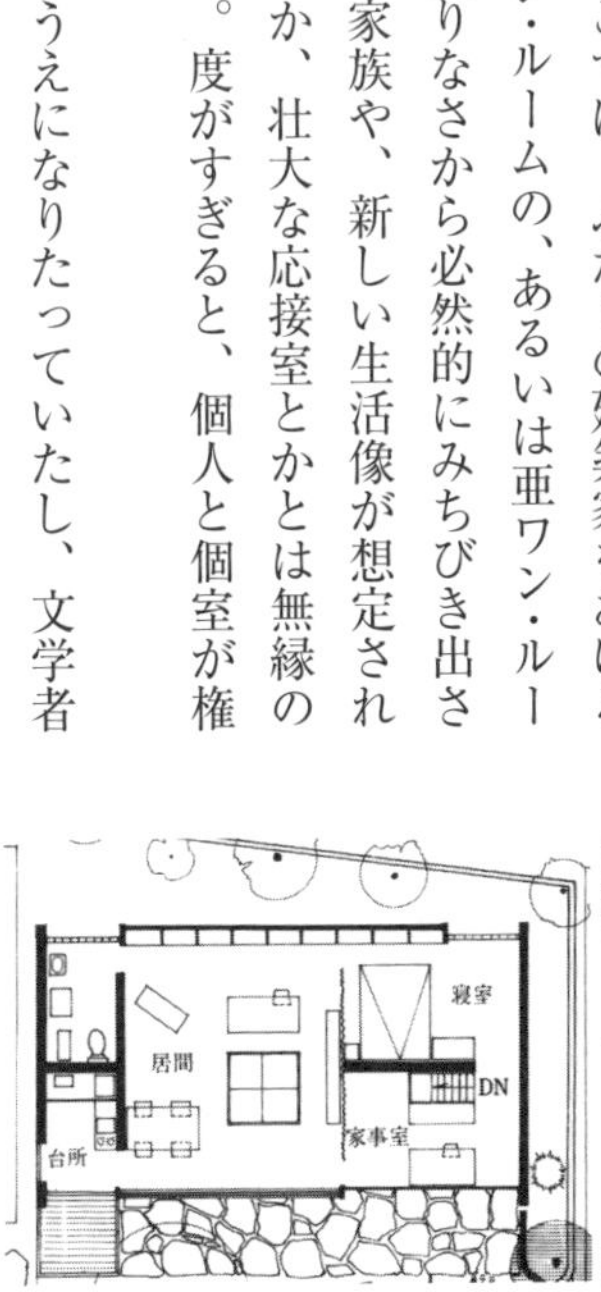

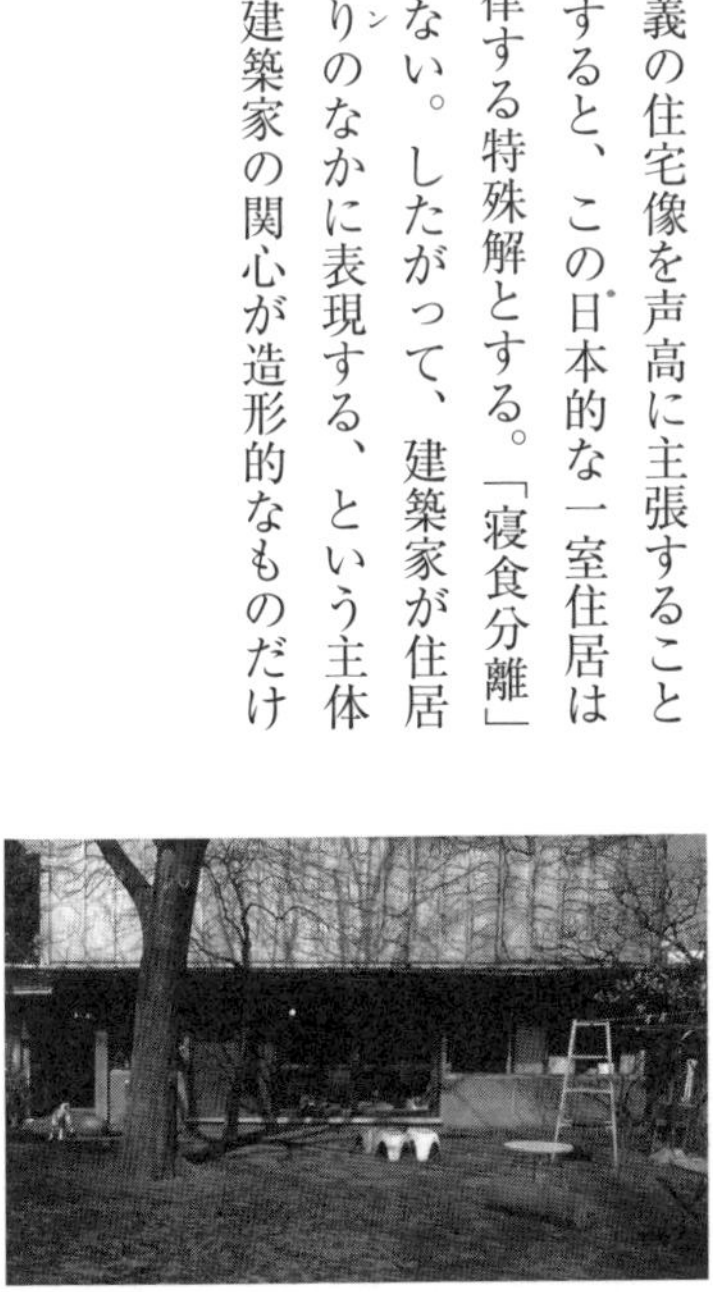

一般解としてのL＋nB

朝鮮戦争の軍需景気を背景として、日本経済が本格的な立ち直りをみせたのは一九五〇年代の後半であった。五六年(昭和三一年)、経済白書が「もはや戦後ではない」といい放ったころ、八田利也なる人物が「小住宅ばんざい」と題された論評を書いた。

八田は、まずいわゆる建築家が、ある種の社会的な問題の拡がりのなかで、小住宅に関心を示し始めたのが昭和一五年ごろであって、この時期に、西山夘三の「都市住宅の建築学的研究」、市浦健の「住宅の平面計画」などの画期的な基礎研究がすでになされたことを指摘する。ただその成果は戦争に妨げられて現実の住宅のなかに応用されることはなかったが、戦後、民主主義的家庭像の模索と「国民住宅」像の措定のなかに、ほとんどそっくり適用されたばかりか、敗戦による諸社会的条件の変化がそれを支えたと分析する。そして、終戦直後では焼跡の戦災復興住宅が主流だったが、一応の焼跡整理の終わった一九五〇年ごろから、郊外への激しいスプロールが始まり、あたり一面は小住宅で埋めつくされていった、と。

たとえば東京都は、昭和三〇年には人口八〇〇万に達し、それも中心部では戦前の人口にもどっていないにもかかわらず、大田、目黒、世田谷、杉並、中野、練馬、板橋、足立、葛飾、江戸川各区の周辺区部、さらに三多摩の市部では軒並みに人口が激増している。それは電鉄資本による組織的な宅地開発のになうものばかりではなく、住宅金融公庫や住宅公団によっても、また東京の場合、都営住宅によってさえ、アーバン・スプロールはうながされることになった。ちなみに、都営住宅は一九四六年まではすべて旧市内に建てられていたが、五三年には、ついにその六〇パーセントが市部や郡部で占められるようになった。

こうした勢いのなかでは、当然のように、地価の急激な上昇を招き、その結果として、いくら経済が立ち直っても、それをうわまわって地価が上昇する以上、決して小住宅から中住宅への展開がありえないことを、八田は具体的に指摘する。つまり、戦後の住宅像として小住宅は一般化し、普及せざるをえないというのである。

一方、その住み手の多様化、つまり持家層の信じられないほどの拡大もまた重要な要素である。戦前では、むしろ貸家住まいが一般の庶民的生活像であり、退職金をもらったり、小金をためたりしたプチブルは、家作を持つ、つまり貸家や貸間を経営する、という需給関係が確立していたが、敗戦という激動を境に、持家が、むしろ一般的になってきた。日本電建とか殖産住宅とかの住宅月掛供給制度が、このころいよいよ大発展をとげ、また『朗』(現『ニュー・ハウス』誌の前身)『モダン・リビング』『暮しの手帖』などの住宅誌がその夢をあおりたて、その結果として、信じられぬほど小住宅の持家層の拡大をうながしたのである。それを住み手の多様化として、また生活の均質化として、つまり小住宅的生活様式の普遍化として、八田は、明確に看破したのである。

いわく、「小住宅ばんざい」――なのだと。

小住宅とは、ほんの少し前の民主主義的「国民住宅」そのものであるし、すでに述べたように、実像がなかった「国民住宅」に対して、「一室住居」が実像を与えたことはいうまでもなかった。比較的ギスギスしたことばが「国民住宅」であるとすれば、「一室住居」的変節までを含んで実像のある現実的なことばが「小住宅」であった。

住宅が普及したということは、生活が普及したということである。それは家庭像と家族像の普及以外の何ものでもない。この場合、普及というより、普遍ということばの方が、はるかに適切である。それほどに普遍的になったのである。

そうした一切の結果として、住宅の間取り《プラン》がどうなったのかを、八田はまた明快にいってのけた。

「なんだかんだと小住宅設計家たちはいうけれど、われわれが具体的に見せて頂いているプランは、複雑そうに見えるが実に単純な要素しかもっていない。図式的にかけば、L+B×nである。Lはリヴィングルーム、Bはベッドルーム、nはベッドルームの数。」数学の公式のようにL+B×nつまりL+nBとして、あらゆる住宅が類型化されてしまったのである。「寝食の分離」「就寝の分離」「家事労働の軽減」というあの三つのテーゼは、この短い記号L＋nBというただそれだけのなかに、見事に過不足なく盛りこまれているのである。

八田は、これを小住宅、日本の戦後の小住宅の特徴としてとらえたが、しかし、実はただそれだけではなかった。L＋nBという住宅の一般解は（nに具体的な数字が入ることによって、現実の特定の住宅つまり特殊解になる）実は、少なくとも西ヨーロッパとアメリカにおいてごく普通に見られる、一般的な住宅の一般解そのものなのである。あるいは、近代という時代をむかえた地域に共通する住宅の間取り《プラン》の一般解だったのである。こうした拡がりのなかで、住宅像と生活像とを見つめていくと、近代住宅でも近代建築でもなく、「近代住居」といういい方は、あたかも可能である。その「近代住居」の、まさに一般解こそがL＋nBだった。

2DKという定型

日本住宅公団が設立されたのは、戦後一〇年たった一九五五年だった。

政府は、一九四八年に建設省設置法を公布して、終戦直後に旧内務省から分離してできた戦災復興院をさらに増強した。一九五〇年には建築基準法と建築士法とを制定して建築や住居の確保につとめ、また翌五一年には公営住宅法を制定して、都道府県や市町村などの地方公共団体を事業主体とした公営住宅によって、立ち遅れた住宅復興につとめた。

すでに公営住宅法以前にも、東京都は、戦後はじめての鉄筋コンクリートのアパート、四階建て二棟四八戸を高輪に建設していたし、翌四九年には、戸山ヶ原に一四棟を、また進駐軍の払下げ資材を集めて、一〇五二戸の戸山ハイツをつくりあげた。この時期に、あえて鉄筋コンクリート造を選び、都市不燃化と高密度収容を意図した東京都の英断と意欲は高く評価されるものではあっても、一地方公共団体が、その行政区画の範囲内だけで解決できるほど住宅復興はなまやさしい問題ではなかった。

国が、もっと直接的に住宅復興に乗りださなければならないことは明らかであった。

戦前には、関東大震災の復興を目的として、財団法人同潤会が組織されていた。はじめは内務省の外郭団体だったが、後に独立した組織となり、今日に残る立派な鉄筋アパート群をはじめとする、多大の都市型住宅の供給などにつとめた団体である。戦時下、一九四一年には、挙国一致体制のもとに住宅営団に改組され、戦後は戦災復興院に吸収されていたその組織だが、鳩山内閣の住宅復興への切札として、やっと一九五五年に、それを母体にした日本住宅公団は独立設置されたのである。

初年度二万戸という、当時では画期的な建設は開始され、以後、用地の取得難

日本住宅公団 プラン

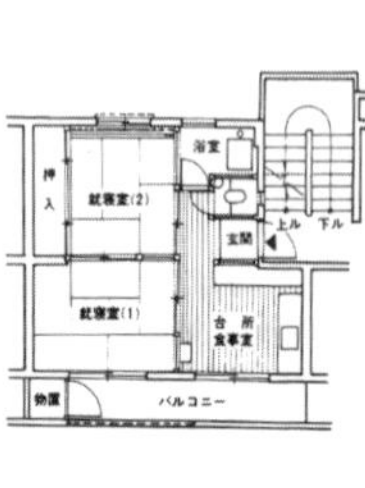

前期 2DK

後期 2DK

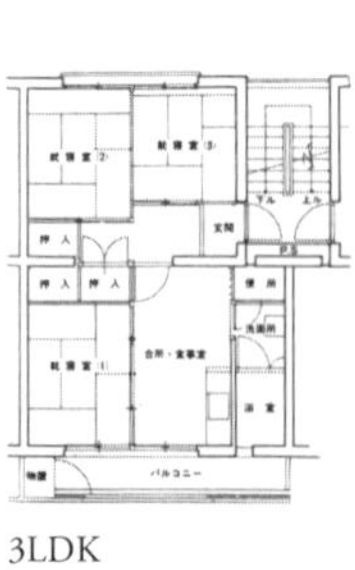

3LDK

から公共住宅供給のポリシー変更を余儀なくされる昭和四八年度まで、首都圏、近畿圏、中京圏、北九州、札幌の五区にわたって、一二〇万戸の公団住宅が供給されることになった。

地方公共団体による公営住宅は、社会福祉としての性格をもつ施策住宅であるが、公団は、福祉としての性格はほとんどなく、もっぱら中流ないしはサラリーマンを対象とするものであって、発足当時、その住宅像の措定をめぐってのいくつかの英断は、日本人の生活意識をおおきく変革するものであった。

措定されたその性格とは、もちろん耐火耐久の建築であることはいうまでもないが、当然その面積も公営住宅より大きい。早川正夫によれば、それは、第一にダイニング・キッチン方式の導入によるイス座の普及であり、第二に全戸浴室付きの採用、第三に入口ドアのシリンダー錠の取付けであったという。

ダイニング・キッチンが導入されても、ほかの部屋は畳じきだったが、それも「床の間」のついた日本間ではなく、可動間仕切りとしての襖ともども使い方や家族数へのフレキシビリティを向上させた、いわば一室住居ふうの構成であり、また、戦前の同潤会ですら浴室付きは少なく、まして戦後は浴室付きのアパートは一九五〇年にならなければ出現しなかったという。また早川によれば、「開放的な住居に馴れた日本人に、一枚のドアが外部と私生活を隔絶するアパート生活の意味を教えるために、安全な戸締りということは不可欠の構造条件といえる。

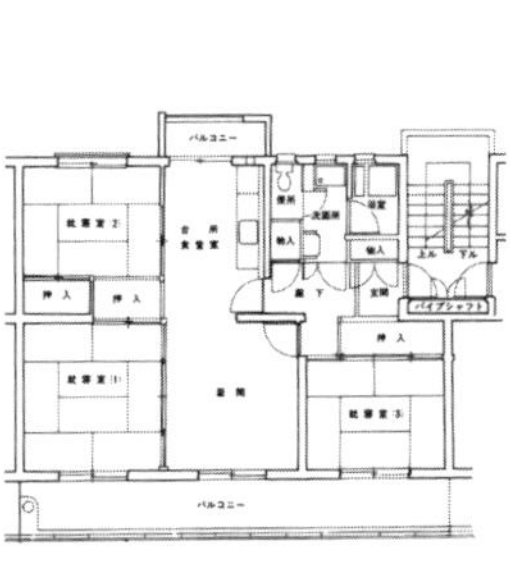

3LDK

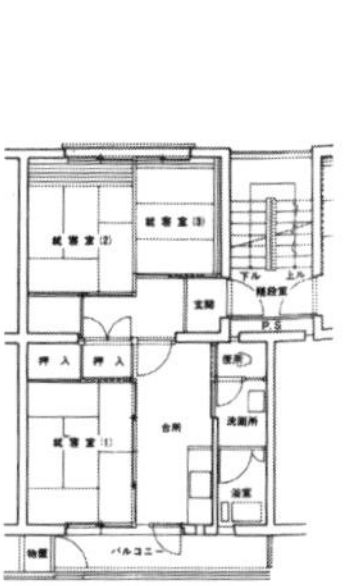

3K

そのために最も確実なシリンダー錠採用を、量産によるコストダウンをはかってふみきったのであるが、やがて『鍵っ子』という流行語が生まれるように、日本人の住生活に一種の革命をもたらす一因となった」[1]というのである。三坪にみたないダイニング・キッチンをなんとか有効にまた意図通りに使ってもらうために、きわめて高価だったステンレスの流し台を、やはり量産によってコストダウンさせ、また換気扇や吊戸棚などのオプショナル・パーツ（ＫＪ部品）の開発をすすめて市場に流通させたのも住宅公団だった。

　こうして、２ＤＫは、急速にしかも着実に日本に定着した。設立の初年度は、２ＤＫばかり二万戸つくりつづけた公団だったが、二年目からは３Ｋ、１ＤＫ、ついで３ＤＫ、４ＤＫ、３ＬＤＫなどのバラエティも増え、戸当たり面積も少しずつ増加してゆく。早川も指摘する通り、じっさい公団の間取り《プラン》の一大特色はダイニング・キッチン方式の導入にあったのだが、こうして間取り《プラン》のバラエティが増えることによって、寝室の数を数字であらわし、それプラスＤＫ、つまりなんとかＤＫとして、公団の間取り全般を呼びあらわすことはきわめて自然となった。

　公団ばかりではなく、その影響をうけた数知れぬ一般住宅もまたその例外ではなかった。じっさい、ダイニング・キッチン方式と和室との組みあわせは巧妙だったのである。その時点で、せいいっぱい進歩的であったし、一応の「寝食の分離」と「就寝の分離」とを達成し、しかも四帖半＋六帖＋ＤＫで一三坪から出発した

1　早川正夫「公団住宅の使命」『住宅近代史』雄山閣、太田博太郎

2DKの狭さのなかで、なんとか生活を可能にしたのは、襖によるDKと六帖との連絡であり、またあげおろしのできるフトンを寝具に使う前提であった。つまるところ和室の採用なのである。四帖半は子供部屋として独立したものとみなし、六帖は両親の寝室にするように出来ているが、フトンのあげてある昼間は、DKと六帖は一体化した居間《リヴィング・ルーム》となり、夜、就眠の時間になると襖は閉じられ、しかもその後のだれでもが入れるスペースとしてDKだけは維持されるという訳なのである。

じっさい、これは、日本の住宅事情の悪さと貧しさのなかから、かろうじてひねり出された近代の生活であった。L+nBといういい方は多分に西欧的である。L+nBにこだわるかぎり、まさか一三坪でそれを実現できるはずはなかった。2DKあるいは3DKという、つまりnDKという公団型間取り《プラン》は、だから、日本の貧しい土壌のなかで信じられない普及ぶりをみせた。それは、まさにL+nBの日本版であり、ここ日本では、L+nBとnDKとは、まったく同一のもの、具体的なある家をとりあげれば、L+nBとnDKとの両方のnには、ともに同じ数字がはいるところのものであった。

公団が、主流の2DKを3Kに移して居間《リヴィング・ルーム》の確保につとめ、さらにイス座を拡大した2LDKと3LDKにその主流を移したのは、実に昭和四〇年代もなかばであった。

こうして、日本にも、やっと居間《リヴィング・ルーム》は普及し定着する。その定着の姿は、あくまでもＤＫの拡大としてのリヴィング・ルームではあったが、とにかく、本来別の意味をもって使われていた「居間」ということばが、明らかにリヴィング・ルーム（の日本的変形）を示すことばとして換骨奪胎されたとき、日本に、あきらかに近代住居が成立したのであった。

あの定期預金や電化製品の広告のように、燃えさかるストーブのある小さな居間、カラーテレビを囲んだ平和そうな団欒の姿——、このとき、日本資本主義の戦略目標ははっきりと確定し、日本資本主義経済の安定と成長の歴然たる構成基礎として、近代の生活とその住様式はますます不動化した。同時にＬ＋ｎＢとその日本的展開であるｎＤＫとは、ますますもって定型化しつくされたのであった。

動くものと動かざるもの

一九五九年一月号の「建築文化」誌は、日本の近代建築史全般を通じて、ほとんどもっとも濃密な誌面を構成した号であった。丹下健三が「空間の無限定性」に打ちこんでほぼ一〇年、伝統と現代の架橋、あるいは後進と先進との逆転を意図した模索のほとんど結論ともいえる「香川県庁舎」が、頁数の四分の一以上を費やして紹介されたのである。しかしそれだけならば、日本の建築史を通じての濃密さにはならなかったであろう。いくつかの仕事を通じて、ようやくある評価を与えられるようになった、より若い世代の建築家・菊竹清訓によって、彼自身の家である「スカイ・ハウス」がまた発表されていたからである。

東京都文京区音羽のほとんど崖地に、四枚の壁柱によって高々ともちあげられた箱、それが「スカイ・ハウス」だった。三〇坪にも達するワン・ルームが、その箱の中身である。しかしワン・ルームとはいっても、ひと昔前のワン・ルームとは違っている。菊竹の友人でもあり先輩でもある川添登によれば、そのワン・ルームは「夫婦愛の空間」であるという。ふたりが早稲田大学でともに学んだ故今和次郎の提唱する夫婦愛の姿を、そっくり建築としてワン・ルームにした。子供ができれば、プレハブの子供室をつくって、高く広い床下にブラ下げて住まわせればいい。子供が成長して独立したら、このプレハブを外して捨てればいい――。

ちなみに、丹下健三がその自邸でミース・ファン・デァ・ローエを強固に意識したように、菊竹は、丹下自邸をあきらかに強固に意識していた。ミースと丹下とをつなぐ空間の無限定性《ユニバーサル・スペイス》が、建築の内部分割（間仕切り《パーティション》の移動や増設）による（社会的）変化への対応だったとすれば、菊竹の意図は、外にプレハブをつけたり外したりするような、増殖による変化への対応にあった。そのための具体的な方法がたとえばプレハブ子供部屋であって、菊竹はそれを「ムーブネット」と呼ぶ。やがて菊竹や川添たちは、この方法と発想とを「メタボリズム」と呼ぶようになった。メ

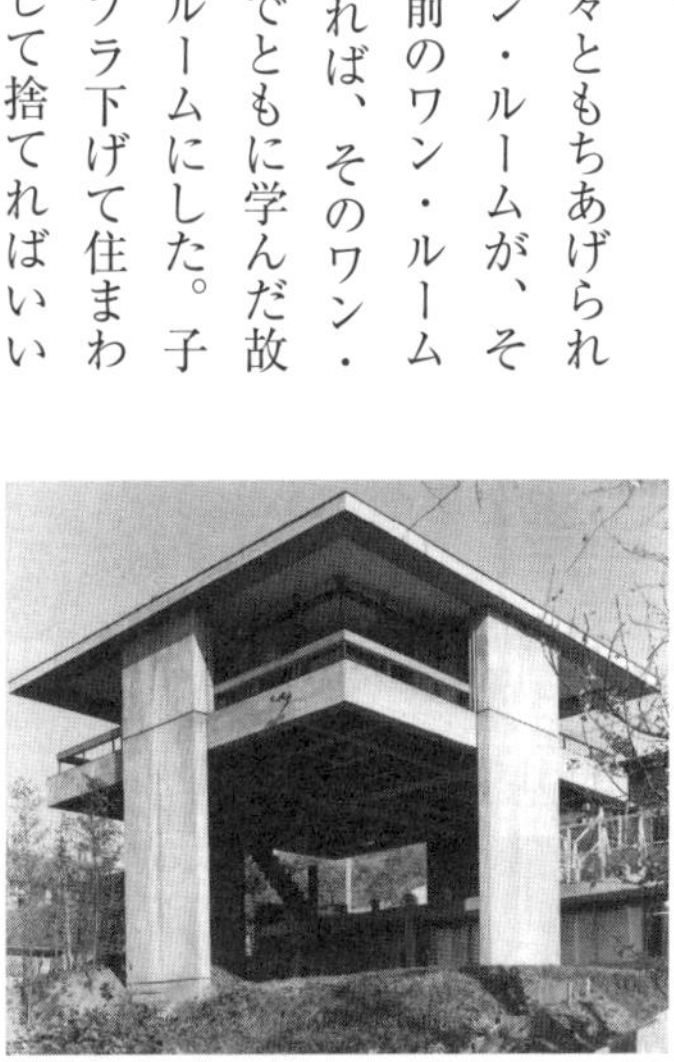

菊竹清訓　スカイ・ハウス　外観
写真＝川澄明男

菊竹清訓　スカイ・ハウス　プラン
1階平面　縮尺：1/200

タボリズムとは、新陳代謝という意味である。じっさい、丹下にしろ菊竹にしろ、より本質的な意図は同じなのである。ますます動きの激しくなる社会のなかで、いかにすれば建築に普遍性を与えうるか、平易にいえば、建築の社会的寿命を長くしうるか。それが課題であった。建築家とは、みんな建築の不滅を願望するロマンチストなのである。

ただ違うのは、丹下は、建築の全体像を固定したままでの、もっぱら建築の内部変化による社会への対応であったが、菊竹の場合、あえて建築の全体像の固定をさけて、新陳代謝に身をまかせようとする点であった。あるいは、丹下にとっては、直接的に建築そのものの不滅が課題であったかもしれないが、菊竹の場合には、変化のシステムをあらかじめ与えてしまうことによって、建築の使われ方の不滅、いいかえれば建築家の意図の不滅を、建築の不滅に代替しえたのである。

建築そのものの不滅にこだわるあまり、それがどう使われるかという問題に眼をつむらざるを得ない「空間の無限定性《ユニバーサル・スペイス》」の方法よりも、菊竹の方法の方がよりラジカルである。しかし、ひとつのシステムをきめて、建築の新陳代謝をうながすということは、カエルの子はカエルにするということであって、新陳代謝の結果、ヘビになっても、トカゲになってもいいということではない。つまり、変化を認めることによって、本質を固定しようとしている。建築の本質を深く見きわめることによって、本質的なものと、附加的なものとを類別し、附加的なものに

菊竹清訓　スカイ・ハウス　室内
写真＝川澄明男

だけ変化を許そうというのである。

　たとえば、学校をつくろうというとき、校長室や職員室が本質的なものではなく、教室や生徒のための施設こそが本質的である点を見ぬいて、そうしかできないように建築をつくろうとしている。

　つまり、建築家の意図の不滅なのである。「スカイ・ハウス」という住宅において、菊竹は何を本質的なものとし、何を附加的なものとしたか――。本質的なものは「夫婦愛」であり、それ以外のものが附加的である、としたのである。当然のなりゆきとして「夫婦愛の空間」には物理的な耐久力は数世紀にも及ぶ鉄筋コンクリートが選ばれ、「動かさざるもの」としての架構がなされ、それ以外の部分にはその名も「ムーブネット」というプレハブの「動くもの」が取り付けられることになった。「スカイ・ハウス」には三種類のムーブネットがとりつけられている。台所ムーブネット、バスルーム・ムーブネット、それに子供部屋ムーブネットである。台所やバス、トイレは、家のなかでいちばん早く傷む部分だし、日進月歩する技術（たとえば、家庭電化製品のような）をもっとも受けいれなければならない部分でもある。その部分が「動くもの」として取り外せて買いかえることができるのは、まさに好都合である。同じように、子供部屋も、生まれれば取りつけ、独立すれば外して捨てる。菊竹が、台所やバス、トイレと同じようなものだとして、子供部屋を評価したことなのである。

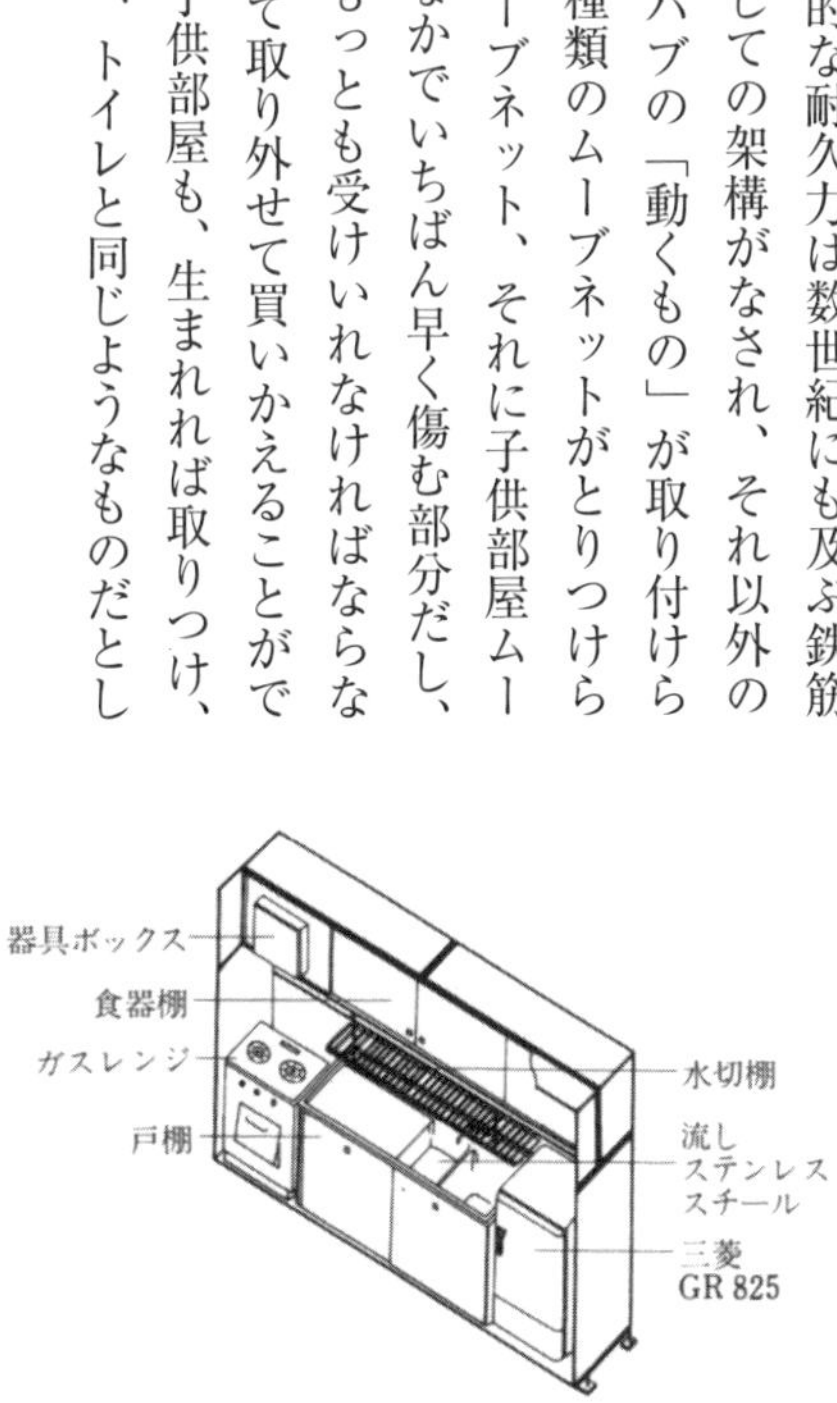

菊竹清訓　スカイ・ハウス
台所ムーブネット

2DKの裸姿

近代における住宅像は、L＋nBとして描けるはずであった。そして日本におけるその展開はnDKとして定型化しつくしたはずであった。しかしそれにもかかわらず、菊竹清訓が「スカイ・ハウス」に描いてみせたもの、それはL＋nBともnDKからも、おおきく逸脱する生活像であった。

もし無理に「スカイ・ハウス」からの間取り《プラン》の一般解を抽出しようとすれば、おそらく、〈夫婦愛の空間〉＋〈その他〉という以外ではあるまい。もう少し親切に書けば、夫婦愛の空間とは居間と寝室が同居したワン・ルームだから、〈L＋B〉とあらわすこともできよう。したがって〈L＋B〉＋〈その他〉であろうか。あるいは〈L＋B〉＋nCH（子供部屋の略号はCHである）だろうか。

思考がここまで展開するとき、「スカイ・ハウス」によって顕在化されたあるものに、忽然として気づく。

L＋nBとして理解しつくされたかに見えた近代の住居の構造には、まだ不可視の部分があったのである。Bつまり寝室として、大ざっぱに類別されていたものを、たんなる「就寝分離」の結果として、親の寝室と子供の寝室、ともに同じ寝室という同等均質のものとみなしていたのは誤りであった。そういう同等均質の部屋が一軒の家のなかにいくつもあるのではない。

近代の住居には、常に、かならず、寝室はただひとつしかありえないのである。

寝室とは、両親の、つまり夫婦の寝室であって、それ以外ではない。近代の家族像が核家族である以上、一軒の家に寝室はひとつなのである。

核家族とは、単婚（一夫一婦制）の単家族（複合家族ではないという意味）ということであって、その意味とその近代性については、後に詳しく触れよう。L＋nBは、だから、最初からL＋B＋nCHと書かれるべきであった。その日本的展開であるnDKについても、寝室たるべき部屋とDKとの密接なかかわりのうえに成立していたことは、それをもたらした貧しさによって、近代の住居の本質をあますところなく露呈することになったのであろう。

ようするに、子供部屋は寝室ではなく、「個室」なのである。それは、近代の住宅のなかで、子供部屋だけが用途によってではなく、その使用者の名前によって呼ばれる唯一の部屋であることからも明らかであろう。ということは、この部屋は、その使用者とかなり全面的に対応しているということを示している。睡眠もとり、勉強もし、思索の場でもあり、友と語りあう場でもあって、原則として、一日の生活の大部分がこの部屋のなかで完結するべき性格を備えた部屋なのである。

ということは、用途によって呼ばれる部屋は決してそうではない、ということを示している。用途によって呼ばれる部屋、典型的には「居間」と「寝室」であるが、それらは、初源的には一室内で行なわれるはずの行為が、なんらかの理由によって、二室以上に分離分割されたと考えてもいい。すなわち、居間と寝室とはどちらが欠けても生活は完結しない。居間とは、もっぱら団欒の場であり、寝室とはもっぱらベッドという道具の介在によって成立する諸行為——端的には就眠と性愛のための専用室なのである。

居間と寝室とが、互いに補完しあって、はじめて生活が成立する。したがって、「スカイ・ハウス」に偶然にも示された「夫婦愛の空間」とは、居間と寝室との境をとりはらって一室にしただけのものにすぎない。それは、子供部屋を分離して独立させることによって成立したのである。

一見、近代住居のもつ一般的性格からあまりにも遠く隔たっているように見える「スカイ・ハウス」は、だから、実に露わにされた近代の住居そのもの、近代住居の裸形であり、また最も本質的な近代住居でもあった。

同時に、それは「空間の無限定性《ユニバーサル・スペイス》」を端緒とした一室住居の最終的な解でもあった。

3　私生活の館

一体的夫婦像

プリンストン大学の客員教授として一年間のアメリカ生活を送った江藤淳は、『アメリカと私』のなかで、アメリカの家庭生活について、つくづく語るのである。

「主婦は手順よく家事を行い、家の内外を整頓し、子どもを養育するのと同時に、夫と対等の資格で社交を行わなければならない」

「夫婦が一単位になって、主婦中心というかたちで社交生活を行うというのは、あるいは、手持ちの札を全部つかって立向って行かなければ生活を維持できない、アメリカの激しい自由競争社会の必要が生んだ生活様式なのかも知れない。実際米国の生活はきびしい。それは、いわば夫ひとり、妻ひとりで耐えて行くにはきびしすぎる環境である。自分のことは黙って自分で処理するのが原則のこの社会で、かりに頼りにできる人間を捜すとすれば、それは夫、あるいは妻以外にない。二人が力をあわせて所帯をはらねばならないのは、愛情とか性欲とかいう問題であるよりもさきに、むしろ生活の必要の問題である。アメリカ社会のなかに存在する家庭は、夫婦が四本の手で内側から支えていなければ、たちどころに消滅してしまうシャボン玉のようなものだからである」

これは、原則的にいってアメリカ社会の特殊性ではない。それは、近代社会に共通するひとつの原則である。

夫が外に出て仕事を持ち、妻は家庭にいて家事と育児に専念する。ともに、単独では生活能力をもたない、という前提である。夫は妻の分までかせぎ、妻は夫の分まで家事をする。単独生活能力をもたない一組の男女が、あたかも合して一体となって所帯を張る。当然のように、それは、独立した人格の集合というより、二人で一組の人格、すくなくとも二人でひとつの社会的な単位を構成する。これが、近代社会の夫婦像の原則であり、かつ近代社会における家族像、家庭像の原則である。

それは、あたかも二人で一組の巨人を連想させる。

建築家・菊竹清訓がその自邸「スカイ・ハウス」に「夫婦愛の空間」とよぶワン・ルームを与えたのは、まさにそこに意味があった。一人の人格や生活とほぼ全面的に対応する空間が個室であるように、「スカイ・ハウス」のワン・ルームは、二人で一組の巨人の生活空間——、個室だった、と解しうるのである。

こう考えれば、「スカイ・ハウス」の構成は、巨人用の個室ひとつと、一人用の個室(子供部屋)のいくつかからなりたっている。それは、L＋nBであるかに見えた近代住居の間取り構成とあまりにかけ離れてみえるにしても、正真正銘の近代住居そのものだ、という論拠は、実はここにもあった。
じっさい、かつて『二人自身』という名前の新婚家庭むき雑誌が登場し、あまりの恥し気のなさに嘔吐せんばかりであったが、近代社会の夫婦像は、まさに『二人自身』そのものであった。ちがうことばでいえば、それは「一体的夫婦像」である。

人類の歴史の全般を、つくづくと見なおしても、これほどに一体化した夫婦像を、近代という時代以外で発見することは、決してやさしくはない。あとにも述べるように、サルの社会からヒトの社会が分化したとき、たとえば直立二足歩行と育児との関連を契機として、男女の分業の成立、その結果としての家族の成立という図式は、もはや定説化してしまったが、しかし、それにもかかわらず、これほどまでに一体化した夫婦では決してないし、その後ながいながい間、「オジイサンハ山へ芝刈リニ、オバアサンハ川へ洗濯ニ」という程度の分業形態でしかなかった。だいいち、そのながいながい間、きわめて多くの人類は複合家族形態をとって生活してきたし、このなかでは、夫婦同士の結合と同等に、同性同士の集団形成が目立っていることは、文化人類学者たちの未開民族の調査が明らかにしている。それにもまして、単婚形態《モノ・ガミー》(一夫一婦制)自身が決して普遍的ではなかったことにも、それはあらわれている。

いったい何が、あの近代家族像における、夫と妻との、いやらしいまでに粘着した関係——一体的夫婦像——を生みだしたのであろうか。

たしかに、核家族化、複合家族から単家族への変質、そして複婚から単婚への変質を近代そのものが構造的にうながさざるをえないとすれば、核家族化は、一体的夫婦像の形成にあたって、重大な要因とならざるをえないということはむしろ明らかである。核家族化は、たしかに一体的夫婦と密接な関係をもっているのである。

しかし、核家族つまり単婚単家族によって構成されている社会が、近代社会だけというわけではない。文化人類学の調査に明らかなように、サモア諸島のサヴァイイ、カナダ・エスキモー、ニューギニア・サラククのボルネオ原住民、北部ラオスのヌーア族あるいはトンガに、いくらでも核家族から構成された社会を発見することはできる。あるいはむしろ逆に、家族社会学における「核家族説」は、「現代の家族社会学が、分析の基礎単位としてとり出した」ものであって、「核家族は母子ダイアド*や父子ダイアドに比べて、機能的に安定しているばかりでなく、大きい家族集団のなかにでも、核家族の自己同一性がおぼろげながら識別できるということが、核家族を家族構成の意味ある構造的単位としてみる核家族説を成立させている」（森岡清美『家族社会学』有斐閣双書）という認識のあり方さえ一般的なのである。

ようするに、核家族化が一義的に一体的夫婦像をもたらしたのではない。実は、

＊ ダイアド dyad
社会学用語。二者関係あるいは相互関係の意。人間の広義の行動のなかには個体内的ないしは個人完結的な行動のほかに、自分以外のものに意味のある、影響を与える、あるいは反応を引起すような行動もある。（編註、コトバンクより）

ヨーロッパでは、西ヨーロッパ中心部の限られた部分にすぎないにしても、なんと一一世紀にある種の核家族化が完成した地域があった。あのヨーロッパ中世を支えた家族像が、どうしていやらしいまでに粘着した一体的夫婦像だったと思えようか。

それらは、何らかの原因によって、他からもたらされたものと考えざるをえない。とくに、西ヨーロッパ中心部以外の近代社会では、核家族化とともに、あの一体的夫婦像は他からもたらされた、と考える方が、明らかに正当なのである。

賃金労働の影

夫が外に出て仕事をもち、妻は家庭にいて家事と育児に専念する。これが、近代家族像の原則だった。

実は、この分業、男女分業の形態こそが、異様に粘着性をもった夫婦の一体性をつくるあげた根源だった。異様なほどの粘着性は、異様なほどに完全な分業と、あたかも表裏一体をなしている。

いうまでもなく、人類史はじまって以来、男女の分業は人間社会の基本的な構造だった。もう少し巨視的にとらえれば、女あるいはメスにしか育児能力のない哺乳動物にとって、オスとメスとの分業は不可避的な構造である。なぜなら、乳はメスからしか出ないのだから――。だから、おおげさにいえば、それは、哺乳類の登場いらい一億年の伝統をもつものといえる。あるいは、人類の成立いらい二五〇万年の伝統、といってもいい。

各生物種における男女《オスメス》の分業形態を、きわめてラフに概括すれば、進化に応じて母系から父系への社会集団への移行のなかでそれはになわれ、変化をとげた。もう少し、その専門分野(動物社会学)のことばで説明すれば、生物単体の単独生活から単性集団の形成へ、さらに両性集団の形成へと進化に応じて分業ははなはだしくなる。単性集団《セクシャル・グループ》とはメスと仔だけで社会集団が形成されること(例ニホンジカ)を端的に意味し、両性集団《バイセクシャルグループ》とは多くの場合にオスのボスをいただく大集団である(例ニホンザル)。巨視的には母系から父系に生物社会は進化してきた。

ヒトの社会の進化でもまた、農耕以後一万年強の範囲内では、大筋では前後五、〇〇〇年ずつを母系と父系とで分けあっているようにみえる。いまさらモルガンの『古代社会』でもあるまいが、これもそれほど誤謬にみちたものでもあるまい。

母系制とは、男に育児能力のないことに立脚した社会である。父系制とは父権制であって、女に育児能力があることに起因しうる社会である。男がヘゲモニーをとると、だから男女の分業は強化されるのだが、しかしそれでも、オジイサンハ山へ芝刈リニ、オバアサンハ川へ洗濯ニ……というほどの分業にすぎない。同じ場所で寝起きし、同じ場所で共に働いているかぎり、男女分業といってもたかが知れている。

しかし仕事場が寝起きの場所の外に独立して営まれるようになると、状況はまさに一転する。ながくながく続いた生活形態から、ここ一五〇年、はっきりと非連続の異相は形成されたとしかいいようがない。それは天性からのはっきりした疎外であった。男女は薄気味悪く密着し粘着することによって、互いに疎外を埋めあういがいにはなかった。

いうまでもなく、それは賃金労働形態の成立とその密着、そしてその普遍化であった。賃金労働とは何かを、おそらくマルクスほど明晰に語りえた人はいない。マルクスはまず、「労働」と「労働力」とを明快に分ける。労働力とは人間に宿っている精神的肉体的な労働する力の全体をさし、また労働とは、実際におこなわれた、つまり富や価値を生産するのに費やされた労働力をさしている。

労働者は、資本家に労働を売っているように見えるが、実は労働力が買われているのであって、ここに、いわゆる「余剰価値」が発生する、と考えるのである。賃金労働形態における、つまり資本主義的生産関係における根本的な矛盾がここにあるというのである。

その矛盾とは、資本家から労働者に支払われる賃金が、つねに今日と同様にまた明日も働きうる生活資料（衣・食・住などの）の価格をもって定められるわけだから、しかも労働者の労働ではなく労働力が時間買いされているわけだから、余剰価値がもたらされて潤うのはつねに資本家ばかりである。その一方でその矛盾は労働者を深刻に疎外するのである。

「労働力は、その所有者である賃金労働者が資本家に売る一つの商品である。なぜ彼はそれを売るのか？　生きるためである」「しかし、労働力をはたらかせること、すなわち労働は、労働者自身の生命活動であり、彼自身の生命の発現である。そして、この生命活動を、彼は、必要な生活資材を手にいれるために、他の人間に売るのである。だから、彼の生命活動は、彼にとっては生存するための手段にすぎないのである。彼は生きるために働く。彼は労働を彼の生活のなかにさえ含めない。労働はむしろ彼の生活を犠牲にすることである。それは、彼が他の人間にせり売りした一つの商品である。したがって、彼の活動によって与えられた生産物も、彼の目的ではない。彼が自分自身のために生産するものは賃金である」

「労働力はいつでも商品であったわけではない。労働はいつでも賃労働すなわち自由労働であったわけではない。奴隷は彼の労働力を奴隷所有者に売ったのではない。それは、牛が自分の働きを農民に売らないのと同じである。奴隷は、その労働力もろとも、彼の所有者に売りきりにされる。彼は、一人の所有者の手から他の所有者の手に移転することのできる商品である。彼自身が商品なのであって、労働力が商品なのではない。農奴は、彼の労働力の一部だけを売る。彼が土地所有者から賃金をうけとるのではなく、むしろ土地所有者が彼から貢物をうけとる」

「農奴は土地に付属し、土地の持主のために収益をうみだす。これに反して、自由な労働者――賃金労働者は、自分自身を売る。しかも切売りする」

これをマルクスが書いたのは、一八四九年だった。

ここで、とりわけ資本主義だけを批判の対象にしようとするのではない。賃金労働は、かならずしも資本主義のなかだけにあるのではないからである。しかし、資本主義的生産における労働形態はおおむね賃金労働であったし、とくに資本主義の発生と成立と、そして賃金労働の発生と成立とは、桎梏のからみ合いを、だれの眼にもあきらかにしている。

それは、資本主義的生産が、生産手段を資本家が所有する、という当然の関係のうえになりたっているからである。生産手段とは、いうまでもなく、生産に必要な土地・工場・機械などであるが、労働者は、そこにかようことによって労働を提供するのである。それが、自由労働者による自由労働――賃金労働――の当然の原則である。

専用住宅

つまり、生活はこうして二分されることになった。賃金の支払われている時間と、そうでない時間とにである。

こうした分割のない習慣の天性をトータルに「生活」というとすれば、それにかかわって公的な生活と私的な生活とに二分されたのである。その公的な生活には、本人の天性の生活から分離されその買主の自由になった代価として、賃金が支払われている。これは本人自身とは無縁な時間であり生活である。その反面で、純粋な私生活が成立する。それは、まさに私的に純化された時間であり生活である。ともに純化されすぎているから、私的生活に公的な生活を加算しても元通りのトータルな生活とはならない。時間だけは、たしかに合計二四時間になるが、だいいち公的時間内の生活内容は、決して元通りにはならないその買手に帰属しているのだから、こういう足し算そのものが成立しないのだ。異様に純化した私的生活だけが本人の生活の実質的なすべてになる。

こうして、その私的生活だけを収容する容器として、はじめて「住宅」が出現した。「住宅」という建築物はそれまではなかったのである。もう少し厳密ない い方をすれば、居住という用途だけに純化された建築物——専用住宅《ドエリングハウス》——は、まさに資本主義的な生産に明白に呼応して出現し成立した。時に一八世紀末である。そして建築物としての独自性《アイデンティティ》を得るのが、いちばん早い例でも一九世紀最末期になっている。

もう少し親切に説明しよう。

たしかに未開民族の居住生活をみても、その構築物をみても、明らかな住居があるように見える。あるいは、資本主義に先行するあらゆる時代のあらゆる地域に、明らかな住居はあった。それは当然である。しかし、居住だけに用途を純化した一般建築物は決してなかった。そこでは、明白に生産の場が兼用されていたか、あるいは私性いがいの社会的役割を濃厚に帯びていた。

たとえば農家を思えばいい。あるいは小売商や家内工業の、職場を兼用した住家を思えばいい。または、大使館や王宮を想起してほしい。すべては、いまの言葉でいえば「併用住宅」である。

いい方を変えれば、近代社会の成立以前には、居住要素を欠落させた建築物はなかったということでもある。たとえば神殿さえ、それは神々の住居であった。この反面、近代社会では、原則として住宅にしか人は住まないし、それ以外の建築物は無住の、居住いがいの目的に専用化した建築物である。

たとえば、われわれは「ビルディング」ということばに対してある種の固有のイメージなり語感なりをもっている。この語感に明らかに相当する建物《ビルディング》に、しかし英国では「ハウス」という命名をする。東京なら三井霞が関ビルのはずが、ロンドンでは三井霞が関ハウスとなって、国会議事堂すら the Houses of Parliament である。

いわゆるビルディングは、前世紀末のシカゴに初めて出現する。どう考えても、既成の建築《アーキテクチャ》の概念から隔たりすぎている、だから幾分かの自嘲をも含めて、あえて建物《ビルディング》と命名されたはずなのである。当時のシカゴは、まさに近代社会のミクロコスモスだった。つまり、ビルディングとは、居住という要素を欠落させて特定の用途に専用化された建造物の典型的な好例である。しかもそれは、近代社会創生の地かつ英語という言語の創生地をはずれて、はじめてありうる命名だったし、それ故の徹底さでもあった。

このシカゴのビルディングに勤める人々は、いうまでもなく、シカゴ周辺に住宅——専用住宅——を建てて住んだ。それは、2×4《ツーバイフォー》とよばれる木造量産住宅の原形だったが、通信販売のルートで部品《パーツ》を求め、基本的には自力で建上げるのが当時のやり方だった。まだ大陸横断鉄道は通ったばかりでフロンティアスピリットにはこと欠かなかったのである。

ほぼ同じころ(一八五九年)、英国ケント州のベクスリーヒースでは、建築家フィリップ・ウェッブがウィリアム・モリスのために家を建てていた。いうまでもなく社会思想家として、またアール・ヌーボーの発端となった美術運動家として高名なモリスである。当時ゴシックリバイバルでならした建築家E・ストリートのもとでの修業時代の相弟子のウェッブを、モリスは見込んでいたのである。

この家「レッドハウス」はニコラウス・ペヴスナー(モダンデザイン理論の確立者)によってこう評価される。「全体としては、驚くべき独自の性格をもつ建物であり、堅固で広々とした外観を持ち、しかも少しもわざとらしいところがない。これが多

モリス　レッドハウス　外観

分、この建物のもっとも重要な特徴であろう。設計者は宮殿を模倣していない。デザインに当って、彼は富裕な中流階級のことを考えている。立面は赤煉瓦をそのまま見せ、ネオクラシックの法則が命ずるような漆喰塗りは行わず、建物の外観には大げさな、しかも無用なシンメトリーなどをやろうとせずに、内部の要求をそのまま表現している」[1]

もう少し説明を加える方が親切だろうか。当時、ヨーロッパの建築界は、まさに様式折衷主義《エクレクティシズム》のさなかにあった。建築を含む芸術や美術の歴史は一般に様式の歴史として受けとられるのだが、つまりひとつの時代にはその時代を体現した様式が存在する、という基本的な原理のうえにすべては築かれている。しかし、ヨーロッパ建築史における一八世紀後半から一九世紀いっぱいまでは、あたかもひとつの時代がひとつの様式を持ちえなかった。ギリシャからバロック、ロココまで、はてはインド風から日本風まで、地球上に存在した一切の建築様式はすべて等価でパラレルなものとして意識され、建築の用法に応じて用途にふさわしい様式を使い分けるという黙示録的な状況にあった。様式は時代精神ではなく単なる「らしさ」であるという意識をさして様式折衷主義《エクレクティシズム》とよぶ。

こうした精神的な風土のなかで、資本主義の発展に呼応しながら、専用住宅は徐々にその姿をあらわしてきたのだが、しかも、それは上流階級がもっと住みよく使いやすい建物を建て替えていく過程のなかで、その社会的役割や公的な部分

1 『モダン・デザインの展開』白石博三訳/みすず書房、一九五七年刊

が徐々に外化して独立し、他方進歩してゆく技術を反映して居住部分をさらに充実させる――、こうした過程のなかで専用住宅化は着々とすすめられていった。それは、ほぼ一世紀まえ、最上流階級であるところの国王や諸侯が、王城から王宮へ、つまり宮殿《パレス》を建てることによって、かつての城《カースル》ではもっとも重視された防衛の要素をあえて落とし、それだけ居住性を重視したことを、あたかもトレースしている。それは一六世紀に大砲術が際立って発達し、中世的な城《カースル》を無意味にしたことの裏返しにはちがいないのだが、しかしそれだけに、様式折衷主義《エクレクティシズム》の風土が、最初期の専用住宅にどんな姿を与えたかはいうまでもない。

まさに宮殿こそ、ほぼ唯一の住宅らしさであった。すでに述べたように、それは上流階級の精神構造にとって、まことにふさわしいものであったし、生まれたばかりの労働者階級は家といえるほどの家には住んでいなかった。

こうした状況と風土のなかで、近代という時代にある種の見通しをもち、中産階級という明白な意識に裏づけられた住宅――専用住宅――を模索したモリスとウェッブは、だからまことに偉大だったし、自覚的という意味において、まさに最初のひとであった。

私的生活

もう少し「レッドハウス」にこだわりつづけよう。

その間取り《プラン》に問題がある。

この家には、居間（リビングルーム）がまだない。一階（英国ではGround Floor）には待合室と食堂、二階（英国ではFirst Floor）には応接間がとられているにすぎない。

別に詳細に触れる機会もあろうが、たとえば英国の近世の住宅、中規模以上のものでは――水場（scullery）―台所（kitchen）―配膳室（pantry）―食堂（dining room）―応接間（drawing room）という構成が建物の一階に連続して展開されるようになったのが一九世紀後半である。いわゆるヴィクトリアンハウスの間取り構成である。

それでもまだ、食堂と応接間とは直接のつながりをもたずに分離していた。その直後は、食堂に直接連続した部屋がとられて居間（living room）とよばれる。早い例では一八八〇年ごろであろうか。

しかし、「レッドハウス」の間取り《プラン》構成では、食堂は一階に、応接室は二階にとられている。これは、ほぼ一七世紀最末期に成立したジョージアンハウスの平面型である。それ以前は、ベッドルームが確立せず、逆にベッドそのものに天蓋があり、親しい接客はここでなされていた。このジョージアンハウスの場合、その部屋――一般にはパーラーと呼ばれた――から接客部門を分離して応接室としたもので、したがってベッドのある階にそれがとられている。

モリスの時代――ヴィクトリア朝の盛期――には、すくなくともヴィクトリアンハウスは成立していたし、さらに居間の原形がここに現われたとしても時期的

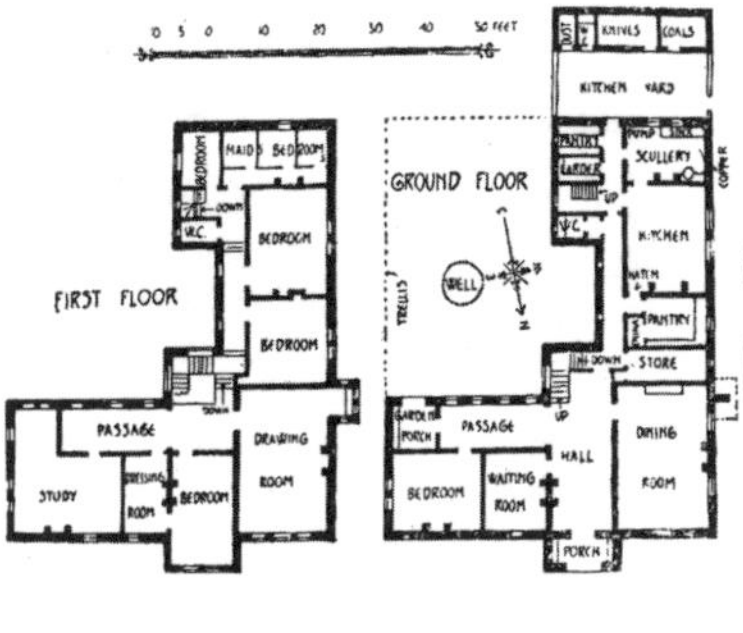

モリス　レッドハウス　プラン

に不思議はない。しかしそれにもかかわらず、中世の居住形式からほんの一歩踏み出しただけのジョージアンハウスに、この家の構成がしたがっていることそのものがむしろ不自然である。つまり、信じられないほど保守的であるといわざるをえない。それに、使用人関連の諸室をみると、おそらくは執事《バトラー》のためにとられたであろう部屋がある。執事《バトラー》とは家付の番頭である。これは私生活には不要な、とっくに外化された要素のなごりであって、中産階級の家としては、これも大げさすぎる。

たとえばペヴスナーの絶賛と、この家のこれらの反動的保守的な性格とは、いったいどう結びつくのか――。

ここに問題がある。

ペヴスナーをはじめとして、ようするに建築史は常に美術史の範疇のなかで、いや美術史の筆頭として位置づけられてきた。その反動として、こんどはジークフリート・ギーディオン（主著『空間・時間・建築』日本語版、太田實訳、丸善刊）のような技術に異常に力を注ぐ立場、技術史として建築史につり合わされることになった。どこまでいっても結局は生活が欠落する。建築は生活の容器だという認識は、一九七〇年代にごくごく近づいてから、やっと認識されだしたといっても決して過言ではない。

「レッドハウス」はたしかに最初の専用住宅であろうが、その自覚とは、もっ

ヴィクトリア朝郊外住宅のプラン

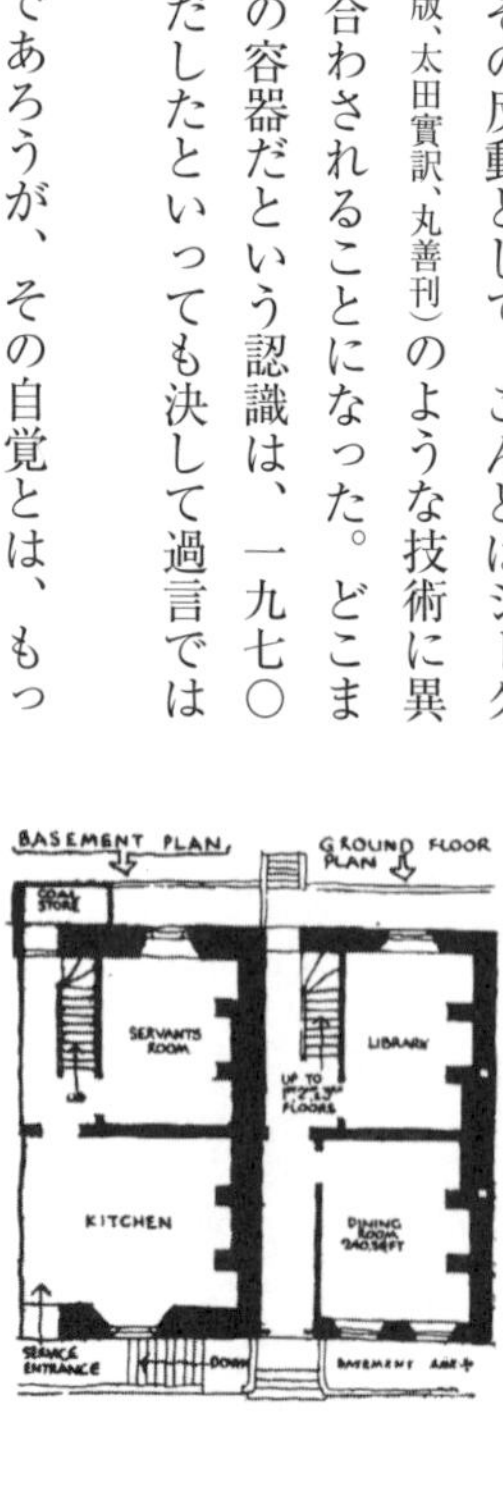

典型的なジョージアンハウスのプラン

ぱら審美的な関心に向けての前進《プログレス》であり自覚であってそれ以外ではない。中産階級の階級的自覚をあえて宮殿いがいのものに求めたことに意味がある。それもレンガの裸積み——レッドハウスといわれたのはそのためである——にみられるような野趣に、そして中世の香りをたたえた田舎家《カントリーハウス》にそれは求められた。

しかし、田舎家にそれが求められたということは、実は、きわめて意味のあることであった。田舎家とは、田園に立地してはじめて意味をもつ。いうまでもないが、この「レッドハウス」もまた市街地には立地していない。だが、そもそも田園とは、はたして人の居住すべき場所であったのかどうか。とくにヨーロッパにおける都市の概念にてらして、いったい田園とは何か——。

ヨーロッパにおける都市の概念とは、とりもなおさず人の居住に適するほど飼い馴らされた人工環境をさしている。つまり舗装され下水をもち城壁《シティウォール》に囲われて外敵から守られている。その結果として、通例、家々は軒を接して建てこまれ、明らかな都市的な状況を示す。それが人の居住に適するヨーロッパ的な環境である。

もちろん都市《シティ》いがいにも人は住んでいる。その典型は、地方の封地にある封建領主の居館だった。それはたしかに田園に立地しているのだが、中産階級にとっての生活のイメージとはあまりにかけ離れたものであろう。

そもそも、中産階級とは、たんに財産を中ぐらい持っている階級ではない。本人の能力に由来した生業をもち、社会にも認められ、したがって相応の収入を得ている人々という意味である。つまり都市に住むことを必須の条件としている。貴族階級に対しては勤労のよろこびを誇り、資本家階級の富や財に対しては知性をもって、その独自性《アイデンティティ》を主張している。それは、近代社会を構成するもっとも典型的かつもっとも枢要な人間像であって、まさにその一員たらんとして、その生活像を自覚的に固定しようとしたのがモリスだったはずだ。いくら中世主義者だとはいっても、まさか領主館《マナハウス》と近代住宅像とを誤って二重写しにするようなことはない。

そこ——ベクスリーヒース——は、たしかにヨーロッパの伝統的な都市像からはかけ離れたものだったが、しかし、決して都市と無縁だったのではない。それは都市の郊外だった。

都市そのものではなく、都市周辺部を郊外《サバーブ》と呼ぶ。

つまり、モリスはベクスリーヒースからロンドンに通勤するのである。「郊外」の内的な規定は、おそらく通勤可能な都市周辺部という以外にはあるまい。まさにその郊外こそが、すぐれて近代の所産であり、中産階級を典型とする近代人の典型的な居住の場となった。つまり、近代住宅のもっとも典型的な立地となった。

それは、都市を代表する社会的な生活——公的な生活——から切りはなされた「私生活の場」としてなによりもふさわしいものだったし、この立地こそが「専用住宅」そのものを象徴している。郊外の建築のあり様、それは、あたかも田園とみまごうほどに緑を随所に残しながら、家々は相互に分離して街区を構成しない。その基本的な原理にてらして、ひとつひとつの家々を相互に結びつける絆は何もありえないのだ。なぜなら、ひとつひとつがまさに「私生活」の場であり、対外的な接手を原理として所持しないからである。相互に何の連帯もなく、ただたんに完結的な私生活はいとなまれる。あたかもそれを表示するかのように、離ればなれに建つ家々の窓はいちいちカーテンに被われ、なまめかしい午後の陽をあびて、そこは静まりかえっている。

「専用住宅」のその性格に由来する建築のあり方を、モリスとウェッブはこうしてはじめて自覚的に固定してみせてくれた。それは見なれた都市的な建物のあり様ではなく、むしろ領主館《マナハウス》にさえ見まごうあり様をとるべき、まさに必然があったということ以外ではない。いうまでもなく、それは、人類史上未曾有の居住形式であり居住立地だった。つとに、ストックトン――ダーリントン間の最初の鉄道は布設され（一八二四年）、ロンドンの地下鉄――蒸気機関車に引かれていた――が開通したのは一八六三年である。近代都市は、こうしてとめどもなく人々を吸着して、とめどもなく拡大《スプロール》をはじめる。

4　私的生活の現実

「家」——日本的なるもの

あらゆる社会の「近代化」に、それはおそらく共通するのだろうが、その近代化が時の為政者によってになわれ、しかも成功した場合、疑似近代がいったんかならず成立するのは、どうやら不可欠の図式のように見える。やがて、その疑似性はかならずしも内的な条件によってだけではないにしても、疑似そのものに由来する矛盾によって、しかし破綻してゆくのだが——。

この図式からまぬがれることのできた社会はごく少数である。それは自前で近代を生みだすことのできた社会に限定される。端的にはイギリスとフランス、そしてオランダとベルギーとスウェーデンを加えられるだけだろうか。だが、これらの社会は対外的には極端な凶暴性をもち、他の社会に対する加害者であり収奪者でありつづけてきた。

もうひとつ、この疑似近代の図式をまぬがれる例は、前近代的な状況から一気に社会主義革命に昇華してゆく場合もあろう。ここでも、もちろん疑似社会主義であることはまぬがれてはいないが、「近代」よりこの方がバラエティが豊富だし従うべき普遍的な原則の数も少ない。つまり疑似性を減らしうる。

前者か後者かの選択、それはひとつにかかって社会そのものの本質に根ざしている。もし、天下統一を達成して中央集権的な政治機構をもち、貨幣経済を発達させている——近世——とすれば、近代化はごく自然ななりゆきである。しかし、この段階にはるかに達していないとすれば、つまりナショナリズムより部族なり階層なりに対する意識の方が強固だったり、都市部にだけしか貨幣が流通していない場合、むしろ社会主義革命の方が適正でもあろうか。

日本の近代化の場合、当然その道は前者であった。

とりわけ封建制度に根ざした「家」を、いったん破壊しつくし、疑似近代国家の安定した構成要素として再編成することによって、万全の体制は築かれていった。

たとえば川本彰によれば、それは地租改正にはじまると説明される。

明治六年、旧来の封建制度に根ざす年貢にかわって、地価を基準とする貨幣地租制(税率は地価の三パーセント)がしかれたが、それは、かつての年貢にまさるとも劣らぬ高率であり、殖産興業や軍備の充実をはかるほとんど唯一の財源となった。川本のデーターによれば、国税総額中に地租のしめる割合は、地租改正の年である明治六年では実に九三・二パーセントであって、明治一〇年八二・三パーセント、明治一五年六四・〇パーセントと低下してはきたが、半分を切るのに明治二九年（四六・〇パーセント）までかかっている。それも、頻発する農民一揆に対応して地租率を二・五パーセントに落した（明治一〇年）結果を反映してのことである。

「地租改正の眼目は土地私有制度の貫徹であり、以後、貢納義務はあくまで土地所有者個人となり、そこに共同防衛組織である村落の機能が奪われる」［1］とする。

「家」とはそもそも「基礎集団の最も典型的かつ最古のもの」とする川本は、「個人よりも全体の永続安定に価値を求め」、「ゆえに家族は全体性を抽象し結晶化して『家』を形成し、具体的成員を切り離す。そしてそれに家族の安定と永続とを託する」［2］

そうした自然発生的かつ封建的な「家」は、時として「家」みずからの価値や倫理をつらぬいて、その上位の価値に対して反逆的にさえなる存在であるが、その「家」と村落共同体とを、私有制貨幣経済――資本主義――のなかに裸でさらすことによって、解体をはかり、かつてはその構成員たる個々人を、擬似的に自律した個人として、権力の直接の支配下に再編成することになった。

この場合、再編成とは明治憲法下における、そして明治三一年に制定された明治民法に体系化された「家族主義」あるいは「家族国家」をさす。

自然発生的な、あるいは封建的な「家」の体系とは、ようするに家長を頂点とするヒエラルキーの構成である。それは本家の家長の権威をもって最終段階をむ

1　『近代文学における「家」の構造』／社会思想社、一九七三年刊

2　いずれも前掲書

かえる。ところが、こういう「家族主義」とは、天皇家を総本家としてヒエラルキーのまさに頂点に位置づけ、天皇を国父、皇后を国母として、その臣民——天皇の赤子——によって構成される一切の家族を包含し統制しようとする。したがって個々の家長は、当然のこととして天皇の権威に従属し、その権威の代行者として家族構成員たる個々人に君臨するのである。これが、まさに「家族国家」であり、国家の施策としての「家族主義」だった。

この制度と精神にわたる統制をさらに強化して徹底させるために、もともと天皇家の氏神にすぎなかった伊勢神宮を頂点とする「国家神道」の体系がさらにつくりあげられた。当時一九万といわれた各村落の氏神の神社はほぼ半数にまで整理統合されて、宮内省神社局の直接支配にさらされることになった。

だれの指摘をまつまでもなく、これはあきらかに神道という古代シャーマニズムの衣をかりた新興宗教の国教としての捏造にほかならない。こうして、かつての「家」を支えた村落共同体の基盤はつき崩され、疑似近代国家は、一見、水ももらさぬ体制を確立した。

もういちど整理しよう。

こうして新たに整備された「家」は、自然発生的な、あるいは封建制度のなかで色づけされた「家」ではなく、新たに人為的に制度としてつくられた「家」だった。すなわち、その構成員たる家族を、ひとりひとり公民として国家権力に従属すると同時に、さらにその代行者としての家長に直接に従属するという二重の従属構造のなかにガンジガラメに縛りつけようとするものであった。

だから、戦前の社会を正直に踏もうとするものにとって、「家」はこのうえない重圧となってのしかかった。先の川本彰がいちばん言いたかったのはその点にほかならない。

「近代日本において自由を欲する人間の当面の闘争相手は『家』であり『家』は体制そのものとして天皇制につながる。『家』に対抗して、作家はことごとく挫折し、ある者は玉砕し、ある者は韜晦し、またある者は神経衰弱になった。しかし、多くの者とくに第二の例に共通するのは居直った強さであり、梃でも動かぬ沈黙の厳しさであった」

「近代日本文学史ははじめから終りまで挫折の歴史であるといわれる。たしかにそうであろう。しかし、その挫折は名誉あるものであり、逃避すら強力な一つの抵抗であった。追いつめられる韜晦に回避した荷風文学が現在なお意味をもつのは、韜晦の底に鋭い自己意識と批判精神を失わないからである」〔3〕——と。

私生活主義の構造

しかし新憲法下においてさえも、主権者たる個々人と社会との関係は、なお不明確であるとする立場がある。

3 前掲書

「国民は、すべての基本的人権の享有を妨げられない。この憲法が国民に保障する基本的人権は、侵すことのできない永久の権利として、現在及び将来の国民に与えられる」という憲法一一条をひいた田中義久は、ここに使われた「国民」ということばのあいまいさに触れてつぎのようにいう。

ここでは「個人（とりわけ、その私人的側面）と社会と国家の関連は、それ自体としては『ブラックボックス』に入れられたままになっており、表面上においてのみ、国民の概念に統一されている」。しかし、「個人は、自己の人格の自由かつ完全な発展がその中にあってはじめて可能とされるような社会にたいしてのみ、義務を負うのであって、論理的には、このような前提があってはじめて、国民としての位置づけが可能になる」[4]と指摘される。

じっさい、この条文はみるからにおかしいのであって、あたかも憲法が先にあって、それによって基本的人格が保障されるかのように書かれている。

つまり、これは真に民主的な手続きによって、主権者たる基本的人権の持主が自主的主体的に定めたものであるとは、どうも読みにくい。ある種の欽定憲法——それも啓蒙主義的な欽定憲法——の香りが、条文の字句にもただよっている。

さて、それはそれとして、田中義久がここに引こうとした伏線、それは旧憲法の民衆像が臣民であり、新憲法下のそれが「国民」である、という点にほかならない。臣民とは生まれながらにして民衆ひとりひとりが負わねばならぬ理由なく

4　「私生活主義批判」同名書所収／筑摩書房

担わされた義務の世界を示している。選り好んで日本人に生まれたのでも、選り好んで天皇の臣下となったわけでもないのだから、これはまさに運命悲劇の世界としかいいようがないのだ。つまり、「臣民」とは生まれながらにしての不可避な義務の規定であり、その故に、臣民は「公民」でなければならない。じっさい田中自身が引いたように「帝国臣民タル年齢二五歳以上ノ男子ニシテ二年以来市住民タル者ハソノ市公民トス」と、臣民と公民との関係は規定されていたのである。

こうした旧憲法下の義務の世界に対して、新憲法はもっぱら基本的人権に由来する権利を保障しようとする世界であるかのように印象づけられる。しかし、終始「国民」という関係枠がつきまとうし、この枠のなかには納税・義務教育附与・勤労を中心とする義務も明白に定められている。さて、基本的人権に由来する権利の世界とこれらの義務の倫理的あるいは論理的源泉とが、いったいどう相関して「国民」なる概念をつくりあげるのか、充分に説得的であり緻密であるとはじっさい思いにくいのである。

さらに田中によれば「人びとの『私人』の契機がその『公人』的契機によってどのように媒介されて信託者としての『国民』に転化するのかという主権者規定の内的メカニズムが、日本国憲法の平面においては、不問に付されている」と総括される。旧憲法下の「臣民」に対して新憲法下の「国民」、それらにあたかも影のようによりそう実像として、ここに「公民」に対する「私民」が析出される。「私民」とは「国民」の裏がえしであり、かつその実像なのである。

たしかに「私民」は「市民」と同じく「しみん」と読まれる。すぐれて西欧的概念であるところの「市民」とは、しかし明白な異相を構成するのが「私民」だと田中はいう。

「今日、みずからの日常の生活過程における実感と意識とにおいてシトワイヤンの精神としての『公的精神』との内面的一貫性を確保しつつ生きることは」ほとんどなしえない状況である[5]と——。田中は、そこに日本の戦後社会の本質を見て取る。別に、それは憲法が憲法だからではなく、がむしゃらな高度成長とそれにつづく状況のなかで、政治や国家への不信にもとづく自己防衛として、また、今日の企業や集団や資本を支配する能率主義や営利主義を源泉とする組織力学からの自己防衛として、ここに「私民」であることを主義として生活する生き方、すなわち「私生活主義」は成立するのである。

すなわち、公害になやまされ、交通事故にさらされ、物価高にあえぎ、福祉の水準も低く、社会的サービスにも恵まれないとすれば、私的生活の充実いがいどこに充足感を得るのか——。職場でも上役を信頼できず部下も信じることができずに、そして家に帰っても、配偶者からそれほど信じてもらえていないことが分かっていても、それでも、家族を信じて充足感を得たい——。

5 「岐路にある『私』状況」前掲書所収

こういうことが田中のいう「私生活主義」なのであって、それは、一般に「マイホーム主義」と呼ばれることが多い。

その具体的なあらわれを、女の側から河野信子はこう書く。「都会の大部分の主婦たちは、夫の給料袋をまるごとおのれの管理下におさめ、家事の実権をことごとくにぎり、夫を働き蜂の地位におとしている」「生産に対するいっさいの意欲をもつことも許されず、ひたすら消費生活の場でだけ、『生活の知恵』を働かせ、労働力の再生産の場だけにいる」というありさまである。つまり、「公人」としてのみずからの立場を放逐し、生産にも政治にも社会にもいっさいの主体的立場を放棄して、ただただ「私人」として家庭に埋没している状況である。それだけならまだしも、この私人は純然たる「私人」、つまり全人格にむかってのより高度な発展をいかなる意味にわたっても実践しようとしない。たとえば週刊誌とスポーツ新聞しか読まず、そうした状況に対して鬱々とさえせず、消費文化を骨肉化して逆に妙なスマートささえ身につけているのだ。

理由があってこうなったのである。だれも白紙の状態から、好き好んでこの道を選んだのではない。だからこの理由がのぞかれない限り、「出口なし」の状況はいつまでも持続する、と田中はなげくのだが、しかし、この状況――マイホーム主義に対して、ある種の肯定をとなえる立場がある。

「私のかんがえでは、マイホーム主義とは、こうした情況下で大衆がなしえた

ブルジョア民主主義社会に対する数少ない不信の表明であり防衛機制であったのである」〔6〕

こう書いた芹沢俊介は「現代小説が、なぜ家族小説でしかないかという理由の根源」はまさにここにあると指摘する。この芹沢が上梓した最初の評論集『宿命と表現』のサブタイトルには、だから「家族論への自註」とつけられていた。

ついで芹沢はライヒとエンゲルスとを対比させ論じる。「『ブルジョア家族』を『完全に発展した家族』と規定し、『プロレタリヤ』にあるのは、『強いられた無家族』であるとかんがえるのがマルクスとエンゲルスとの認識であって、それは「『ブルジョア的家族』が『完全に発達した』形態で存在しうる基盤があるかぎり、プロレタリアの家族は、本質的に『完全に発達した家族』としてはあらわれえない、というのである。このようにとらえないかぎり、エンゲルスが『男女の和合』という言葉で表現しようとした世界は、全的にとらえることはできない。また、戦後社会における私たちの性と家族が、高度資本制の制圧下のもとに、まるで『無家族』のような状態をしいられている情況を、透視することはおぼつかない」――と。

芹沢のこの見解にたいしては、大筋として正しいにしても、いったい「ブルジョア的家族」と「プロレタリア家族」という、家族形態における差異を、明解に構造化させることができるのかできないのか――、と問わざるをえない。むしろ、

6 「戦後日本の性と家族」『伝統と現代』三三号／伝統と現代社、一九七五年五月

ブルジョア対プロレタリアートという簡単すぎる対比のなかで、その疎外構造の本質を説明しきれないところに、「近代」の問題の過半があることはまたいうまでもない。

芹沢の視点は主として「戦後」であり、また田中の視点は「日本」である。では、日本という空間に、戦後という時間がかさねあわされなければ、マイホーム主義なり私生活主義なりはこの世に現出しなかったのかどうか——。それは戦後の日本に固有の問題というより、近代社会に普遍的な問題だったのではないのか。あるいは近代に固有の問題ではないのか。

思想史的にみれば、近代とは「私」の発見と自我の認知を遠く契機として成立している。社会史的にみれば、自然社会《ゲマインシャフト》から機能社会《ゲゼルシャフト》が分離し複層化することによって近代は形成された。自然社会そのものも大きく変質してあの「私生活」のなかに埋もれていったことは、すでにみた通りなのである。

「私」の発見を条件として「私生活」が成立した以上、「私生活主義」がその属性とならないということは、じっさいありうるはずもない。現に、地表上のあらゆる地域には、近代の成立とともに同じ間取り構造をもった住居が、とめどもなく拡大している。

おしなべて、その生活パターンは同じなのである。

かつての自然社会にあった全的な「生活」が、公的生活と私的生活とに疎外される以上、そこに私生活主義が表出するのは当然すぎるなりゆきである。それを日本では、たまたまマイホーム主義とよぶ。あるいは、それは日本でもっとも顕在化したのであって、なぜ日本で、という理由に関しては、田中義久や芹沢俊介によって説明されつくした、というべきであろう。

私生活という人間のいとなみの一部分にしか対応することのない住居に変則的に展開される生活は、いずれにしろ、かつてなかったほど異常な閉塞性をともなったところのものであった。閉塞とは、社会や地域に対しての触手を欠落させていることにほかならない。私的なある種の自己完結をしているということにほかならない。いくども述べたように、「私」を介して、それは過度に密着し一体化した一体的夫婦の直接の生活の場となる以上、異様な「私」性をまぬがれえないことは、原理にてらしてあきらかである。それは場所と地域とをえらぶこともない。

近代の住居に展開される生活は、まさに普遍的にこのようなものなのであって、それ以外ではない。すなわち、その間取り構造は、ひとつの居間とひとつの寝室とによって、基本的な構造を得るのである。この間取り構造は、こうした生活構造にだけただひたすらに対応するのである。

私的コミュニティ

ここまで書きすすんできて思いかえすのだが、「住宅」ということばと、そして「住居」ということばとを、きわめて用心深くわたしは使い分けてきたつもりである。そろそろ、その使い分けの原理を明らかにしておかなければならないところにきた。

「住宅」とは、ようするに建築そのものだけを指している。建築といわないのは、その用途を限定して居住用建築物だけを指しているからにほかならない。それに、建築というと話が大げさになりすぎるのである。だから「住宅」というのだが、いうまでもなく、それは近代以後(すくなくとも近世以後)に出現したものである。その専用性をもっと明確にいいたい場合には「専用住宅」とわざわざいうことになる。

一方、「住居」というとき、それは建築だけを指しているのではない。建築のなかに展開される生活と、生活によって規定されている建築との双方をさして「住居」といっている。したがって、近代以前にでも「住居」は当然あったし、それは生活の場という意味をこめて使われている。

だから、近代住宅というときには、近代という時代に固有の住宅建築をさす。戦後の新生活運動を背景にして生まれた三つのテーゼ「寝食分離」「就寝分離」「家事労働の軽減」は、「近代住宅」がどうあるべきかをよくいいあてていた。しかし、「近代住居」の本質とは何かをいおうとするとき、この三つのフィジカルなテーゼをそのまま適用することはできない。それは、近代という歴史的時代に固有の生活像によってだけ過不足なく定義されるのである。

すなわち、その家族像は核家族であり、その住居の性格は私生活の場なのであって、一体的に密着した夫婦関係を内容としている。これが「近代住居」の定義である。もし、核家族単婚――父子ダイアドによる直系の二世代以内で構成された家族――でないとすれば、たとえ住居が私生活の場となっても、同性同士の連帯もかなり強かっただろうし、また一体的夫婦像はおそらくできなかったにちがいない。逆に核家族だったとしても、住居が私生活の場にさえならなければ、夫と妻との役割分担がこれほどまでに進行することはなかっただろうから、結果として一体的夫婦は完成しなかったにちがいないのだ。「近代住居」を構築するこの三つの構造は、こうして充分すぎるほどの因果関係に結ばれ、相互に深く関連する。

このうち、住居がなぜ私生活の場になったかについては、とくに賃金労働形態をめぐって、やや詳しくふれることができた。一体的夫婦像の意味とその内的属性についても同様である。

わたしのいおうとしてきたことは、それが、いまを生きるわれわれにとってどれほど自然にみえようとも、実は、ほんの百年せいぜい二〇〇年前にしかさかのぼることができないということであり、同時にまた二五〇万年の歴史につちかわれてきた人類(ホモサピエンス)にとって、その自然にかならずしもそぐうものではないという点であった。

人間にとって自然とは何か——、それは声高にいうことをさえはばかられる大問題である。とくに近代という歴史的時代を生き、そして生きることによって次代を築かざるをえないこの同時代の人々にとって、それはとりわけ荷の重い問題であるように思われる。たとえばフーコーが「知の考古学」として著すように、構造主義の論者たちが神話的思考から科学的思考への人間における「知」の転換をいまさらのように論じたように、「この一五〇年で」(フーコー)人類はほぼ別種の「種《スピース》」を再構成したかのような転換を経験することになった。だから、人間における自然は、いま改めて巨大な問題として問いなおされるし、別のいい方をすれば、やっと一九六〇年にはいって、西欧における近代は、近代そのものを客体化しえた、といえよう。あるいは、西欧そのものが西欧自身をやっと客体化しえたのであって、この西欧のつらなりのなかに、日本もまた位置をしめていた。

いま、わたしは別種の「種《スピース》」を構成したかのような、といったが、それは「神話的思考」の段階の人類にとっての自然と、「科学的思考」の段階のそれとが、やや質の異なるものであることを認めざるをえないということにほかならない。ひとつの「種《スピース》」にとって、複数の自然を認めるべきなのか、あるいは両者を包含した新たな「自然」の概念の構築にむかうべきかという岐路に、いまわれわれは立っているといえよう。

たとえば、人類が自我を認知した——ルネサンス——ことを端緒として「科学的思考」は成立するが、それは、とりもなおさず「私」の発見でありそして私生活成立の内的な要因であって、また私生活主義《マイホーム》へつらなる。このプロセスとほぼ平衡しながら、しかし、一連の観念論は自己を追いつめ自我を確定しようとあがきつづけるのだが、しかし、一九二〇年代に自己のさいごの幻影は消えさる。西欧にもまたニヒリズムは色濃く影を落しはじめるのだ。

つまり私生活主義《マイホーム》は近代社会の普遍的傾向なのだが、しかし、それを近代人にとっての自然だとみなすべきなのかどうか。あるいは、いったん自我を認知した人類、または神話的思考を脱して科学的思考を得た人類——すくなくともこれだけは人類にとっての新たな自然としなければならないことはいうまでもないのだが——、その近代人にとっての自然は私生活主義といかなる内的連関をもつのか——。

こうした一連の問題を考えようとするとき、しかし、居住あるいは住居について考えるだけでは、もはや視界に不足がある。個を軸として、かりに家族を第一次集団であるとみなせば、それはこの第一次集団だけの問題として完結しはしないということにほかならない。

第二次集団と第一次集団の相互の規定性はとりあえず決定的なキメ手であろうし、第二次集団そのものの性格と、そしてその性格の変異はまず見きわめられなければならない。

第二次集団とはようするに「社会」である。つまり、それは社会関係のなかの家族、社会関係のなかの個、という問題を設定することにほかならない。それも近代における社会をある種の自然としてものごとをみなす立場を、できるだけ排除しなければならないし、近代社会における社会関係を一般的な原則としないという基本的な前提が必要なのである。

しかし、ところでわたしはいま第一次集団を家族、第二次集団を社会と、こともなげにいいきってしまったが、集団の種類の区別が第一次と第二次というだけですむものなのかどうか——。たとえばいま実体が失なわれ概念としてだけ残った地域共同体——コミュニティ——は、もし家族を第一次集団とみなせばこれこそが第二次集団だったのではないか——、こうした問題はつぎつぎに湧きあがってくるのである。

第四章　「普通の家」

1　建築の普通さへのノォト　Ⅱ

結合と様式とがほころび自己意識化はすすむ

そもそも生活とそれを支える技術という問題の設定は、わたしがずっと持ちつづけてきた問題意識を構成する柱のひとつだったことはいうまでもない。とくに建築の場合、その技術とは、抽象化された技術――テクノロジー――であったことはほとんどない。もう少し相対的にいえば、それは工業芸術であるより工芸技術であるといったほうがいい。とくに木造の場合それが際立っているし、多かれ少なかれテクノロジー一般における有形の要素にはこの工芸性がついてまわる。それは職人気質に関わる問題といってもいいし、テクノロジーにおけるヒューマン・ファクターといってもいい。建築における技術とは、だから丹下健三が東京代々木のオリンピックプールの屋根架構にみせた高張力鋼と造船技術との技術的先端をテーマにするような性格のものであるというより、またプレファブリケーションにおけるコオーディネーション・フェイスの精度と工作誤差との連関を高度の統計処理によって決定してゆくような性格のものであるというより、そもそも、安定した手法と継承された技術的蓄積によって特色づけられるところのものにほかならない。

換言すれば、それは技術というあたかも透明であるかのように見える性格より、定型化した具体的な方法であり、工作の体系であるといえる。たんに手段的であるだけではなく、審美性とも分かちがたく結びつき、たんに見えがかりだけにとどまることのない様式を形成することによって、生活と技術と審美とを総合する具体的連関を形成していたはずなのである。それをこそ「様式」とよんだはずなのである。ごく一部の例外をさえ除けば、これは、あらゆる地域にわたる、あらゆる人類の歴史をつらぬく基本的前提であった。「条件づけ装置」とマリノフスキーによっていみじくもよばれたところの「文化」の本質にてらして、こうである以外に、技術にはその在り様はなかった。

もう一度繰り返せば、技術と美術とはそもそも同一のものであって分かちがたく結合し、特定の生活との連関のもとで「様式」を形成していた、ということにほかならない。その証拠に、技術と芸術とには、ともに同語があてはめられていた。「技」にしろ「芸」にしろ「匠」にしろ、そして、art にしろ——なのである。

この結合のほころびの端緒は、主として、西欧におけるルネサンスに求められる。

どうも気恥ずかしくて書きにくいが、このとき人々は初めて自己にめざめるのだとされる。たとえば「主」subjectum ということばが、かつての創造＝主神を

〈クラシック〉パルテノン神殿
（この節の写真撮影＝黒沢隆）

さすことばから、行為一般の主体subjectを、あるいは文章における主語subjectをさすものとして変転してゆく。それは天動説から地動説への変転とあたかも対応する。そのコペルニクス的転換こそが（自然運動の）観察者としての主体の確立を意味している。地球はいまや球型であり、太陽の周りをめぐっているのだし、「主よ我を許したまえ」とつい口には出ても、教会を一歩出れば「主」とは「わたし」以外ではなくなった。

　このルネサンスとは、しかし実はたんなる文芸復興、それは、一二世紀革新いらい三世紀ぶりの文芸復興だったにすぎない。多少の新味があったとすれば、その多くが新興都市《シニョリア》豪商の経済力によって担われた点にあった。おそらくラテン語によらない文芸は、こうして出るべくして出たと思われるのだが、ただその筋書《ストーリー》にも変化が生じた。与えられた運命をのろう「運命悲劇」から、登場人物の性格が必然的に悲劇に結果する「性格悲劇」があらわれることにもなる。神々しい筋書より、口語で書かれた生々しい世話もののほうが面白いにきまっている。

　それらは、何よりも人の意識の革命であった。その結果として芸術一般の新局面があらわれたのであって、それはすぐにも宗教改革に結びついてゆく。創造主によって与えられたという聖書《バイブル》の基本的性格は変わらないにしても、その解釈の主体が人間の側にあるというのが新教《プロテスタント》の主張の根幹だった。だから、ルターはまずラテン語から地方語への聖書翻訳者の最初の人とならざるをえなかった。

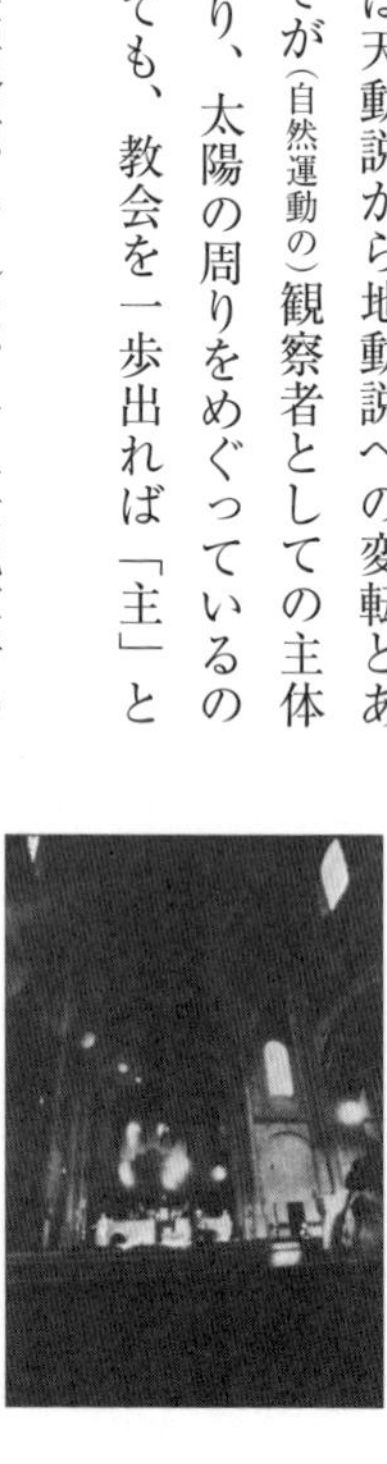
〈ロマネスク〉ザンクト・アポステルン教会堂　内観

人々の意識における革命とは、それはこうした一連のあらわれ方をしたのだけれど、総括的にそれを見ようとするとき、「相対性」への志向として見えて当然である。

相対的に見えるとは、確たるものが何もなくなったということではない。逆に確たるものとしての「自己」が確定したことを意味している。こうした意識と認識における状況を、より的確にいおうとすれば「二元論」的世界観の確定というのがふさわしい。二元論といえば、いつもきまってデカルトが引合いにだされる。「我惟う故に我あり《コギト・エルゴ・スム》」は、やはり思想史的にみて近代の遠い始まりなのである。

こうした状況の連鎖のなかで、「個人」の表現行為としての芸術もまたその姿をあらわす。くどいようだが、個人という人のあり方も、個人の表現ということも、このときに始まった新しいことだし「芸術」という認識や意識も、そして「芸術」ということばも、このときに始まったことは明らかなのである。

アールヌーボーにみる個人主義の荒廃

わたしがなぜこれほどルネサンスにこだわるのか、多くを語るまでもあるまい。建築はいかにして様式を喪失し、それはいかにして美術と工学に、あるいは芸術と技術に分かれ果てたかをあとづけようとしている。

ルネサンスは天才の時代だった。

〈ゴシック〉ケルン大聖堂　内観

ダ・ヴィンチにしろミケランジェロにしろ、画家と彫刻家と、建築家と都市計画家と技術家と発明家とを、ともに見事に果たした大天才の典型なのである。トスカナとロマーニャで仕事をしたブレネレスキも、ベネツィアのパラディオも、とりたてて万能といわないまでも巨大な総合的能力の持主であることに変わりはなかった。彼らは、まず第一に偉大な意匠家であると同時に偉大な計画家であり、同時にまた構造家でもあり、各種職方の仕事のすべてに通じるとともに、おそらくどの職方にもおとらない技術の持主だった。こうした天才的な個人を源泉としてルネサンスとバロックの文化は築かれた。あるいは、こうした文字通りの天才がいたとしても、なおひとつの時代はひとつの様式を維持していた。

しかし、一八世紀以後様相は少しずつ変転する。

バロックまでの様式は、宮殿から教会まで、市役所から町家までに適応されたある種の普遍性を持つ建築のあり方であり、その世界像だったのだが、それにつづくロココの世界は、しかし、そうした普遍性をもっているというにはあまりに装飾過多だし特殊だった。様式は先細りとなって、まさに相対化を始める。

様式の相対化とは、様式が「生活と技術と審美とを総合する具体的連関」ではなくなったということにほかならない。ある種の「らしさ」として、たとえば教会らしさとか宮殿らしさとかとして、人々に映しだすということにほかならない。それはもはや任意に選択可能なものとなってしまう。

こうして様式折衷主義（エクレクティシズム）とその時代は姿をあらわす。

エクレクティシズムとは、その名の通り、様式を選択するということにほかならない。だが、別に驚くにはあたらない。建築の創作なり芸術の制作なりが、認識なり意識なりの対象としてなされるかぎり、つまり、認識なり意識なりが究極的に自我《エゴ》なり自己《エゴ》なりのあくなき発見と同義であるとすれば、「生活と技術と審美とを総合する具体的連関」に埋没したエゴは、次第にその連関を意識し認識することによって、その連関から離脱しようとする。ある種の離脱の完成は、すなわち自己確立の完成を意味する。それは、時代の様式ではなく個人の様式である。こうして様式の個人化はあてなく進行してゆく。

それは、ひとり建築だけにとどまるものではない。いわゆる近代芸術一般のたどった一般的な軌跡であり、個の発見を起点とした近代そのものの論理的な必然であるといえる。

しかし、様式が個人化されたとき、様式が時代のアイデンティティではなく個のアイデンティティとなりはてたとき、それはもはや様式とはいえない。

こうした状況は、しかし一九世紀の世紀末にむかえた状況であった。世紀末芸術の性格は、そうした意味での個人主義芸術の頽廃をだれもがアールヌーボーのなかに見てとる。それは、むしろ狂気にさえ近い世界であると――。

〈ルネサンス〉捨子保育院（スペダーレ・ディ・サンタ・マリーア・デッリ・イノチェンティ）　十五世紀
フィレンツェ　設計＝ブルネレスキ
ファサード

主観主義から客観主義へ

こうした状況を土台にして現われたはずのものが近代建築であるにちがいないのだ。

わたしは、なにも「建築の解体」を「様式の解体」といって今日を語ったつもりは少しもない。一八世紀末と今日とを同じような時代だというつもりは少しもありはしない。個人主義の文化と芸術の最末期に際して、個人化し荒廃しつくした様式主義のなかから、その様式性を否定してあらわれたもの、それが近代建築だった。かんじんなのは、近代建築が拒んだものが、様式ではなく様式性であり、少なくとも合理主義の範疇にある近代建築にかんしては、それこそ立派な様式を成立させていたことはいうまでもない。誤解してはならない、だれひとり様式そのものを否定してはいない。否定の矢面に立ったのは装飾であって様式ではない。再度つけ加えれば、装飾と様式とは同義ではないし、様式の方がはるかに広大な上位概念である。近代建築とは、無装飾の様式にほかならない。

様式とは「生活と技術と審美とを総合した具体的な連関」なのだから、まさにその意味において、近代の生活と近代の技術と近代の美学とは具体的に連関し、建築をふくむ「口紅から機関車まで」のすべてを連関のもとに整合させた独自の世界を築いた。それが近代建築とそれをあらしめた時代である。

ルネサンスを起点にした一六世紀から一九世紀までの世界を個人主義の時代と

して総括し、したがってロマンティシズムを文化の底流とすれば、一九世紀以後の世界は集団主義とクラシシズムを原理としている。ここにいうロマンティシズムとは主観主義を、クラシシズムとは客観主義を、それぞれ意味する、というほどに理解されれば、それでいい。

ルネサンスからエクレクティシズムまでの建築は、すでに見たようにあきらかに天才にかかる個人的創造物だったし、その末期には、「らしさ」としての様式を選択する主体として、建築家（アーキテクト）がプロフェッションのなかに成立する。いかにもエクレクティシズムなのである。

しかし、近代建築のめざしたものは、こうした世界の否定にあった。建築は主観によって成立すべきものではなく、客観によって成立すべきものというのがいわゆる合理主義近代建築の枢要な主張であった。その客観の根拠として機能があげられ、そうであるべき状況が建築生産の工業化のなかに求められた。規格や標準化が執拗に追われ、無装飾の美がたたえられ、時代に相応する平面計画が定型化してゆくとき、そこには明白な様式への意志がないはずがない。文字通りの様式、それは時代と人々との共有するもの、特定の個人にではなくだれにとっても応用可能なもの、どこにでもありふれたものとして意図されつづけてきた。

ただし、この様式が他の様式と本質を異にするただひとつの点があるとすれば、この様式だけが、認識され意識されて意図的意識的人為的に成立した、という点

〈マニエリスム〉カンピドリオ広場
十六世紀　ローマ　設計＝ミケランジェロ

にほかならない。その結果として、わずか半世紀の間に、それはほぼ全世界を席巻するところのものとなったのである。

もうひとつの疎外構造

ここまでは一応は定説である。

こういう整理の仕方にもし異論があるとすれば、それは、合理主義を近代の主要な思想背景としない場合、あるいは建築にそくしていえば、いわゆる機能主義いがいに近代建築の本質を見ようとする場合に限定される。

しかし、この見方にもものの足りなさがある。近世の底流をつらぬく個人主義と、近代の底流をつらぬく客観主義とが、どのような脈絡のなかで、どのように転換していったのかが改めて問われないかぎり、この課題の深層構造は、本当はあきらかではないからである。あたかもスイッチを切り換えるかのように、個人主義から客観主義へ、ひとの精神構造の切換えがつくはずはないのだ。それも古代から中世へ、また中世から近世への転換に際してのように、その中心地の空間的なズレが際立っていたとすれば、これもありえよう。しかし、ほとんどまったく同じ場所――西ヨーロッパ――を舞台にしてこの転換はなされた。ゲーテの言ったように、「歴史は一物を残さずに吸収して次代に転換」するはずなのである。

こうした認識を踏み台にしながら、もういちど近世から近代への転換を見直すとき、見過ごしたいくつかの問題はふたたび浮かびあがってくる。

はじめに、それは、無名性を原理として求めたはずの近代建築が、あるいは近代芸術が、じっさいは最初から匿名的でなかったというどうにもならない矛盾に気付くことに始まる。たとえば、ひたすら目的に忠実であること、構法に忠実であること、その結果、建築形態は自然にできるべきものであることを説いたのはオットー・ワグナーだったが、それは著作者を明確にした上での主張だった。恣意性を廃すべきだという主張が、恣意によってなされたところに不幸があった。

同様の事情は、そもそも近代美術の開眼となったキュービズムと第一次大戦をはさんでその後継者となったピューリズムにも濃厚である。はじめ世の中の形態の構成原理は球や立方体や円錐などの単純な形態にあるとして、それを「作品」として描き、ついで鍋釜や楽器や牛乳瓶などの長い歴史のなかで淘汰され純化された形態に真の美を見つけながら、さらにそれを描いて「作品」とする矛盾をおかしていた。

いったい何に起因する矛盾なのか、いったい何に起因する不幸なのか、もはやいうまでもあるまい。いったん自我をもってしまった故の、二元論の論理構造のなかで自我を認識し意識した故の、不幸であり矛盾なのである。

合理主義の立場にある人々でさえこうなのだから、主観主義のなかにいまだに身をおかざるをえなかった人々の苦悩は、はるかに深刻だった。前に少し触れた

〈エクレクティシズム〉クリプトテーク　十九世紀　ミュンヘン

ように、一五世紀にあるいは一六世紀には、あれほど健全に喜々としていた自我は、いまや、とらえどころのまるでないものになり、一九二〇年代までには、ハイデッガーやプルーストのたどりついたように、あるいはニーチェのように、深いニヒリズムの亀裂の底に主観主義そのものが身を沈めていかざるをえなかった。

ここで主観主義として総括したものは、何をでもなく観念論一般をさしていたのだが、この立場に身をおく人々は等しく神の死をなげき、そして自我の喪失をのろってきた。

近代とは疎外の時代である、と、きわめてしばしば語られる。その疎外とは多くの場合、マルクスのいう賃金労働形態によってもたらされるところのものが語られてきた。しかし、疎外ということばの本義が、本来はひとつのものが分断され分裂の状況に陥ることだとすれば、そもそも自我の認知そのものが、近代における疎外の源泉だったはずなのである。

この意味では、自我の認知の普及の度合いが、ひたすら「近世」と「近代」とを分けているといっても過言ではない。ごく一部の強い自我をもった人だけがその認知を達成した時代こそが、近世であった。友峰や連峰をもたない富士山がたぐいなき美しさを誇るように、かつて天才は存在しえたに違いないのだ。それは、政治形態における絶対主義（近世における王権の支配による強力な国家の形成）が、支配者にとっての個人主義追求の結果なのだと解する人は、まさに当をえていたといえよう。

いま、われわれは近代の後期に暮らしている。自我認知の普及はつとに広大である。

いったい「自我の喪失」とは何のことをいっているのか。人びとにアイデンティティが失われてきたとは、いったい何のことなのか。あるいはこの頃の建築にアイデンティティが失われたとかの発言は、いったいどんなつもりでなされたものなのか——。

そのうちのどれひとつをとっても、すくなくとも悲しむべきことのようには、私にはどうしても思われないのである。

近代の、そのとくに後期に臨んで生きてゆくのだとすれば、ただ疎外に耐えていくことだけが唯一の道のはずだ、といえばいいすぎなのだろうか。

テーマ主義と生き甲斐

いま「建築の普通さ」について語らなければならない主要な論拠は、こうして、おぼろげにあきらかになってきたはずだ。

いま、この時代に対する認識が基本的には「近代」の初期とちがっていなければならないこともなければ、ちがってもいない。外的には、実に膨大な数量をと

〈アール・ヌーヴォー〉オルタ自邸
ブリュッセル　設計＝ヴィクトール・オルタ　階段室上部

もなって「近代」化状況が拡大したということであり、内的には、疎外を生むべき状況が刻々と深化してきたにすぎない。このふたつの進行の結果として、目的論的世界に固有な属性としての「進歩」の、その余地と可能性とが失われてきたことも事実である。

同様に、目的論的価値の主要な場の設定として不可欠だった「主題」の設定もまた、その余地を大きく失うことになった。

たとえば、人が生きることの主題とは何であろうか。それを「生き甲斐」という。英語ではpurpose for livingとさえいう。人は何のために生きるのか。生きるために生きるのである。死ねないから生きるのである。この単純にして冷厳な事実の前に、近代の人々はたじろぐ。目的と手段との分離が、もっとも大事な自身の生をめぐって成立しなくなるからにほかならない。

つまり、「生き甲斐」とはすべて近代の所産であって、それいがいの何ものでもない。近代人だけが「生き甲斐」なしに生を持続しえないのである。「猛烈パパ」として、会社の業績を自身の生き甲斐にふりかえるのも、「教育ママ」として、子供の成長と出世とを自身の生き甲斐にふりかえるのも、「近代人」だからこその悲しさである。

同じ原理は、ものごとの創作にも色濃くにじみ出してくる。創作に「表題」をつけることによって、創作に目的を与えようとする。表題のない創作、テーマの

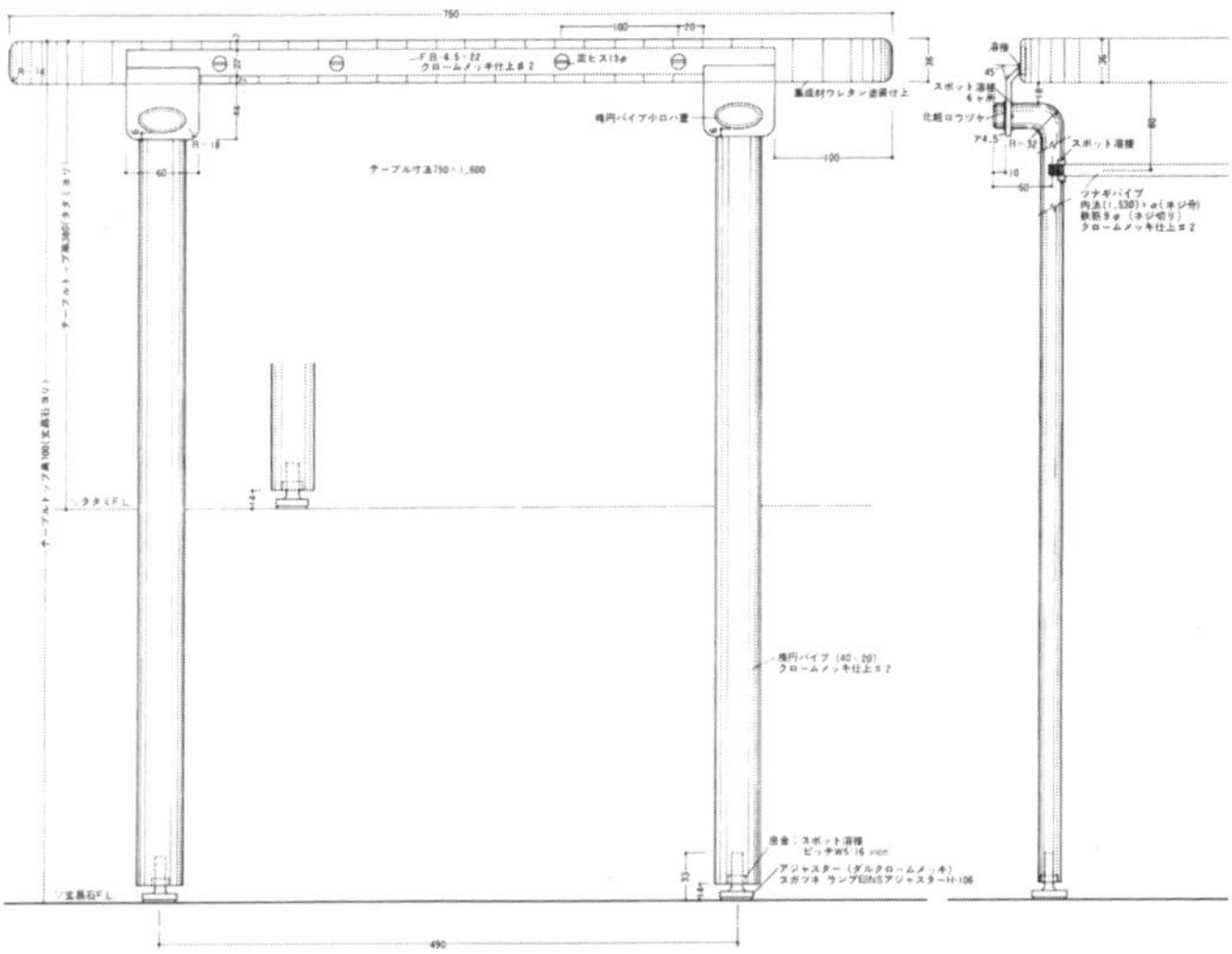

渓居（1979）　居間・土間テーブル脚（写真は 101 頁参照）

F² ハウス（1980）、傘立てのバーをみる
写真=輿水進

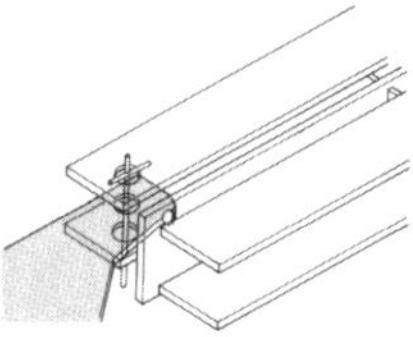

ストッパー部アクソメ

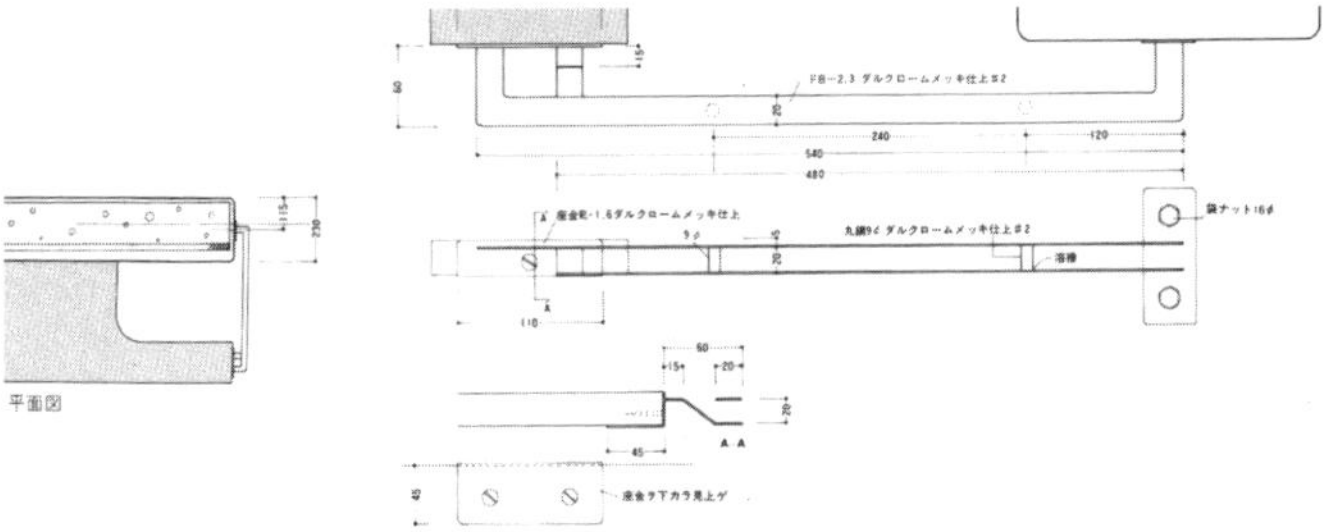

F² ハウス　傘立て　詳細図

ない創作、主題のない創作は、目的論の世界の埒外に落ちる。

「〜の家」という表題、主題の設定なしには創作さえもありえなくなった。まして、「主題の不在」を「主題」にするとはいったいどういうことか——。それほどまでに、なぜ主題はなければならないのか。人類が「文明」をもって五、〇〇〇年を数える。この一五〇〇年このかたの時期を除いて、そこに主題が設定されることなしに、われわれは「文明」と呼ぶにふさわしいものを築いてきた。しかし、その一五〇〇年を経たいま、「主題の不在」をさえ主題にすえなければならなくなってしまった。自我を認知し、目的論の世界を知ってしまったいま、あえて主題のない創作こそが真に意味をもつことを、わたしはいったいどう語ればいいのか。

真の意味とは、とくにいうまでもなく、耐えて生きていくということ以外ではない。疎外と隣りあわせて生きていくことがわれわれの時代に義務づけられた生き方である。それが建築の創造に結びつくとき、あえて「主題」のない創作に、いまわれわれは立ち向かわなければならないはずなのである。

日常性と非日常性の区別をあえてして、一過性の刺激だけを求めることが、われわれの文化の質を高めることとどう結びつくのだろうか——。とくに主題もなく、とくに一過性の刺激に向かって逃げこみもしない建築の方法を、私は「建築の普通さ」へ向かう方途であると信じているのだが——。

2 モダンデザインにおける匿名性《アノニマス》原理の消長
——窮乏日本が編み出したもうひとつの近代建築

ゼロ戦だった時代

この初夏に風邪をこじらして寝込んだ。一日中ねむれるわけでもなく、書架からなにげなく手にして読みかえした本は、柳田邦男の『零式戦闘機』（文藝春秋、一九七七）だった。飛行機の話はとにかく元気がでるのである。何日かかけて、結局、読み通してしまった。それで風邪をさらにこじらしたような気もする——。

ときに一九三一（昭和六）年。大恐慌下で列強各国は経済のブロック化をすすめるとともに、軍縮機運もすすんだ。

第一次大戦後のワシントン軍縮会議（一九二〇〜二二）で定めた列強各国の海軍主力艦の建造中止期間の満了により、補助艦保有量も制限、英・米・日で一〇対一〇対七の比率が成立している（ロンドン軍縮会議）。ちなみに、英・米・日・仏・伊の主力艦の保有枠を五対五対三対一・六七対一・六七ときめていたのである。大恐慌から抜け出る方策を各国とも模索していたが、巨大な中国市場への関心はいやがうえでもたかまってもいた。

当時の日本経済にとって、対英米比一〇対七だの、五対三だのの軍艦の保有は

大阪中央郵便局梅田別室／逓信省（吉田鉄郎）／一九三五

容易なことではない。すでに国家予算の三割をこえた軍事費が歳出されているのである。強硬派にとっては、この劣勢を挽回するために、合理派にとっては、より有効な武装を実現するために、空軍力の確立は急務だった。当時の世界情勢をみても、空軍という戦力はまだ補助的であって、あたかも、複葉機から単葉機へ、軽くて加工性のよい木骨羽衣張り機から全金属製機への移行段階にあった。たとえば引込脚はまだ実験段階にあり、重いメカを積んで空力特性をあげるより、空力特性を犠牲にしても軽くつくったほうが実のあった時代でもあった。ようするに、充分な馬力に恵まれた航空機用の軽量エンジンを各国ともつくれなかった時代、まさに黎明期だった。

「第一次海軍軍備補充計画」は一九三一年三月の帝国議会で成立、三六年までの六ヵ年に当時の四億二、四〇〇万円をつぎ込んで、軍縮条約の制限内で海軍の補強を意図したものであって、その主眼は空軍力の確立だった。「航空立国」が叫ばれ、「航空自立」が問われたのである。

それまで外国人技術家を招聘しての開発や製造権を買っての国産化だったが、これで戦争となって勝てるはずもないことを、この年九月に勃発した満州事変を通じて日本は骨身にしみた。帝国海軍はまず要求性能をかかげ、三菱、中島、川西などのメーカーに試作を競わせて量産化にもち込む方針をとったのである。

まず「七試計画」から始まった(昭和七年という意味)。しかし、この時点では川西

秋田日満技術工養成所／前川國男／一九三八

の三座水上偵察機（フロートつき、「九四式」）が採用となっただけで、各社とも要求性能に達せず、不発に終わった。

つづく「九試計画」では飛躍がある。三菱は九六式陸上攻撃機（陸上飛行場から発着）、九六式艦上戦闘機（空母から発着可能）、川西は九七式大型飛行艇などの世界水準を抜く傑作機が生みだされた。この成果によって、海軍は外国の優秀機のサンプル購入をやめている。

あとのゼロ戦や二式大艇（四発飛行艇）などの大傑作機は、この「九試計画」の次世代機として、当時、この世にありえないような超高性能を求めた軍用機群だった。その要求のあまりの過酷さに、同期の一式陸攻は防弾装備を欠いた長距離爆撃機となって、やがて、ワンショット・ライターの異名をとることにもなる。

柳田邦男は、ここに日本の用兵思想の稚拙さと国力の限界をみた。それは後進国が先進国に追いすがろうとして、はからずも露呈させた無理にほかならない。

柳田は、このあと『零戦燃ゆ』飛翔編、熱闘編を重ねて、その後の日米自動車戦争の結末を占おうとするのだが、経済競争と技術競争の顚末の方は、アメリカを脱工業化に追いやり、そこから情報化戦争を逆にしかけられることになって、末は藪のなかであろう。

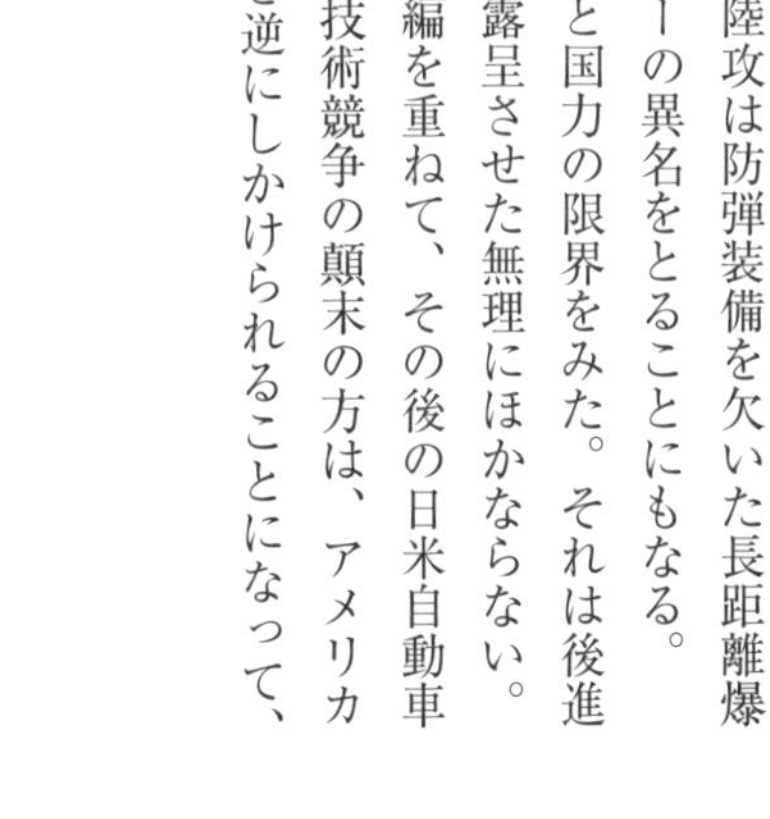
若狭邸（RC＋木造）／堀口捨己／一九三七

若狭邸の秘密

アールヌーボーをモダンデザインの第一期、アールデコを第二期とすれば、一九三〇年代はまさにその第三期だった。

それは、架構の視覚化を前面に押したて、機能と形態との整合の仲介をこれに果たさせようとする一大転換期だったのである。とはいえ、ヨーロッパは一九三八年から大戦に突入する。この第三期は、結局、大戦をまたいで五〇年代いっぱいをかけて完結することになる。だから、それは大戦前から復興期までのデザイン風土ともなった。

二〇年代の最末期は〈バルセロナ博ドイツ館〉(L・ミース・ファン・デル・ローエ、一九二九)や〈ファン・ネレ煙草工場〉(J・A・ブリンクマン+L・C・ファン・デル・フルフト、一九三〇)の大傑作でかざられるが、三〇年代にはいると、この水準が毎年ならぶことになる。

一九三一(昭和六)年　サヴォア邸(ル・コルビュジエ)、ソヴィエト・パレス(コンペ案、ル・コルビュジエ)、ガラスの家(P・シャロー)、

一九三二(昭和七)年　東京中央郵便局(逓信省/吉田鉄郎)、スイス学生会館(ル・コルビュジエ)

一九三三(昭和八)年　パイミオのサナトリウム(A・アアルト)

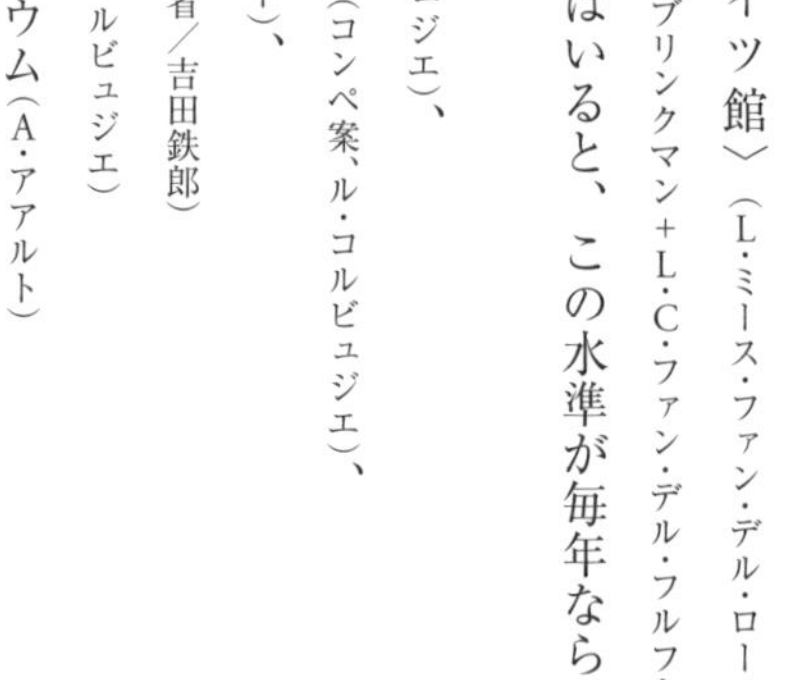

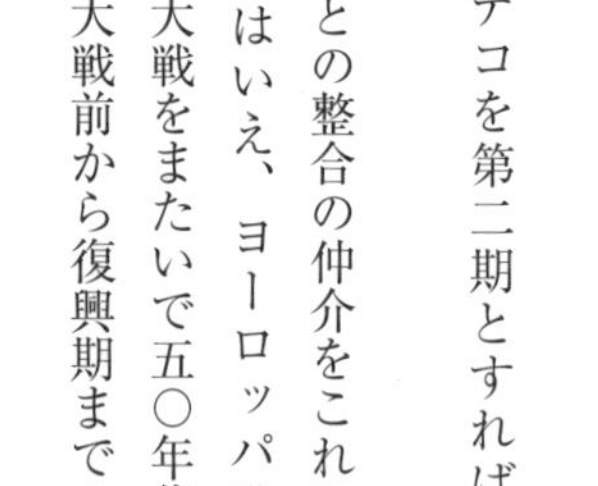

一九三五（昭和一〇）年　マドリッド競馬場（E・トロハ）
一九三六（昭和一一）年　落水荘（F・L・ライト）、
　　　　　　　　　　　　カサ・デル・ファッショ（G・テラーニ）
一九三七（昭和一二）年　東京逓信病院（逓信省／山田守）、
　　　　　　　　　　　　パリ万博日本館（坂倉準三）
一九三八（昭和一三）年　大島測候所（堀口捨己）
一九三九（昭和一四）年　ジョンソン・ワックス本社（F・L・ライト）
一九四〇（昭和一五）年　森の斎場（E・G・アスプルンド）

溜息がでる。すごいものだ。と同時に、日本の軍用機の性能が国際水準を抜こうとしているまさにそのとき、日本のモダンデザインもまた世界の水準に達し、これをリードしはじめたのである。

そのような意味では、堀口捨己の〈若狭邸〉は、ゼロ戦にほかならない。戸建てのモダンハウスという類型のなかで、その水準はあきらかに世界をリードしている。鉄筋コンクリートの構造体とデザインとの関連、透明ガラスとガラスブロックとのサッシワーク。ランプのある屋上の構成。飛込台のある一レーンのおしゃれなプール。敷地の高低差を利して正南面させた配置に看てとれる計画水準。いずれも国産の技術と計画原理[1]であって、それは完全にグローバルな水準であると同時に、それを抜こうとしていた。

1　「計画原論」という分野は吉武泰水の創案にかかるものであって、したがって日本にしかないことは知られている。これに先立って、在来の日本家屋を科学的に検討し、夏に高温多湿・冬に低温乾燥の気候のなかで居住性の向上が求められた。明治末期の『建築雑誌』などから、冬の採暖や夏の清涼を求めた提案があいつぐが、こうした検討の総集編となったものが藤井厚二の〈聴竹居〉にいたる一連の実験住宅（一九一五～二七）であろう。夏と冬との太陽高度差に注目して家屋を正南面させ、軒の出によって夏の日照をカットし、冬の日照だけを受け入れる設計術は、さしずめこの代表となり、やがて「計画原論」として集大成される。戦後の団地形成にあたって、住棟を南面配置したのはここが出発点だが、軒を出すことを忘れ、その後に大問題化する。

しかし、この家は全部がRC造ではない。三階は木造なのである。工事の準備は三七年から始まったが、同年一〇月二〇日には「鉄鋼工作物築造許可規則」(商工省令第二四号)が施行され、鉄骨や鉄筋で建てられる建物は、ごくわずかとなった。総動員臨戦体制のもと、限られた資材はあげて戦時動員されることになったのである。竣工は三九年。かろうじて間にあった普請だった。ゼロ戦はいうまでもなく全金属製であり、その抜きんでた高性能は軽量化のかぎりをつくした設計に担保されている。これを達成した技術は、超超ジュラルミンとその鋳造によって可能になった翼梁の強度だったが、そのよって立つ日本の資源と工業水準とは、実は、このようなものでもあった。やがて、お寺の鐘までが供出させられることにもなるのである。

片流れ屋根という建築術

「美の祭典」をもって知られるベルリンオリンピック(一九三六)の後継開催地は、東京(一九四〇)ときまっていた。

その後JOCとなる五輪運営組織の、政治や行政から独立した運営が求められて、〈岸記念体育館〉の新築となる(一九四〇)。東京・お茶の水の現・日立本社屋の場所が敷地、東京空襲にも焼け残って、私も大学院時代まで毎日のように前を通っていた。組織は六四年の東京オリンピックを機に原宿の〈代々木体育館〉(国

岸記念体育館/前川國男/一九四〇

立屋内総合競技場）のとなりに引っ越しているから、当時は空き家だったようだ。前川國男事務所の設計、丹下健三の処女担当で広く知られている。

いうまでもなく木造、本館が二階建てで、あとは平屋の、いまから思えば贅沢なランドユーズだったが、見るからに老朽していた。青味がかった灰色のペイントを全身にまとった姿は独特のものであって、明らかな作意が看てとれるのである。

当時、鉄材の規制は屋根のトタン（亜鉛鍍鉄板）にまで及んでいた。屋根はセメント瓦で葺かざるをえないから四寸勾配[2]、木材のほか使えるものは並板のガラスだけだった。厚さ一・九ミリメートル、三尺×二尺ときまっている。これを無駄のないように割りつけて開口部をつくるしかないのである。オリンピックの事務局となる施設でさえ、その例外ではなかった。

たったこれだけを材料にしていかに建てるか。それで近代建築原理を実現し、いかにディベロプメントするか、それが建築家の腕のみせどころだ。たとえば切妻屋根をかけて妻側にパラペットをたてたりして一般の商店建築は存在している。だが、こんなテンプラはアウトだ。だから、片流れ屋根を多用することになる。たまたま、コルビュジエが三〇年代に入ってバタフライ屋根を創案し、左右で大小がある屋根を架けて谷樋をガーゴイル放流するという建築術を、〈エラズリス邸〉（計画、一九三〇）、〈マテの家〉（一九三五）などに見せている。セメント瓦の四

2　日本瓦の生産が急激におちるのは四〇年前後と思われるが、理由は瓦を焼く燃料の欠乏にあった。かわって焼きかためる過程なしの瓦として、セメント瓦が急浮上した。モルタルを型にいれて凝固させただけのものだから、C種ブロック（防水ブロック）程度の透水抵抗力しかなく、したがって四寸勾配は少なくとも必要だった。

寸勾配だと、しかし、どうにもならない。切妻屋根をまんなかに架けて、その両妻側に片流れの屋根をつけるという方法を丹下は考えついた。しかし、これはずいぶんインフォーマルな建築術であって、オリンピック事務局に向くものではない。中庭を囲んで三方向に片流れ屋根をかけ、残りの一方向を切妻で結ぶ、などという方法も考えだして、これを克服している。あのころ、建築家はずいぶん面白いゲームをしていたんだな、窮乏もまた楽しからずや、などと思えてくる。

いずれにしても、片流れ屋根の高い方の平《ひら》が外を向くのだが、窓の上にあらわれる額《ひたい》の巨大さは布袋《ほてい》様のようであって、これをなんとかしなければならないという課題は常についてまわる。〈岸記念体育館〉のもの言いたげな正面は、この課題に丹下がいかに腐心したかを示しているのである。最上部にガラリを切って換気口とし、柱をわざわざ丸太の独立柱にして、その腰に生子《なまこ》壁様のダイヤゴナルな格子を組んでいる。明らかに坂倉準三の〈パリ万博日本館〉(一九三六)からの引用だ。こうした工夫の結果、布袋様は作意をまとって常人に近づいたのである。

ここに、「日本的」というテーマと、構造表現という別のテーマが浮上する。

日本的表現という課題は、講堂にはわざわざ縁側をつけて太鼓側の障子で区切っていたりもしていろいろだが、窮乏時代の木造公共建築のおもしろさは、日本的表現をわざわざふっ切っているところにある。おそらく、木造を追求してゆけば、いつの間にか和風に戻ってしまうところがあるからに違いない。戦時窮乏

夏の家/A・レーモンド/一九三三

体制のなかで、あえて合理に徹し、和風をふり切ったところに、帝冠様式の対極のような清々しさがあることは明白だ。技術者は、こういうことを通して体制批判に肩入れしていたようにも思える。そこがまた、戦前、戦中、戦後の窮乏時代に一貫して流れる底流でもあったのだろう。そのような意味では、丹下健三による〈岸記念体育館〉は、建物の性格にも基因するのだろうが、相当に特異とせざるをえまい。

申し添えるが、一九四〇年の東京オリンピックは結局は返上となる。六四年の本番では小さすぎるうえに老朽化がすすみ、旧〈岸記念体育館〉はおそらく歯牙にもかけられなかったのではなかろうか——。

古典主義 vs 浪漫主義

日本の行政組織や官僚機関の全般を通じて、なぜ逓信省系だけが最強の営繕部門を育み、徹頭徹尾、戦後にいたるまで自前の設計を押し通すことができたのか、私には謎だ。宮内省(戦後は「庁」)でさえ、警察・司法系でさえ、国鉄でさえなしえなかったことだ。

逓信省は、戦後、郵政省と電電公社とに分かれるが、いまだに伝統は継承されている。営繕部門に独立性のある権限を渡し、なかでも設計部門を重んじ、日本有数の有能なアーキテクトを擁してきた長い歴史があるのだ。これは、建築学科をもつ大学にさえもなしえないことだった。早稲田はその例外だが、同様な例外が逓信系にありえたと思うしかない。とくに戦前という時期にあって、官民を問わず、日本最強の設計チームはここにあったのである[3]。

当時の逓信省計理局営繕課の設計係長だった吉田鉄郎にどれだけの政治力があったのか知らない。知られている人柄から推察すれば、とにかく、そういうタイプではない。営繕課長に推されながら「私は設計がやりたくてここに来たのだから、ハンコを押すのを仕事にしたくない。ふさわしいのが部下にいるから」と山田守を推した。山田は吉田の一年後輩だったのである。その上で、逓信省の顔も顔たる〈東京中央郵便局〉(一九三一)と〈大阪中央郵便局〉(一九三九)を自分で手がけている。それに先だって、山田に〈東京中央電信局〉(一九二五)をさせ、〈東京逓信病院〉(一九三七)という戦前日本のモダンデザインの到達点のひとつもつくらせた。のみならず、タテ長隷書体をツメて横書きの表示をするという全郵便局共通のコーポレート・アイデンティティをつくったのも吉田だし、組織は、これを今日まで守りぬいた。いずれにしろ、単なるお役人集団には、とてもできることではない。

吉田鉄郎は、その世代からしてドイツ好みであり(当時、重工業タクト生産段階の先端にドイツはいた。その意味で英国はすでに斜陽だ)、しかし建築家ではA・ペレに私淑するところがあった。産業革命に出遅れたフランスは使用鉄鋼量の節約のために鉄筋コン

3 向井覚は『吉田鉄郎』『山田守』『岩本禄』の逓信建築家それぞれの評伝を相模書房から上梓している。近江栄によれば、逓信建築の伝統の基礎は、この岩本禄に求められるのではないかとされる。それにしても、早世をしながらなおすぐれた作品を岩本に残させる許容力がすでに逓信にあったことは事実だろう。

大阪中央郵便局(RC造)/逓信省(吉田鉄郎)/一九三九

クリート（RC）を基幹素材とせざるをえなかったのだが、もともと土木用素材だったRCを剛接軸組（ラーメン構造）として建築に適応し、その与型者（form giver）となったのがペレだ。壁構造の素材としていかにも適性がありそうにみえるだけに、これはいかにも炯眼《けいがん》だった。

代表作〈ノートル・ダム・デュ・ランシー教会〉（一九二三）を見るまでもなく、ペレの好みは明かにゴシックにある。ビル型の業務用建物にすぎない〈ポンテュ街のガレージ〉（一九〇五）でさえ、巨大な薔薇窓がつくのであって、この好みは徹底したものといえる。しかし、そこに古典主義を読みとったのが吉田ではないか――。

こういうものの言い方はいかにも乱暴だ。ゴシックとはロマンティシズムの代表であって、その対極にあるはずのクラシシズムだから、白から黒を読みとったと、私は言ったことになる。しかしである。軸組構造を探求するなかで「列柱《オーダー》」という規範を離れて考えうる西欧人がどこにいよう。木造ゴシックであるハーフティムバー木造でさえ、木軸小舞を外してレンガを積んで貼り直したのが、近世西欧人だった。その正面《ファサード》に石を貼って、都市不燃化をさえ達成しようとした。これが西ヨーロッパの実相だった［4］。

彼らの規範が組積造にしかないとすれば、軸組構造は結局は古典古代（クラシシズム）の列柱に類例を求めるしかあるまい。吉田がペレのゴシック好みの彼方にク

4　ハーフティムバーとは、丸太から角材を二本とったということだから、一：二に近い長方形断面となる（横架材では短辺が鉛直方向につかわれる）。日本風にいえば四寸角が二本分となり、しかも堅木主流だから、火災にあってもなかなか燃えない。いまでいう大断面木造が中世からあったことになり、これが、ロマンチック街道などに古くからの木造民家建築が多く残っている理由のひとつだ。日本でようやく基準となった耐火性の大断面木造が一辺二〇センチメートル以上からとなっているのは安全性のみにすぎないのだ。

ラシシズムを読んだとしても不思議はない。まして、ドイツ近世の古典主義傾斜は何人も知るとおりであって、三〇年代になってナチズムが優勢となってもそのナショナリズム[5]は、何と古典主義に向けられたという複雑な経過も辿っているのである。

構造表現と芯々制

ことに平面図表記にあって、日本は伝統的に芯々制をとってきたが、これは木造軸組構造にとっての必然にほかならない。

他方で、組積造の文化にあっては、図面表記は内法制となる。たとえば、芯々制では八帖間という呼称が成り立つが、内法制では何フィート何インチ×何フィート何インチの部屋という呼称にならざるをえない。組積造ではレンガ一枚積み(二一センチメートル)が最小の壁厚であって、階を重ねるごとに壁厚は巨大になっていくからである。上層階でたとえ八帖大でも、下層階になると四帖半大になったりもする。

古典古代の神殿建築にどんなカノン(寸法体系)が使われたか、直接文献が残っているわけではない。ヴィトルヴィウスやアルベルティは実測などによって、その秘密を明かそうとした。列柱のカノン研究では、やがて柱の太さを単位(ビット)として比例が論じられるようになるのが、いずれも内法寸法制を無言の前提として

5 浪漫主義としてのニヒリズム…ナチズムの哲学的根拠のひとつがニーチェのニヒリズムに求められているのは周知のことだ。最初の近代戦である第一次大戦の砲火を塹壕のなかで耐えて生き残ったのがニーチェの世代だった。合理の奥の不気味を身にしみ、これをフォアゾクラテッカー(ソクラテス以前)の思索のなかにみようとして、ギリシャ悲劇にたどりついている。これは古典主義の深層をなす非古典的なもの——原浪漫主義——といいうるものだ。

ラングハウス(ブランデンブルク門)やシンケル(アルテスムゼウム)以後のドイツ建築がとりわけギリシャ古典主義に傾くのは、深層に浪漫主義があってのことだろう。この延長線上に、シュペアのナチズム建築があることは明らかだ。権力への希求という浪漫の建築言語が、皮肉にも、古典主義に求められたのである。

論じ継がれた。ギリシャ神殿は見るからに木造軸組構造を組積造に移したものであって、実はもともとは芯々制寸法体系だったのかも知れない。

近代建築とは、技術的にみたとき組積造から軸組構造への転換なのであって（実はこれをトロッケンバウと呼んだ）、寸法表記も内法制から芯々制への転換を不可欠としよう。図面を内法制でかくか芯々制でかくか、これは設計内容にも微妙な差異をもたらす。つまり、架構が建物に秩序を与えているという意識を、設計者はもたざるをえなくなるからである。ルネサンス以後の近世建築の主流は一言でいえば、古典主義への傾斜なのであって、それは柱を西欧人に教えたことでもあった。この下敷きのうえに、おそらく、組積造から軸組構造への大転換がなされたのである。

吉田鉄郎にかえろう。

吉田はドイツもペレもともに好きだった。そしてペレに古典主義を読みとったとしても矛盾も不思議もない。〈東京中央郵便局〉の設計の主題に柱の建築を選び、そこに古典主義を重ね合わせたのである[6]。

柱の建築とは構造体の露出の美学という意味にほかならない。梁までもが内外にわたって見えてくる。しかし、この時代、剛接軸組構造の実は梁のハンチによる柱への剛接に求められていた。これでは話にならない。なにしろ地震国日本にあって、佐野利器にはじまる耐震理論は世界に先駆けてのものであった。鉄壁だ。

6　古典主義の規範は、基壇、列柱、三角妻（ペディメント）に求められるが、これが陸屋根建築に適用されるとき、ペディメントにかわるものを屋上手摺に求めたのがガブリエルの〈プチトリアノン〉（一七六四）であり、ついで、これをペントハウス化した最初が渡辺節の〈日本勧業銀行本店〉（一九二九）だったのかもしれない。その後、吉田鉄郎の〈東京中央郵便局〉、岡田信一郎の〈明治生命館〉（一九三四）、渡辺仁の〈第一生命本館〉（一九三八）と展開することになる。

吉田は、これを突き崩して部分的にしろ、ユニフォーム・ラーメンを実現しているのである。このようにして、柱の外面と梁の外面とを合わせ、柱の芯に壁をたて、これにサッシを取りつけるという、きわめてコンセプチュアルなデザインをする。芯々制寸法体系と構造体の露出とはまさに手を携えているのである。

〈東京中央郵便局〉につづく〈大阪中央郵便局〉では、ついに柱とサッシとの間の小壁はなくなり、サッシは直接柱型に取りつけられ[7]、ユニフォーム・ラーメンはほぼ全面的に採用されるのである。川添登はかつて、戦後の丹下健三の活躍とその世界的な評価は戦前の吉田鉄郎によって準備されたと説いたが、ときに一九三九年、日米開戦はすぐそこまで迫っていた。ちなみに、これはＲＣ造庁舎の最後を飾るものだったのである。

窮乏の時代

臨戦体制を前に、逓信省も木造庁舎（各地の郵便局など）を余儀なくされるのが35年ごろだという。こうした趨勢下、吉田鉄郎設計係長もまた、そのお手本をつくってみせざるをえない。出来をみると、それどころか喜々としてつくったようにさえみえる。それが〈大阪中央郵便局梅田分室仮局舎〉（一九三五）だ。

列車のように長い長い建物だ。総二階で短辺を妻にして切妻屋根がかけられ、この方向で一階より二階が大きい。長手方向は全幅ガラス窓、柱から柱までの引

7　柱型のあるカーテンウォール：ここで論じていることは、別の言い方をすれば柱型の明らかなカーテンウォール構成ということであろう。早くはサリヴァンの〈カーソン・ピリー・スコット百貨店〉（一八九九～一九〇四）があり、Ａ・カーンの〈フォード・ハイランドパーク工場〉（一九〇八）、ベーレンスの〈ＡＥＧタービン工場〉（一九一〇）の長手方向、Ｊ・Ｍ・トルッコの〈フィアットの自動車工場〉（一九二二）などはあげておく必要がある。

き違い窓だ。並板ガラスを縦方向に使って、このプロポーションは下見板目板貼りの腰とつりあって絶妙、全体が渋塗りでまとめられている。二階の窓は軒で、一階の窓は二階の張り出しで守られているのである。妻側は目板張りの壁のうえに屋根の妻ケラバが延びている。趣に味があるのである。日本と近代、建物のインフォーマルさと公共性（フォーマル）、デザインの匿名性と恣意などが微妙に釣り合って一体となり、みる者に高揚感を与えずにはおかない。もしかすると吉田の最高傑作とさえいえる。当然、これを知って丹下健三は〈岸記念体育館〉に挑んだのだろうが、ふたつは異質なものだ。

吉田は翌年、〈逓信省大手町分室〉をつくり、部下の小坂秀雄も〈電気試験所第一部〉（一九三九）などなどをつくって、木造造営は〈高等海員養成所〉そして〈灯台寮男子部・女子部〉にゆきつく（ともに吉田、一九四三）。この過程で、下見板は目板張りからタテ羽目にかわり、渋塗りからグレイのペイントにかわり、ストレートに立ち上がる総二階建てになった。ディテールの工夫が進んで、風雨が吹きつけたときの漏水や隙間風の対策ができたのである。その一方で、妻側のケラバの延びがなくなり、破風板もなく三角台の家形の妻がすっきり立ち上がるようにもなった。マッスが明確に立ち現れてきたのである。

セメント瓦と並板ガラスと木材だけをつかって、しかし、明瞭なモダニズムが追われ、恣意の領域が拡大するとともに、公共建築としてのフォーマルさの追求

東京鉄道郵便局／逓信省（吉田鉄郎）／一九四〇

が重ねられたのである。

〈高等海員養成所〉では、それがドイツ的な古典主義をいかにも彷彿させる。まさかRC造ではここまでできなかったのではないか。逆にいえば木造だからここまでせざるをえなかったのでもあろう。その恣意性のゆえに、〈岸記念体育館〉と〈高等海員養成所〉には類似がある。

これは、この時代に青春を迎えた人々、たとえば予科練（海軍飛行予科練習生）にあこがれ、共同体への献身と自己犠牲とを担保としてしかモダニズム先端につながりえなかった「時代」を、浮き彫りにする。それが、この時期における日本の「近代」の深度なのかもしれないし、中進国における「近代」の発展段階と読みかえた方が正確なのかも知れない。簡単に「ナチズム」とか「国粋主義」とか、言ってはならないのではないか。

しかし〈灯台寮〉ではうってかわる。

そもそも、この建物は全国各地に点在する灯台の、灯台守の子弟の共同疎開施設のような性格をもつ。場所がら戦時に敵軍から狙われやすく、かつ守りにくい。でもなくてはならない。子弟だけでも集めて安全圏におき、学業に専念させようとしているのであって、つまり、ドメスティック（居住的）施設だからだろう、フォーマルさが消されている。これがいかにも木造に似合っている。西欧や日本などの降水量に恵まれ森林を育みやすい自然環境がもたらす地域が生む文化になじむの

高等海員養成所／逓信省（吉田鉄郎）／一九四三

である。
「文化」とは多数の人々が長い時間のなかで育んだ継承、というような意味であって、匿名性原理そのものにほかならない。それに、近代が塗り重ねられている。この、なじみの感覚は他にかえ難いのである。それでいて充分に進歩的であり、かつ開明的だ。それがまた、新たななじみをよぶ。

抒情精神《リリシズム》の住宅

生田勉と立原道造は、一高時代からの友人で一九三四年東大入学組の同級生だった。文学青年同士仲良くなり、農学部にいた生田を建築学科に転科させたのは立原だったという。建築学科では立原の下級生になった生田だが、ふたりの間の学年に、丹下健三、浜口隆一、大江宏というトリオがいた。

卒業後、立原は石本設計事務所に入る。だが結核のために間もなく休職し、2年後に病死している。あまりに短い生涯だったが、卒業設計〈浅間山麓に位する芸術家コロニイの建築群〉、卒業論「方法論」、そして数十枚の図面やスケッチとエッセイが残された。立原は堀辰雄、室生犀星など軽井沢を愛した文学者と深く親交を結んで詩人として知られた人だ。卒業設計はいかにも抒情詩人たちに捧げられたオマージュであった。

立原が早世したその年一九三九年に、生田は逓信省営繕に身をおく。仕事場でも本ばかり読んでいて設計スタッフとして有能とはいいようもなかったと自分で言っていたが、木造庁舎の設計にあたふたとする環境の中で建築家として自己形成を始めたことも確かだった。たとえば一階に便所があるときには天井にターフェルトを敷いていたとか、風呂場の天井には勾配をとり、水下《みずしも》に内樋をつけたとかの、逓信の設計基準を生田から直接聞いたことさえあった。

このふたりをつなぐのは文学だけだったのではなかった。立原が残した〈風信子《ヒアシンス》ハウス〉などの抒情詩人然としたスケッチは、結局、生田の戦後の木造住宅作品群の中で蘇ったのではないか、こう説いたのは津村泰範だった（「昭和伏流建築史」『新建築住宅特集』一九九六年一一月号）。

この好論文が世に出てから、津村と会う機会があった。媒介項がある、それは逓信木造庁舎ではないかと私見を提起した。津村は、立原の唯一の実作だったという〈秋元邸〉（横浜、一九三八）のスケッチを捜し出し、これを生田の四〇歳をすぎての処女作〈栗の木のある家〉（一九五六）と重ねあわせた。残念ながらスケッチの立面と平面とが合わないのだが、充分に興味深い発見だった。

立原の作風を詩情あふれるとでもいうとすれば、それは小手先細工にとんだものだ。たとえば出窓や霧除《きりよけ》（窓や出口の直上についた小庇）が多用され、内部も造りつけ家具にとみ、外壁を切り返して羽目の張り方をかえたりしている。たしかに片流れ屋根が多用され、コルビュジエのあの時代そのものだが、それにもまして、当

ヒアシンスハウス設計図（計画）／立原道造／一九三七ごろ

時の「文化生活」観や、その具体化である「文化住宅」の香りにあふれているのである。卒業設計は辰野賞に輝いたというが、中心施設たる美術館では、大きな片流れの主屋に連柱のある低層部がまといついているのだから、建築語彙のロジカルな咀嚼におおいに欠けている。むしろ、当時の「青白きインテリ」たちの、「文化住宅」観をそのまま残したものと考えてよいのではないか。国立や玉川学園や鎌倉山など、当時の電鉄開発住宅地に、もしかすれば今でも残っていそうな内容だろう。おそらく、当時の日本の経済段階を如実に反映したものなのでもあって、たとえば汲み取り便所のままで、ミニマムスケールのワンルームは成立しえないのである。キッチンについても同様のことがいえる。ステンレスという素材に市井の財布が届かなければ、ＤＫさえ成立しがたい。

戦後、生田勉がしたことは、そのうえでのことだったが、図学の教師としての意図は、正方形だの三角形だの六角形の半分だの、正一二面体だのの幾何学形態に、人を住まわせるという関心もあった。したがって小細工を嫌っている。その意味では逓信の木造時代の継承も色濃い。〈亀甲の家〉(一九五八)では三帖ほどの吹き抜けを仕掛けているが、この大きさでほんとに「studio type」になるのかの実験だったと後に語っている。それで効果ありと分かって〈牟礼の家〉(一九六二)に至ったのだと――。

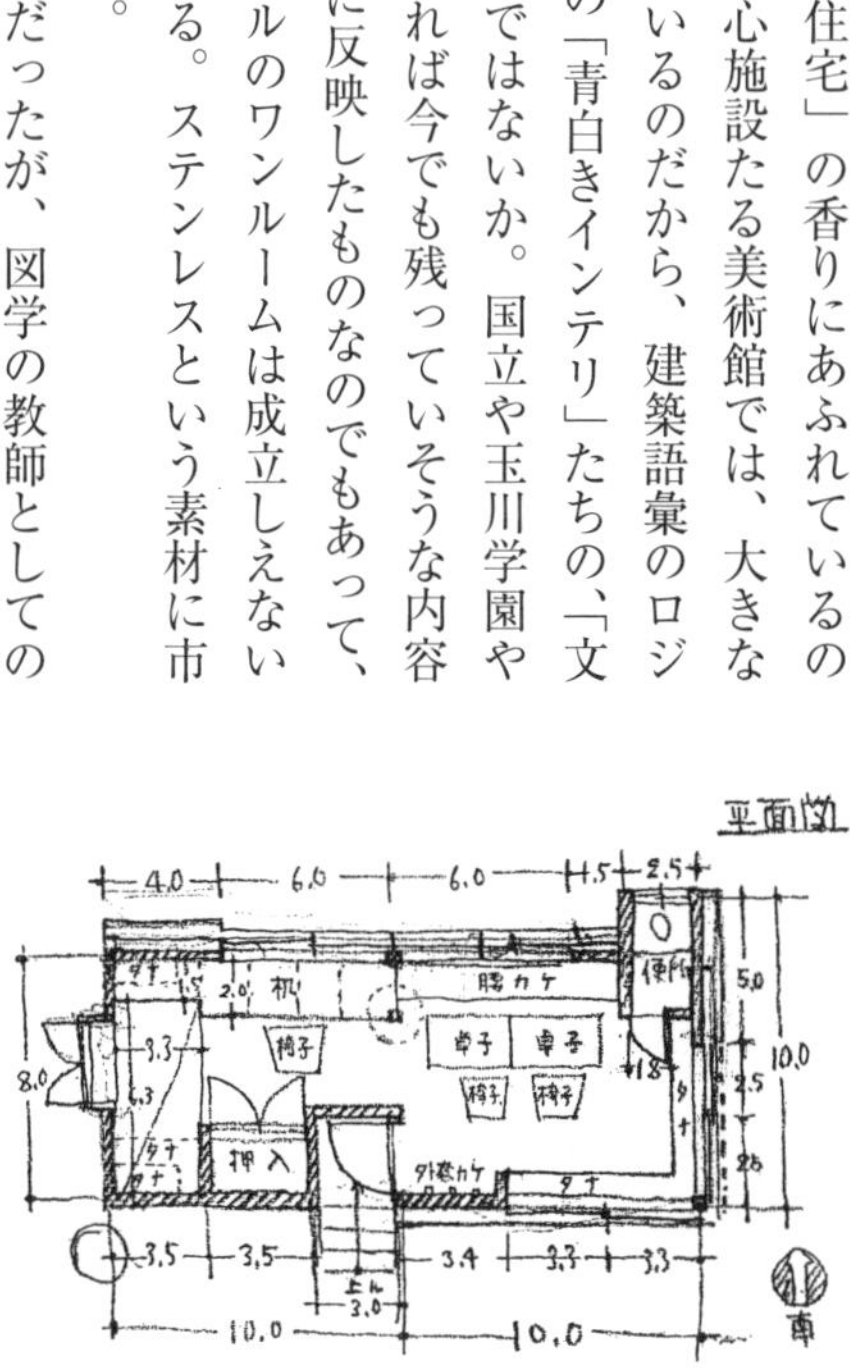

民主主義の木造建築

敗戦の一九四五年八月までに、空襲などで三〇〇万戸を焼失させた日本だったが、復員や引揚げ者などの社会増を含めれば四二〇万戸の住宅不足に陥った。残ったストックの約半分に達する住宅量を、早急に手当てする必要にせまられたのである。のみならず、学校や庁舎などの公共建築の焼失も激しく、基幹産業がまだ立ち直っていないのだから、結局は木造に頼ることになる。

戦前、戦中の総動員体制から、まず鉄鋼規制だけは外れたから、五〇年ごろからトタンの使用が容易になり、市場にコンクリートブロックも登場した。まずは戦後の新しい風だ。以前の四寸勾配からいっきに二寸勾配も一寸五分勾配も可能になる。

逓信省は郵政省と電気通信省に分かれ、電気通信省はさらに電電公社になる。営繕部門も二分にされるが、「逓信建築」の伝統は忘れなかった。『郵政省の建築——戦後の木造庁舎』（郵政省建築研究センター、一九七五）という作品集が残されている。局舎の建築は四七年から始まっているのだが、このころはいかにも生硬だった。新しい風が吹き出すのが四九年ごろからであろうか。妻は三角形のペディメントになり、平側からつづいた軒天井が貼られ、その下に大型のガラス貼の開口部がとられたり、二階建てでは、妻下にロングウィンドウ（リボン窓）がとられたりする。タテ長のドイツ的プロポーションから離れて、明るい局舎、民主主義の建築に変

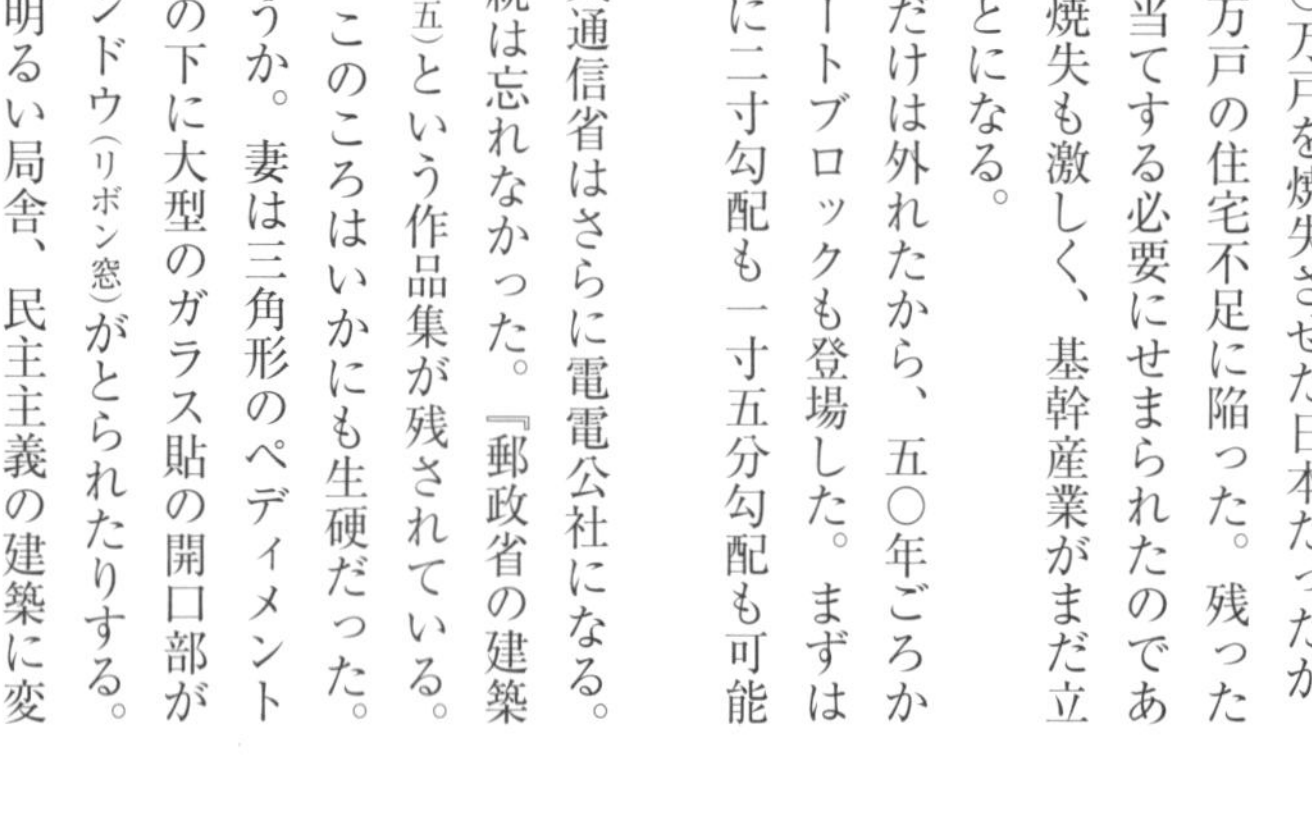

東京逓信病院静心園／郵政省／一九五四

身してゆくのである。

当時、アメリカに移ったM・ブロイヤーの自邸が話題をよぶ（コネチカット州、一九四七）。水平に長くのびた立面は一面にタテ羽目に覆われ、オイルステインで生地を見せながら色を合わせている。これが木造の新しいファッションになった。オイルステインそのものが戦後の素材であって、これさえが新しい。

一方、民間の建築では前川事務所の仕事が目立った。〈岸記念体育館〉を彷彿とさせる〈紀伊国屋書店〉が新宿に復興し（一九四七）、〈慶應義塾大学病院〉（一九四八）が信濃町に建ちあがった。エレベーターのかわりにランプで一階と二階をつないだ大木造建築だったが、前川國男はなぜかペンキ塗りだ。他方、今泉善一、西川驍、高田秀三ら当時の人気作家たちは、好んでオイルステインを使い、片流れやバタフライ屋根をかけて、陽気で開放的なアメリカニズムをあおった。

私が中学に進級したのは五二年のことだった。その鎌倉市立御成中学校は、御成小学校の充分すぎる校庭の一部をさき、校舎二棟、職員室棟、給食棟からなり、新築されたばかりだった。薄緑色にペイントされたタテ羽目が全身を覆い、妻側に、一階を後退させてガラス貼りにした正面玄関がある。これは「郵政建築」がそのまま校舎となった姿だ。

それが戦後第一期の日本なのであって、民主化と合理化と工業化とは、まさに日本の復興と完全に同期し、それが木造の造営に求められていたのである。

中央郵政研修所／郵政省／一九五七

ちなみに、郵政省の木造局舎造営は五八年までつづき、全国津々浦々に開明局舎を普及させた。郵便にしろ電話にしろ放送にしろ、日本は公営をもって臨んでいる。それは「ユニヴァーサル・サービス」という基本的理念の実現にほかならない。『経済白書』を通じて「もはや戦後ではない」と政府が宣言したのは、この年だ。木造の造営をもって、日本はとりあえず、それをやりとげたのである。課題は一転して庁舎や局舎の不燃化と、サービスの質の向上とになる。

「伝統論争」の効用

一九五九年一月号の建築各誌、ことに『建築文化』誌は、戦前戦後を通じて、建築ジャーナリズムのひとつのピークだったと、何度も私は言いつづけてきた。

丹下健三の〈香川県庁舎〉が巻頭を飾った。それは、丹下の戦後第一期の活動の総括と結論を示すものだった。三〇年代から課題だった架構の自律による、機能と形態との媒介、あるいは架構というテーマが、伝統的メタファをもともなって、ここに結実したということにほかならない。

この成果にたどり着く過程に、まず、コルビュジエの〈スイス学生会館〉(一九三二)がある。つぎに吉田鉄郎の地道なクラシシズムがあり、ついでA・レーモンドの〈リーダーズダイジェスト東京支社〉(一九五一)や、アメリカ大使館の宿舎〈ペリーハウス〉〈ハリスハウス〉(一九五三)の、RC版架構体という新しい展開があった。

仙台荒町郵便局/郵政省/一九五四

そしてミースのユニヴァーサルスペース概念とその実体化が〈ファンズワース邸〉（一九五〇）や〈レイクショアドライヴ・アパートメント〉（一九五一）に示されたうえで、清家清の〈森博士の家〉（一九五一）や〈斉藤助教授の家〉（一九五二）を起点にした伝統回帰を経て、そのすべてを包含しながら、〈香川県庁舎〉は成立したのである。

日本の文化的伝統こそが近代の深化に資することを立証し、この時点ですら、工業生産において世界屈指の底力をもつことを、日本は世界に見せつけた。丹下健三は、その旗手だったのであった。

『建築文化』誌一九五九年一月号はそれだけでは終わっていない。菊竹清訓の〈スカイハウス〉が、後半で紹介されている。今や、ごく普通の素材となって個人住宅にさえ使われるRCという素材の、潜在力を充分すぎるほど引出し、それによって、近代の定型そのものへのチャレンジも始まったのである。ここでも、文化的伝統は最新技術を誘導することが実証され、新たな意匠にも結びついた。

日本の場合、「もはや戦後ではない」どころか、この時点から、明白な追撃に移った。それではドイツではどうだったか。実はドイツの方が復興は早かった。すでに欧州全体への工業製品サプライヤーとして地位を確立していたが、しかし、フランスやイタリアもあるヨーロッパでは、美の探求者としてのドイツは影がうすい。それができたのは、文化的伝統において西欧と差異のある北欧、なかでもフィンランドとデンマークだった。ここにもうひとつの木質の文化があるが、残念ながら誌面はもうない。

アノニマスということ

いずれにしろ、文化的伝統という手掛かりは、グローバルな課題の深化に寄与するかぎりにおいて、正面課題たりうる。

窮乏とアメリカニズムと人民解放路線とに翻弄された敗戦国が、ほっと一息つけそうになるのが五〇年ごろであって、とき、講和(一九五二)に向かっている。

アメリカニズムも人民解放路線も、ともにインターナショナリズムだから、文化的伝統への回帰は表面的には反動現象のひとつだ。まずは、障子というみるからに伝統文化的な建築語彙が建築誌に登場するのは、つぎの順番となる。

一九五一年　森博士の家(清家清)

一九五二年　私の家(増沢洵)

一九五三年　斉藤助教授の家(清家清)

戦前の段階で洋間に障子を入れたのはまず吉田五十八だ(明治初期の宮殿造営を別にすれば)。戦後最初の障子はレーモンドが先か、清家清が先かを問われるところだが、清家のは、はじめから三尺をこえた広幅、組子組はあらく、意図的意識的に使われた。

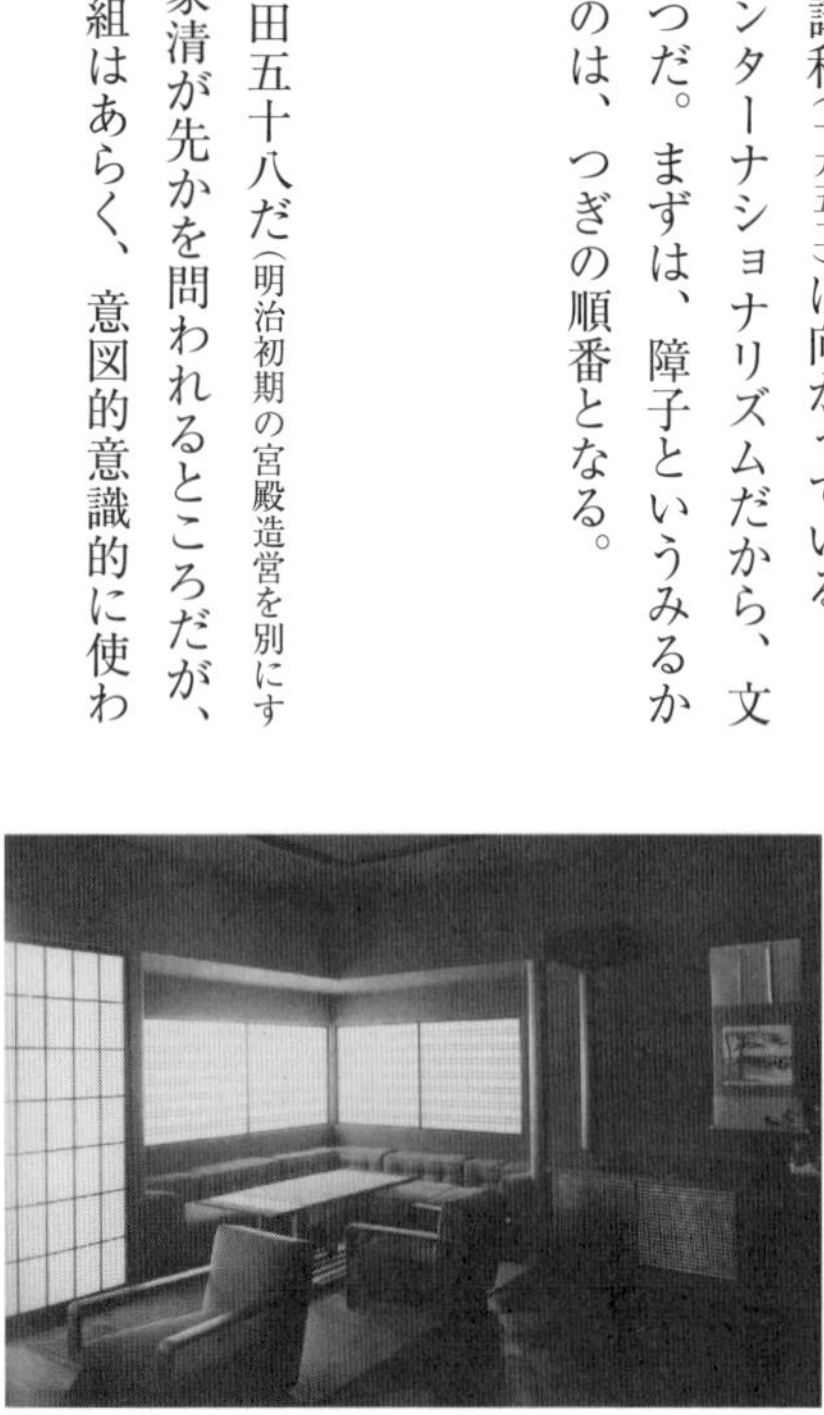

吉屋信子邸／吉田五十八／一九三六

一九五五年六月号の『新建築』誌は、戦後建築ジャーナリズム最初の「和風特集」をくむ。村野藤吾、堀口捨己、吉田五十八、大熊喜英……、というメンバーの堂々たる大作がここに集ったのである。時代はすでにそう動いていた[8]。

しかし、伝統文化を軸に日本の近代建築が展開していったのも、一九五九年一月号(『建築文化』など、前出)までのことだった。すでに見た通りだ。伝統は、急速に正面課題から遠のく。日本そのものが、文化的伝統や日本的なるものを総動員し、これを利して、そこから脱して、時代の先端に立っていたのである。

このとき木造という課題もまた、正面課題から急速に遠のいてゆく。

このつぎに木造という課題が時代の前面に立つのは、はるかに六八年をまつことになる。世界中に野火のように拡がった若者たちの反権力闘争、「造反有理」の建築的主題としてだった。フォーマルではない建築、ハイスタイルではない建築、土着の建築、ゲニウスロキにかなう建築……。あたかも伏流水が湧きあがったように、木造は、時代のなかに返り咲いた。

この勢いのなかで、近代建築はいっきに相対化され、ポストモダニズムに突入している。

思えば、L・H・サリヴァンが「Form follows function」と説きだすのは一九〇一年のことだ(『Kindergarten chats』)。「Nutz still(必要様式)」をもってなるO・ワグナーがウィーン大学の建築学部長にむかえられたのは、もう少し早かった

8　燃焼の五年間
『新建築』誌一九五五年六月号の和風特集を結節点とする戦後の伝統文化指向ブームについては、拙稿「燃焼の五年間――吉田五十八　一九五五～六〇」をごらんいただきたい(『数寄屋造りの詳細――吉田五十八研究』住宅建築別冊一七、建築資料研究社、一九八五)。ただし版元品切れ。

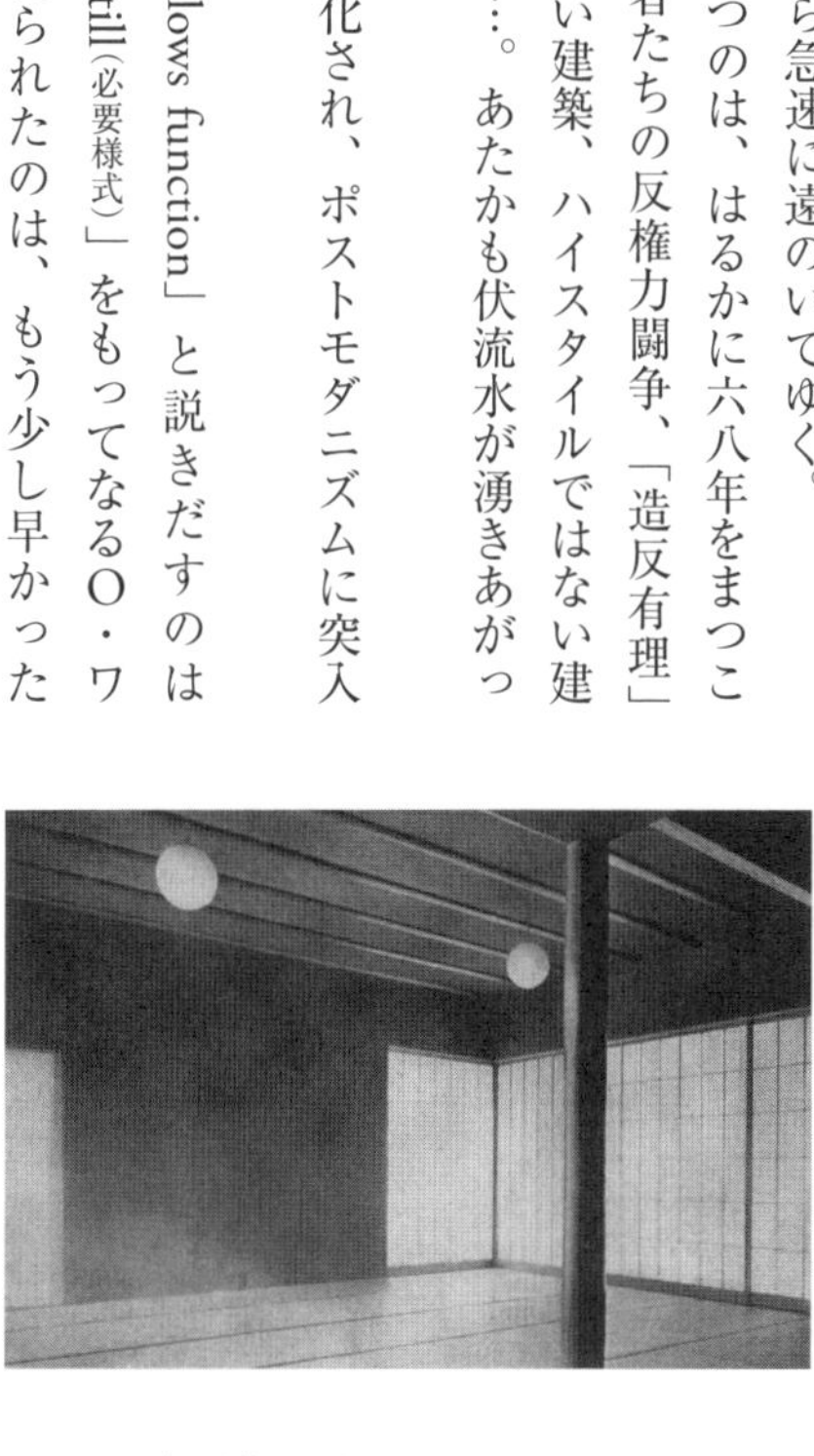
山口蓬春邸／吉田五十八／一九四〇

（一八九四）。

ついでA・ロースを代表とするキュビズム世代が純粋形態（幾何学形態）のなかに建築の理想をみた。

第一次大戦直後のパリに舞い戻ったコルビュジエは、しかし「キュビズム以後」に関心があった。サリヴァンやワグナーの説く「必然形態」と、ロースの説く「幾何学形態」とを架橋できないものか――。

家庭でもなにげなく使われている皿やフラスコ（ワインのデカンタとして使う）、あるいはフォークやナイフ、そして楽器の、誰かがつくったにはちがいないが時間の長い長い流れのなかで純化され、洗練され、改めて見直せば美しいものたちがある。みんなが共有している形にほかならない。これに注目すれば、必然形態であると同時に純粋形態たりうるもの、それはいくらでもあるのではないか。こういうものこそ、本質的な形態のはずだ。「建築」と意識過剰になるからおかしくなる。同じ住居目的でも客船の艤装などに、学ぶべきはいくらでもあるのではないか――。

「レスプリヌーヴォー」（新精神）としてコルビュジエが主張しようとしたものは、このようなことだった。広く共感をよぶところだ。バウハウスもまた、この路線を追う。さらに「構成主義」をデザイン原理として重ねるのである（ベーシックデザイン）。

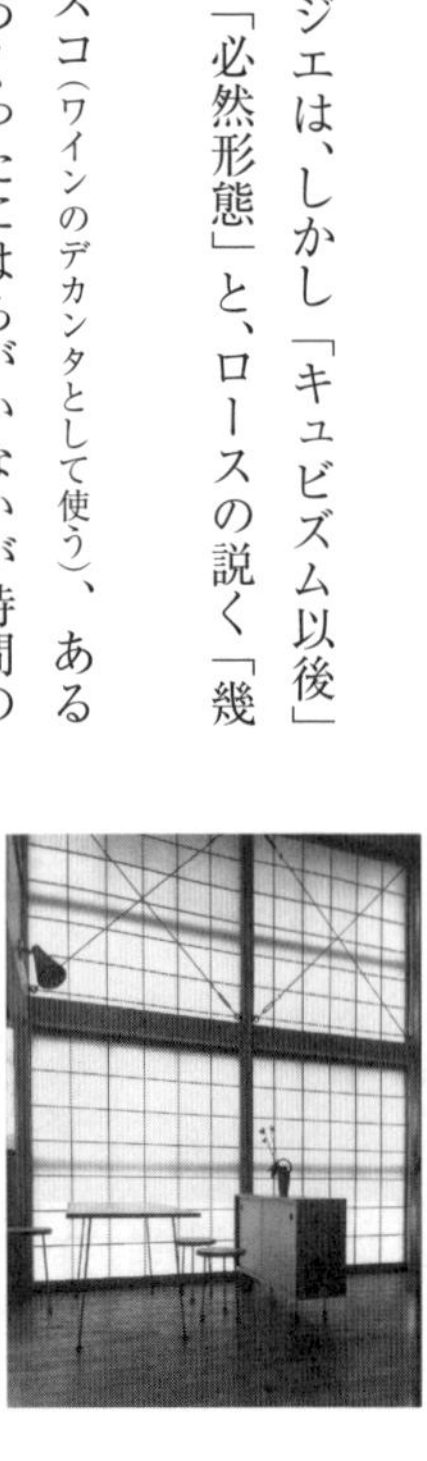

私の家（最小限住居）／増沢洵／一九五二
写真＝平山忠治

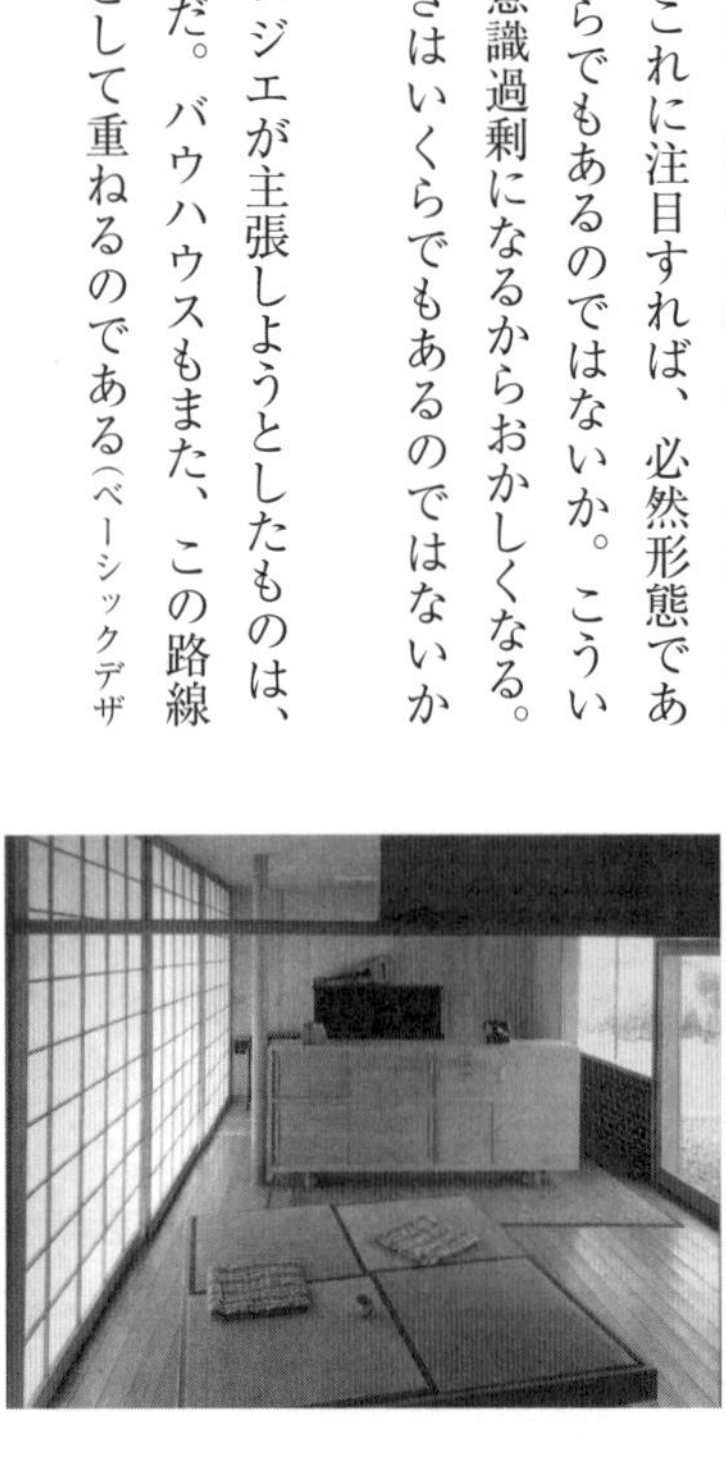

斉藤助教授の家／清家清／一九五三

こうして共作や共働そして共同設計はひとつの価値となった。それがなしうることそのもののなかに、近代性の深化をみようとしたのであろう。

一九三〇年代に入って、コルビュジエは石や木などの非近代の素材にも眼を開き、片流れ屋根やヴォールト屋根など、田舎の建築語彙の採集にもおこたりない。しかし、それは構造体の視覚化の入口でもあったのである。コルビュジエは、「新精神」から急速に離脱しようとしていたが、欧州は戦火にのみこまれる。

遠く極東にあっても事情は似ている。

総動員体制のなかで窮乏建築を強いられ、節約を旨とした価値観を共有するなかで、共働は強く意味をもった。まして日本最強の設計チームは、逓信省営繕のなかにあった。皮肉なことに、聖戦の遂行はモダニズムの貫徹のなかでおこなわれていたのだった。

終戦後も、苦難の復興がまちうけていた。ここにも総動員体制に似たものがあったことは、極東でも西欧でも同じだった。

アノニマス(匿名性)への肯定は、ここでも立ちあらわれてくるのである。この時代やその残滓に少しでもかかわった人にとって、アノニマスとは永遠の聖女にほかならない。付言すれば、伝統文化への指向もまた、変種のアノニマス指向であろう。グローバリズムからみて、それは個性の主張だが、その個性を育んだのは地域であり、それは地域内アノニマスに根ざしているからである。

丹下自邸／丹下健三／一九五四

「新精神」から離脱した三〇年代の課題は、結局、五〇年代に花を咲かせることになる。どこでもがそうなのであって、空白の期間は、世界大戦がもたらしたツメ跡にほかならない。

3　社会派として

建築に美用強の三要素が重要であるという指摘は、なんとローマ時代にウィトルウィウスによってなされている。いらい、今日にいたるまで、総括的な建築の論述には、かならずこの美用強が、なんらかの形で登場することになった。あるいは、建築に向かう思考のほとんどすべてが、このパタンのなかでなされることが常となった。たとえば美と用との合一は近代建築前半の主要なテーマであった。そして、ここに合一された美と用との、さらに強との合一は、近代建築後半の主要なテーマであった。こうしたなかで、空調や衛生設備などの環境工学の発展は見落としえないものがあるが、しかし、強すなわち構造が、そうであったようには、決して建築の前面に登場してくることではなかった。

わずかに、スミッソンやザヌーソや菊竹清訓による試みがあったが、いずれもあえなく坐折し、一般化されたものは空調吹出ノズルの露出ぐらいなもので、これはなんとオットー・ワグナーのウィーン郵便貯蓄局（一九〇四）のなかに、すでに登場してしまっている。あきらかに、用と美との合一というテーマ以上のなにものでもなかったのである。コルビュジェやシャロウによるバスタブにそった間仕切壁などのデザインもまったくこの範疇にある。

こうして、建築家の思考のなかにはあいかわらずウィトルウィウスは生きつづける。別に、それだけが理由のすべてであるとは思ってもみないが、建築家にとって、建築とはしょせん眼に見えるものでしかない。

しかし、ほんとうにそれでいいのかというのは、わたしにとっての主要なテーマであった。たしかに、世界を眼に見えるものだけに限定したとき、そこに開かれるめくるめく世界は限りなく眩惑的である。でも、もうほんの少し切断面をずらしてみるとき、まったく眼に見えない力が、大きく建築を左右していることに気付かざるをえない。

たとえば、近代の住宅を考えるとき、それをなりたたせている近代の生活を考えざるをえない。近代の生活をもたらした近代の生産構造をかえりみないわけにはいかない。こうして私の住宅論は家庭論になった。私の住宅史は生活史に、集合住宅論は共同体論に、そして建築史は文明論と史学になっていた。近代という時代を考えるとき、その巨大な背景としての構造的な疎外を決して忘れることができない。たとえば、住宅ひとつをとりだしても、それが私生活の場にすぎないという、つまりかつての全体的総合的な生活が、公的生活と私的生活に分断疎外された時代が近代であったという認識は不可欠である、太陽・緑・空間というスローガンで語られる近代都市が、また用途地域制《ゾーニング》を介して住居地域という分断された孤島を形成し、疎外深化にひと役かっている現実の認識も不可欠である。

この近代という時代にかわって、現代という時代がもし語られるとすれば、この構造的な疎外がいかに克服されるかという発想をしないかぎり意味をもちえない。もしこれを忘れて「空間」の造形にうつつをぬかすとすれば、建築家の社会的存在意義は、その根本を危うくするであろう。

われわれの個室群住居の発想は、実はそこにあった。生活そのもののデザインを、住居論から都市論を含んで生産構造論にいたるまで広汎で網羅的な体系化を意図したものであった。もちろんその重点は新しいコミュニティの構築にある。そして、この体系性のなかにデザイン論を位置づけようとしている。

「個室らしさ」あるいは「個室群住居らしさ」を発見することによって、概念の世界を実体の世界に落とそうとしたのである。これは「空間」をなるべくひとり歩きさせないように、建築をより大きく左右する要素に従属させようとする意図であった。

この方針は、たとえば便所や洗面所や浴室などのサニタリー・セクションの設計をめぐる設計態度に典型的にあらわれている。一般的に、この部分にまでは設計者の意図があらわれることは少ないが、まれにゆきとどいても、タイルの色や採光方法などの「空間」の問題として処理されることがほとんどである。この方針にはまったく批判的なのである。便所・洗面所・浴室という慣習の構成が今日いかに有効か、どこまでがぬらしてもいい床となるべきか、洋バスと和バス、外釜と内釜と給湯式とどれがいいかというスタディから、一貫した方式が導かれている。

空間か技術かという分極した構造のなかで建築を考えるのではなく、今日におけるその統合された新しい関係を求めてゆきたいと思うのである。「匠」とかアートとかテクネとかのことばが、技術と芸術との両者をともに意味していたように、建築家こそ、その統合者であったように、こんどはわれわれの専門に直接かかわる問題としてこの分極化した空間と技術との統合こそ重要視してゆきたいのである。

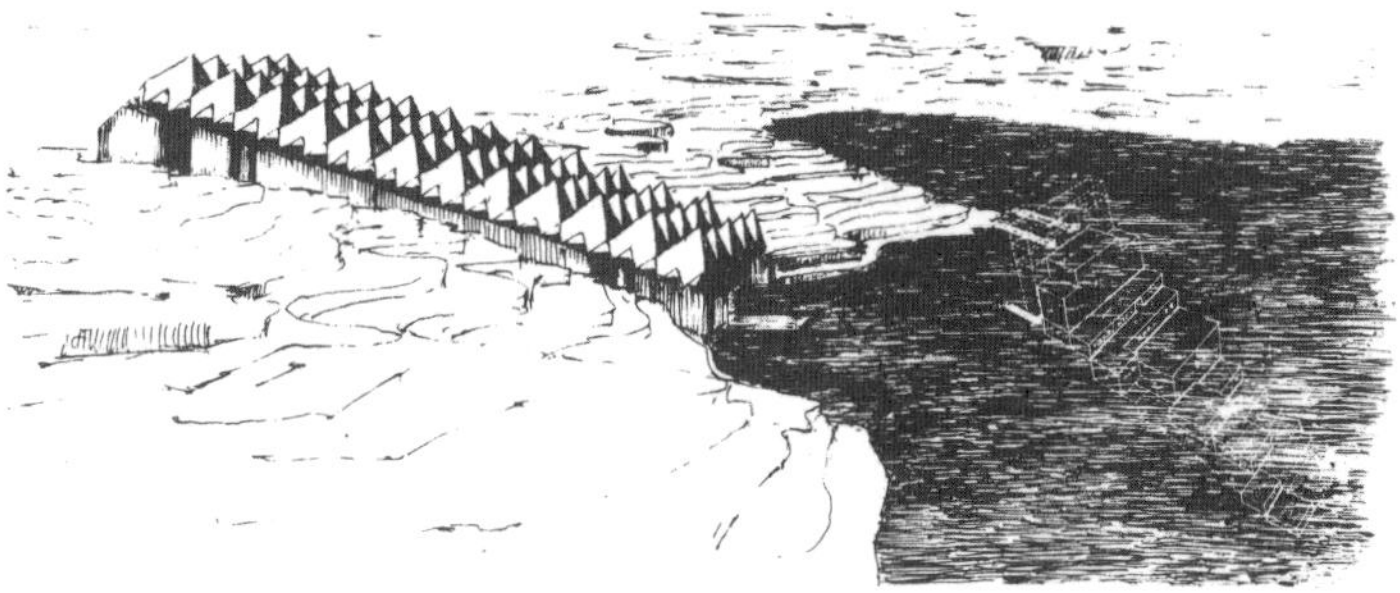

初出一覧

・「レキシコン　個室群住居の基礎知識
——概念と実体の厳密な架橋に、こだわり続けて」
『建築文化』一九七一年六月号、彰国社（収録：『個室群住居』住まいの図書館出版局、一九九七年）

・「〈近代住宅〉と〈個室群住居〉、そして〈ＳＯＨＯ〉型ができるまで」
原題「〈近代住宅〉と〈個室群住居〉」「個人用居住単位の計画　〈ＳＯＨＯ〉型ができるまで」『住宅建築』一九九八年四月号、建築資料研究社

・「都市を生きる——集まって棲まうということ」
「連載：集合住宅原論の試み　第一回」『新建築住宅特集』一九九五年七月号（収録：『集合住宅原論の試み』一九九八年、鹿島出版会）

・「生活、文化、技術。」
『住宅の逆説　第1集：生活編——あるいは技術思想としての住居』レオナルドの飛行機出版会、一九七六年

・「技術思想としての工作」
『住宅の逆説　第2集：匠編——あるいは技術思想としての工作』レオナルドの飛行機出版会、一九七九年

・「社会変化と水まわりの変遷——「家族」は「個族」、その水まわり」
『東陶通信』三七八号、一九九一年一月号、ＴＯＴＯ

・「戦後住宅の変節」

・「２ＤＫの意味」

・「私生活の館」

・「私的生活の現実」
原題「２ＤＫの意味」『住宅の逆説　第3集：日常へ。——あるいは近代住居の内的構造』レオナルドの飛行機出版会、一九七七年

・「建築の普通さへのノォト　Ⅱ」
原題「近代建築はわれわれにとって何だったのか」『商店建築』一九七七年二月号（収録：『翳りゆく近代建築』彰国社、一九七九年）

・「モダンデザインにおける匿名性原理の消長
——窮乏日本が編み出したもうひとつの近代建築」
『ＳＤ』二〇〇〇年九月号、鹿島出版会

・「社会派として」
『現代日本建築家全集　24』三一書房、一九七三年

本文記載以外の図版提供・出典

染谷正弘　九七、一二八、一六六　／　豊田正弘　一三九・左　／　『近代——時代の中の住居』（メディアファクトリー社、一九九三）二三二・左、二三三　／　『現代建築』　二〇八（一九三九年八月号）、二〇九、二一〇（一九三九年七月号）、二二一（一九四〇年五月号）／『自伝アントニン・レーモンド』（鹿島研究所出版会、一九七〇）　二一四　／　『数寄屋造りの詳細——吉田五十八研究』（建築資料研究社、一九八五）二三〇、二三一　／　『都市住宅』一九七一年一一月号　二五・上　／　『郵政省の建築』（郵政建築センター、一九八五）二二六、二二七、二二八　／　『吉田鉄郎建築作品集』（東海大学出版会、一九六八）　二〇七、二一六、二二二　／　『ＳＤ』二〇〇〇年九月号　二一二、二一三、二一四、二一五

編者あとがき――論稿の選定について

黒沢隆は、現代社会における住居のあるべき姿として「個室群住居」という住まいのかたちを提唱し、自らそれに住まいつづけた建築家である。そして、近代社会に誕生した近代建築、とりわけ近代住居の成り立ちを解き明かし、その行方を文明史的視野のもとに思索しつづけた建築思想家だった。また複数の大学で生涯教鞭をとり、多くの人材を育てた建築教育者でもあった。

その思索領域は実に広い。建築史、住居史、建築批評、都市論はもちろん、文化人類学、家族社会学、サル学、構造言語学、記号学等々、それらを自らの建築理論へと昇華し、その建築思想は紡がれている。

この『個室の計画学』は、そうした思索のエッセンスを遺すために、黒沢から建築の教えを受けた有志が編んだ「黒沢隆建築論集」である。ここに収録した論稿の選定理由とその経緯を記したい。

まず黒沢の建築思想を、「個室群住居」論、「生活技術文化」論、「近代住居」論、「普通の建築」論という四つの思索領域に大別した。これは、本書の構成にそのまま反映されている。そして具体的な論稿の選定は、彼のふたつの言説を拠り所とした。

ひとつは、《概念と実体の厳密な架橋に、こだわり続けて》。本書の第一章第一節に収録した論稿のサブタイトルでもある。ここで、概念とは建築を語る「言葉」であり、実体とは建築という「モノ」である。さらに、概念は一般解として解かれるべき建築文化構造で目には見えず、実体は常に特殊解であり目の前に出現する形ある建築、そう理解できよう。黒沢は、F・ソシュールやM・フーコーの構造的思惟のもとに、文明史的な視野から建築文化の構造、特に近・現代住居の構造を一般解として解き明かし、それを現代社会における住宅へと還元すべく、特殊解としての建築作品をつくりあげていった。

もうひとつは、《生活と技術と審美とを総合する具体的な連関を探ること、それが建築の場であり、建築の固有性である》(「『住宅の時代』の終りに」『新建築』一九七八年八月号)。これを黒沢は、自らの建築をめぐる思索と実践の根底に据えていた。「生活と技術と審美」をいまふうにいえば、建築設計における「プログラム、テクノロジー、デザイン」になろうか。

本書のタイトルでもある第一章の《個室の計画学》は、個室群住居論を中心にした論稿を収録している。個室群住居論は、現代集合住居論であり、現代家族論であり、都市コミュニティ論でもある。

近代住居、そして個室群住居というふたつの住まいのかたちが対比的に明快に定義され、それぞれの住宅形式の成り立ち、その内的構造が浮き彫りにされていく。たとえば近代住居の「間取り」には、なぜ夫と妻に共用の主寝室があっても個室はないのか。そうした近代住居の内的構造を概念化・プロトタイプ化し、それを実体化したのが後述の「普通の家」シリーズの建築作品である。

個室の計画学とは、建築を介し、現代社会で私たちが自立した個人として生きていくための計画学ともいえよう。自我に目覚めた私たちが宿命的に担う「構造的な疎外」をいかに克服し、日々を暮らしていくか。個室群住居はそうした発想から生まれた現代の建築装置である。


第二章の《住宅の逆説》には、「生活技術文化」論として、著書『住宅の逆説』の《第一集：生活編》と《第二集：匠編》からの論稿を多く収録した。『住宅の逆説』三部作は黒沢の主要著書のひとつであり、そのタイトルは建築をめぐる知のありようが大きくパラダイムシフトした一九七〇年代の世相が大きく影響していたのだろう。

「住宅は生活の容器です」とこの章は始まり、「容器」の設計のあるべき姿を実践的に分析・提案している。それは一九世紀後半のイギリスの「アーツ＆クラフツ運動」や二〇世紀初頭の日本の「民芸運動」など、正統なモダンデザイン運動を彷彿とさせる。黒沢は、徹底した近代合理主義者でありモダニストであろうとしていたように思う。

第三章の《日常へ。》は、「近代住居」論として、著書『住宅の逆説』《第三集：日常へ。》から「2DKの意味」を収録した。

その執筆目的を「日々の日常生活の意識化を通じて近代住居の概念規定をすることにある」と自ら述べている。現代を生きる私たちの住まいは、家族は、コミュニティは、これからどこに向かうのか。その命題の原点がここに凝集されている。ちなみに、『日常へ。』というタイトルは、建築への考え方や姿勢を異にしていた磯崎新の『空間へ』（一九七一年、美術出版社）を意識したものと聞く。

第四章の《普通の家》には、「普通の建築」論の「普通」という概念に関する論稿、また若き日の黒沢の建築家宣言ともいえる論稿を収録した。

黒沢のいう「普通」には、住居論と建築論という文脈の違いにより、大きくふたつの意味がある。前者は、個室群住居を「現代住居」のあるべき姿とするなら、圧倒的にメジャーな「近代住居」を指す。一方、後者の建築論における「普通」は、黒沢の建築家としての美意識に直結している。

黒沢は「手段」や「形式」を過大にせず、理知的かつ理性的な美意識を重視して上質な「普通」をめざす。そこには、自己表現を超えて、人類が膨大な時をかけてつくりあげたアノニマスな美へ向かう姿勢がうかがえよう。その視線の先に「建築の場(トポス)」を見ていたに違いない。彼が唱える「生活・技術・審美」は、古代ローマの建築家ウィトルウィウスが『建築書』で論じた「用・強・美」に対応する。それらを総合する具体的な連関を探り、建築を実現することが建築家の本来的な役割であると、教壇で語っていた。

黒沢隆が逝去したのは二〇一四年三月、享年七二だった。

不肖の弟子たちの出版の試みを、師はどう見ているだろうか。余計なことをして、と叱られそうな気もする。本書の出版に関わっていただいたすべての方々に、心から感謝しお礼を申し上げたい。

二〇一六年春　黒沢隆研究会

(文責　染谷正弘)

黒沢隆研究会

大川三雄（日本大学理工学部特任教授）
金子祐介（笹田学園専任講師）
亀井靖子（日本大学生産工学部准教授）
川嶋勝（鹿島出版会）
佐藤光彦（日本大学理工学部教授）
染谷正弘（ＤＳＡ住環境研究室）
田所辰之助（日本大学理工学部教授）
豊田正弘（豊田編集室）
矢代眞己（日本大学短期大学部教授）
山中新太郎（日本大学理工学部准教授）
横村隆子（日本大学短期大学部非常勤講師）

本文ＤＴＰ　奥山良樹

［著者］
黒沢 隆（くろさわ・たかし）
建築家。一九四一年東京都生まれ。四五年以後、神奈川県鎌倉に住む。日本大学理工学部卒業、同大学院博士課程在籍。
芝浦工業大学、日本大学理工学部、同芸術学部、同生産工学部、東京藝術大学などで「近代建築史」「建築論」「住居論」などの講座と「設計製図」を担当。
一九七〇年代から学外に黒沢隆研究室を開き、「ホシカワ・キュービクルズ」などの一連の個人用居住単位、「普通の家」シリーズなどの一連の戸建住宅、「コワン・キ・ソンヌ」などの一連の集合住宅、「早見芸術学園」などの一般建築を設計する。
主著に『翳りゆく近代建築』（彰国社）、『住宅の逆説・生活編』『同・匠編』『同・日常へ。』（レオナルドの飛行機出版会）、『集合住宅原論の試み』（鹿島出版会）、『個室群住居』（住まいの図書館出版局）、『近代：時代のなかの住居』（メディアファクトリー社）、『建築家の休日』『続・建築家の休日』（丸善）のほか、『10＋1』誌に「CONCEPTUAL 日本建築」を連載。
二〇一四年逝去。

SD選書 267
個室《こしつ》の計画学《けいかくがく》
二〇一六年三月一五日　第一刷発行
著者　黒沢《くろさわ》 隆《たかし》
編者　黒沢隆研究会
発行者　坪内文生
発行所　鹿島出版会
〒一〇四―〇〇二八　東京都中央区八重洲二―五―一四
電話〇三（六二〇二）五二〇〇
振替〇〇一六〇―二―一八〇八八三
印刷・製本　三美印刷
ISBN 978-4-306-05267-3　C1352

SD選書目録

四六判（＊＝品切）

001 現代デザイン入門 勝見勝著
002＊ 現代建築12章 L・カーン他著 山本学治訳編
003＊ 都市とデザイン 栗田勇著
004＊ 江戸と江戸城 内藤昌著
005 日本デザイン論 伊藤ていじ著
006＊ ギリシア神話と壺絵 沢柳大五郎著
007 フランク・ロイド・ライト 谷川正己著
008 きもの文化史 河鰭実英著
009 素材と造形の歴史 山本学治著
010＊ 今日の装飾芸術 ル・コルビュジエ著 前川国男訳
011 コミュニティとプライバシイ C・アレグザンダー著 岡田新一訳
012＊ 新桂離宮論 内藤昌著
013 日本の工匠 伊藤ていじ著
014 現代絵画の解剖 木村重信著
015 ユルバニスム ル・コルビュジエ著 樋口清訳
016＊ デザインと心理学 穐山貞登著
017 私と日本建築 A・レーモンド著 三沢浩訳
018＊ 現代建築を創る人々 神代雄一郎編
019 芸術空間の系譜 高階秀爾著
020 日本美の特質 吉村貞司著
021 建築をめざして ル・コルビュジエ著 吉阪隆正訳
022＊ メガロポリス J・ゴットマン著 木内信蔵訳
023 日本の庭園 田中正大著
024＊ 明日の演劇空間 尾崎宏次著
025 都市形成の歴史 A・コーン著 星野芳久訳
026＊ 近代絵画 A・オザンファン他著 吉川逸治訳
027 イタリアの美術 A・ブラント著 中森義宗訳
028 明日の田園都市 E・ハワード著 長素連訳
029＊ 移動空間論 川添登著
030＊ 日本の近世住宅 平井聖著
031＊ 新しい都市交通 B・リチャーズ著 曽根幸一他訳
032＊ 人間環境の未来像 W・R・イーウォルド編 磯村英一他訳
033 輝く都市 ル・コルビュジエ著 坂倉準三訳
034 アルヴァ・アアルト 武藤章著
035＊ 幻想の建築 坂崎乙郎著
036＊ カテドラルを建てた人びと J・ジャンペル著 飯田喜四郎訳
037 日本建築の空間 井上充夫著
038＊ 環境開発論 浅田孝著
039＊ 都市と娯楽 加藤秀俊著
040＊ 郊外都市論 H・カーヴァー著 志水英樹訳
041＊ 都市文明の源流と系譜 藤岡謙二郎著
042＊ 道具考 榮久庵憲司著
043 ヨーロッパの造園 岡崎文彬著
044＊ 未来の交通 H・ヘルマン著 岡寿麿訳
045＊ 古代技術 H・ディールス著 平田寛訳
046＊ キュビスムへの道 D・H・カーンワイラー著 千足伸行訳
047＊ 近代建築再考 藤井正一郎著
048＊ 古代科学 J・L・ハイベルク著 平田寛訳
049 住宅論 篠原一男著
050＊ ヨーロッパの住宅建築 S・カンタクシーノ著 山下和正訳
051＊ 都市の魅力 清水馨八郎、服部銈二郎著
052＊ 東照宮 大河直躬著
053 茶匠と建築 中村昌生著
054＊ 住居空間の人類学 石毛直道著
055 空間の生命 人間と建築 坂崎乙郎著
056＊ 環境とデザイン G・エクボ著 久保貞訳
057＊ 日本美の意匠 水尾比呂志著
058＊ 新しい都市の人間像 R・イールズ他編 木内信蔵監訳
059 京の町家 島村昇他編
060＊ 都市問題とは何か R・パーノン著 片桐達夫訳
061 住まいの原型Ⅰ 泉靖一編
062＊ コミュニティ計画の系譜 佐々木宏著
063＊ 近代建築 V・スカーリー著 長尾重武訳
064＊ SD海外建築情報Ⅰ 岡田新一編
065＊ SD海外建築情報Ⅱ 岡田新一編
066 天上の館 J・サマーソン著 鈴木博之訳
067 木の文化 小原二郎著
068＊ SD海外建築情報Ⅲ 岡田新一編
069＊ 地域・環境・計画 水谷穎介著
070＊ 都市虚構論 池田亮二著
071 現代建築事典 W・ペーント編 浜口隆一他日本語版監修
072＊ ヴィラール・ド・オヌクールの画帖 藤本康雄著
073＊ タウンスケープ T・シャープ著 長素連他訳
074＊ 現代建築の源流と動向 L・ヒルベルザイマー著 渡辺明次訳
075＊ 部族社会の芸術家 M・W・スミス編 木村重信他訳
076 キモノ・マインド B・ルドフスキー著 新庄哲夫訳
077 住まいの原型Ⅱ 吉阪隆正他著
078 実存・空間・建築 C・ノルベルグ＝シュルツ著 加藤邦男訳
079＊ SD海外建築情報Ⅳ 岡田新一編
080＊ 都市の開発と保存 上田篤、鳴海邦碩編
081＊ 爆発するメトロポリス W・H・ホワイトJr.他著 小島将志訳
082＊ アメリカの建築とアーバニズム(上) V・スカーリー著 香山壽夫訳
083＊ アメリカの建築とアーバニズム(下) V・スカーリー著 香山壽夫訳
084＊ 海上都市 菊竹清訓著
085＊ アーバン・ゲーム M・ケンツレン著 北原理雄訳

086* 建築2000　C・ジェンクス著　工藤国雄訳
087* 日本の公園　田中正大著
088* 現代芸術の冒険　O・ビハリメリン著　坂崎乙郎他訳
089* 江戸建築と本途帳　西和夫著
090* 大きな都市小さな部屋　渡辺武信著
091* イギリス建築の新傾向　R・ランダウ著　鈴木博之訳
092* SD海外建築情報V　岡田新一編
093* IDの世界　豊口協著
094* 交通圏の発見　有末武夫著
095 建築とは何か　B・タウト著　篠田英雄訳
096* 続住宅論　篠原一男著
097* 建築の現在　長谷川堯著
098* 都市の景観　G・カレン著　北原理雄訳
099* SD海外建築情報VI　岡田新一編
100* 都市空間と建築　U・コンラーツ著　伊藤哲夫訳
101* 環境ゲーム　T・クロスビイ著　松平誠訳
102* アテネ憲章　ル・コルビュジエ著　吉阪隆正訳
103* プライド・オブ・プレイス　シヴィック・トラスト著　井手久登他訳
104* 構造と空間の感覚　F・ウイルソン著　山本学治他訳
105* 現代民家と住環境体　大野勝彦著
106* 光の死　H・ゼーデルマイヤ著　森洋子訳
107* アメリカ建築の新方向　R・スターン著　鈴木一訳
108* 近代都市計画の起源　L・ベネヴォロ著　横山正訳
109* 中国の住宅　劉敦槙著　田中淡他訳
110* 現代のコートハウス　D・マッキントッシュ著　北原理雄訳
111 モデュロールI　ル・コルビュジエ著　吉阪隆正訳
112 モデュロールII　ル・コルビュジエ著　吉阪隆正訳
113* 建築の史的原型を探る　B・ゼーヴィ著　鈴木美治訳
114 西欧の芸術1 ロマネスク上　H・フォシヨン著　神沢栄三他訳
115 西欧の芸術1 ロマネスク下　H・フォシヨン著　神沢栄三他訳
116 西欧の芸術2 ゴシック上　H・フォシヨン著　神沢栄三他訳

117 西欧の芸術2 ゴシック下　H・フォシヨン著　神沢栄三他訳
118* アメリカ大都市の死と生　J・ジェイコブス著　黒川紀章訳
119* 遊び場の計画　R・ダットナー著　神谷五男他訳
120 人間の家　ル・コルビュジエ他著　西沢信弥訳
121* 街路の意味　竹山実著
122* パルテノンの建築家たち　R・カーペンター著　松島道也訳
123 ライトと日本　谷川正己著
124 空間としての建築(上)　B・ゼーヴィ著　栗田勇訳
125 空間としての建築(下)　B・ゼーヴィ著　栗田勇訳
126 かいわい[日本の都市空間]　材野博司著
127* 歩行者革命　S・プライネス他著　岡並木監訳
128 オレゴン大学の実験　C・アレグザンダー著　宮本雅明訳
129* 都市はふるさとか　F・レンツローマイス著　武基雄他訳
130* 建築空間[尺度について]　P・ブドン著　中村貴志訳
131* アメリカ住宅論　V・スカーリーJr.著　長尾重武訳
132* タリアセンへの道　谷川正己著
133* 建築VS.ハウジング　M・ポウリー著　山下和正訳
134* 思想としての建築　栗田勇著
135* 人間のための都市　P・ペータース著　河合正一訳
136* 都市憲章　磯村英一著
137* 巨匠たちの時代　R・バンハム著　山下泉訳
138 三つの人間機構　ル・コルビュジエ著　山口知之訳
139 インターナショナル・スタイル　H・R・ヒッチコック他著　武沢秀一訳
140 北欧の建築　S・E・ラスムッセン著　吉田鉄郎訳
141* 続建築とは何か　B・タウト著　篠田英雄訳
142* 四つの交通路　ル・コルビュジエ著　井田安弘訳
143 ラスベガス　R・ヴェンチューリ他著　石井和紘他訳
144 ル・コルビュジエ　C・ジェンクス著　佐々木宏訳
145* デザインの認識　R・ソマー著　加藤常雄訳
146* 鏡[虚構の空間]　由水常雄著
147* イタリア都市再生の論理　陣内秀信著

148 東方への旅　ル・コルビュジエ著　石井勉他訳
149 建築鑑賞入門　W・W・コーディル他著　六鹿正治訳
150* 近代建築の失敗　P・ブレイク著　星野郁美訳
151* 文化財と建築史　関野克著
152* 日本の近代建築(上)その成立過程　稲垣栄三著
153* 日本の近代建築(下)その成立過程　稲垣栄三著
154 住宅と宮殿　ル・コルビュジエ著　井田安弘訳
155* イタリアの現代建築　V・グレゴッティ著　松井宏方訳
156 バウハウス[その建築造形理念]　杉本俊多著
157 エスプリ・ヌーヴォー[近代建築名鑑]　ル・コルビュジエ著　山口知之訳
158* 建築について(上)　F・L・ライト著　谷川睦子他訳
159 建築について(下)　F・L・ライト著　谷川睦子他訳
160* 建築形態のダイナミクス(上)　R・アルンハイム著　乾正雄訳
161 建築形態のダイナミクス(下)　R・アルンハイム著　乾正雄訳
162 見えがくれする都市　槇文彦他著
163* 街の景観　G・バーク著　長素連他訳
164 環境計画論　田村明著
165* アドルフ・ロース　伊藤哲夫著
166* 空間と情緒　箱崎総一著
167 水空間の演出　鈴木信宏著
168* モラリティと建築　D・ワトキン著　榎本弘之訳
169* ペルシア建築　A・U・ポープ著　石井昭訳
170* ブルネッレスキ ルネサンス建築の開花　G・C・アルガン著　浅井朋子訳
171 装置としての都市　月尾嘉男著
172 建築家の発想　石井和紘著
173 日本の空間構造　吉村貞司著
174 建築の多様性と対立性　R・ヴェンチューリ著　伊藤公文訳
175 広場の造形　C・ジッテ著　大石敏雄訳
176 西洋建築様式史(上)　F・バウムガルト著　杉本俊多訳
177 西洋建築様式史(下)　F・バウムガルト著　杉本俊多訳
178 木のこころ 木匠回想記　G・ナカシマ著　神代雄一郎他訳

179* 風土に生きる建築 若山滋著
180* 金沢の町家 島村昇著
181* ジュゼッペ・テッラーニ B・ゼーヴィ編 鵜沢隆訳
182* 水のデザイン D・ベーミングハウス著 鈴木信宏訳
183* ゴシック建築の構造 R・マーク著 飯田喜四郎訳
184 建築家なしの建築 B・ルドフスキー著 渡辺武信訳
185 プレシジョン(上) ル・コルビュジエ著 井田安弘他訳
186 プレシジョン(下) ル・コルビュジエ著 井田安弘他訳
187* オットー・ワーグナー H・ゲレツェッガー他著 伊藤哲夫他訳
188 環境照明のデザイン 石井幹子著
189 ルイス・マンフォード 木原武一著
190 「いえ」と「まち」 鈴木成文他著
191 アルド・ロッシ自伝 A・ロッシ著 三宅理一訳
192 屋外彫刻 M・A・ロビネット著 千葉成夫訳
193 「作庭記」からみた造園 飛田範夫著
194 トーネット曲木家具 K・マンク著 宿輪吉之典訳
195 劇場の構図 清水裕之著
196 オーギュスト・ペレ 吉田鋼市著
197 アントニオ・ガウディ 鳥居徳敏著
198 インテリアデザインとは何か 三輪正弘著
199* 都市住居の空間構成 東孝光著
200 ヴェネツィア 陣内秀信著
201 自然な構造体 F・オットー著 岩村和夫訳
202 椅子のデザイン小史 大廣保行著
203 都市の道具 GK研究所、榮久庵祥二著
204 ミース・ファン・デル・ローエ D・スペース著 平野哲行訳
205 表現主義の建築(上) W・ペーント著 長谷川章訳
206* 表現主義の建築(下) W・ペーント著 長谷川章訳
207 カルロ・スカルパ A・F・マルチャノ著 浜口オサミ訳
208* 都市の街割 材野博司著
209 日本の伝統工具 土田一郎著 秋山実写真

210 まちづくりの新しい理論 C・アレグザンダー他著 難波和彦監訳
211* 建築環境論 岩村和夫著
212 建築計画の展開 W・M・ペニャ著 本田邦夫訳
213 スペイン建築の特質 F・チュエッカ著 鳥居徳敏訳
214* アメリカ建築の巨匠たち P・ブレイク他著 小林克弘他訳
215* 行動・文化とデザイン 清水忠男著
216 環境デザインの思想 三輪正弘著
217 ボッロミーニ G・C・アルガン著 長谷川正允訳
218 ヴィオレ・ル・デュク 羽生修二著
219 トニー・ガルニエ 吉田鋼市著
220 住環境の都市形態 P・パヌレ他著 佐藤方俊訳
221 古典建築の失われた意味 G・ハーシー著 白井秀和訳
222 パラディオへの招待 長尾重武著
223* ディスプレイデザイン 魚成祥一郎監修 清家清序文
224 芸術としての建築 S・アバークロンビー著 白井秀和訳
225 フラクタル造形 三井秀樹著
226 ウイリアム・モリス 藤田治彦著
227 エーロ・サーリネン 穂積信夫著
228 都市デザインの系譜 相田武文、土屋和男著
229 サウンドスケープ 鳥越けい子著
230 風景のコスモロジー 吉村元男著
231 庭園から都市へ 材野博司著
232 都市・住宅論 東孝光著
233 ふれあい空間のデザイン 清水忠男著
234 さあ横になって食べよう B・ルドフスキー著 多田道太郎監修
235 間(ま)——日本建築の意匠 神代雄一郎著
236 都市デザイン J・バーネット著 兼田敏之訳
237 建築家・吉田鉄郎の『日本の住宅』 吉田鉄郎著
238 建築家・吉田鉄郎の『日本の建築』 吉田鉄郎著
239 建築家・吉田鉄郎の『日本の庭園』 吉田鉄郎著
240 建築史の基礎概念 P・フランクル著 香山壽夫監訳

241 アーツ・アンド・クラフツの建築 片木篤著
242 ミース再考 K・フランプトン他著 澤村明＋EAT訳
243 歴史と風土の中で 山本学治建築論集①
244 造型と構造と 山本学治建築論集②
245 創造するこころ 山本学治建築論集③
246 アントニン・レーモンドの建築 三沢浩著
247 神殿か獄舎か 長谷川堯著
248 ルイス・カーン建築論集 ルイス・カーン著 前田忠直編訳
249 映画に見る近代建築 D・アルブレヒト著 萩正勝訳
250 様式の上にあれ 村野藤吾著作選
251 コラージュ・シティ C・ロウ、F・コッター著 渡辺真理著
252 記憶に残る場所 D・リンドン、C・W・ムーア著 有岡孝訳
253 エスノ・アーキテクチュア 太田邦夫著
254 時間の中の都市 K・リンチ著 東京大学大谷幸夫研究室訳
255 建築十字軍 ル・コルビュジエ著 井田安弘訳
256 機能主義理論の系譜 E・R・デ・ザーコ著 山本学治他訳
257 都市の原理 J・ジェイコブズ著 中江利忠他訳
258 建物のあいだのアクティビティ J・ゲール著 北原理雄訳
259 人間主義の建築 G・スコット著 邉見浩久、坂牛卓監訳
260 環境としての建築 R・バンハム著 堀江悟郎訳
261 パタン・ランゲージによる住宅の生産 C・アレグザンダー他著 中埜博監訳
262 褐色の三十年 L・マンフォード著 富岡義人訳
263 形の合成に関するノート／都市はツリーではない C・アレグザンダー著 稲葉武司、押野見邦英訳
264 建築美の世界 井上充夫著
265 劇場空間の源流 本杉省三著
266 日本の近代住宅 内田青藏著
267 個室の計画学 黒沢隆著